春秋社

高雄市内門区で開催された宋江陣。中国武術と融合した民俗芸能の一種で、当初は村落の防衛や団結などを目的とした。
内門区はそのメッカとして知られる。

高雄市林園区に残る鴨母王廟。
張り紙には「鴨母王朱一貴皇帝の言葉は霊験あらたかであったという」の文字が書かれている。

嘉慶16（1811）年に建造された屏東県佳冬郷にある西隘門。六堆左堆にあたる佳冬郷は、日本軍の南台湾上陸で最初の犠牲となった。

高雄市寿山から眺めた北大武山。雲を突く高さは海抜三千メートルを超え、
大武山周辺に暮らすパイワン族やルカイ族からは聖なる山として崇められている。

下淡水渓（現高屏渓）。奥に見えるのは日本統治期に
東洋一を誇った下淡水渓鉄橋。南国の初秋には
「九月の雪」と呼ばれるトキワススキが生い茂る。

六堆右堆にあたる高雄市美濃区。豊かな自然環境で知られ、博士を多数輩出する土地としても有名。

勝利路前の鳳山県旧城。柴山の石灰石を切り出して建築された台湾初の県城で、現在城内には戦後山東省の離島から移住してきた「反共義民」たちが暮らす。

高雄市鳳山区にある曹公廟。廟内には第五代台湾総督佐久間左馬太の揮毫した扁額も掲げられる。市内には曹公圳と呼ばれる農業用水路が数多く残っている。

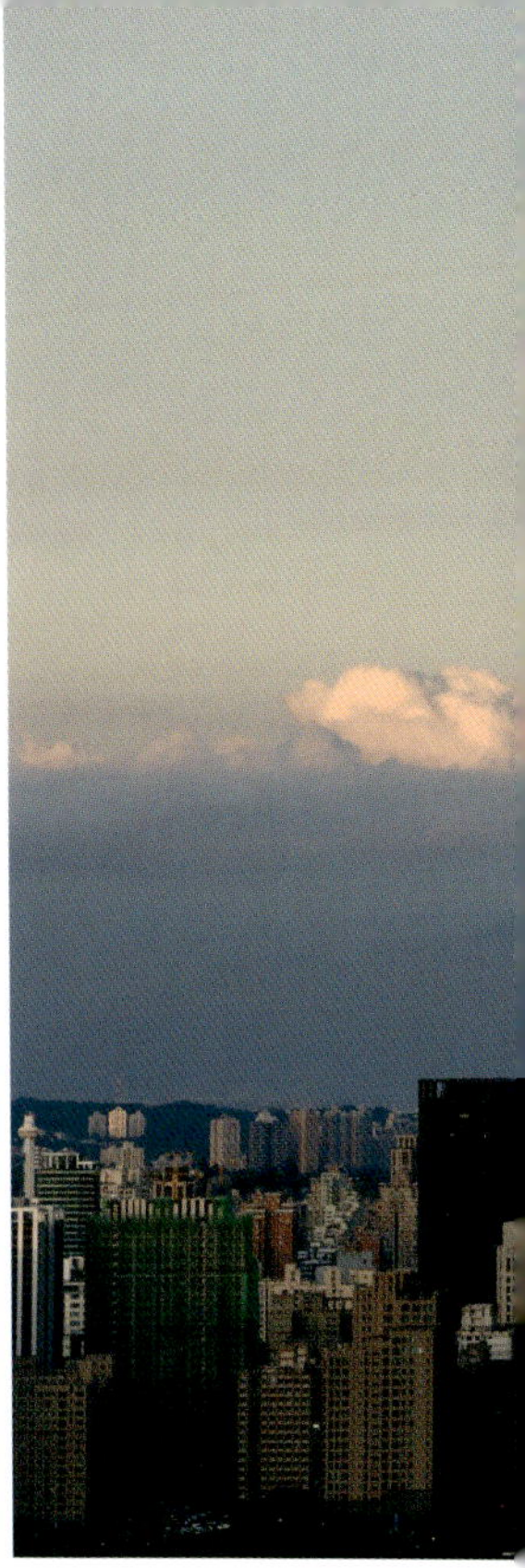

2023年、台東県達仁郷土坂集落で行われた五年祭。
マリヴァ（神との盟約）と呼ばれるパイワン族伝統の宗教行事。

五年祭では、祭司が祖先の霊を呼び、竹の竿でもって籐で編んだ球を突き刺すことで祖霊からの祝福を得るとされる。

屏東県水底寮から台東県大武郷に抜ける浸水営古道。山地原住民族に平地原住民族、VOC 兵士に宣教師、清朝官吏に日本軍兵士など、古来から様々な人々が歩み続けた。

人類学者鳥居龍蔵や森丑之助らも訪ねた屏東県来義郷旧ボカリ社。
人煙絶え鬱蒼とした旧集落の入り口近くに残る頭骨棚にはしゃれこうべの薄片が今なお残っていた。

登山街60巷の民家に残るウィリアム・ホプキンスの墓石。
付近には日本統治時代に作られたトーチカ跡や
戦後大陸から移住した人々の生活跡が残る。

寿山から見下ろした高雄港。右奥の旗津島には日本時代に建設された高雄灯台が見える。
天然の良港として、かつては世界第３位のコンテナ取り扱い量を誇った。

玉山主峰から流れる荖濃渓。下流で旗山渓へと合流し、高屏渓となって台湾海峡へと流れ込む。
若い頃台北で働いていたという老人は、ここでは退屈を楽しむ力が必要だと笑っていた。

現在タイボアン族は高雄市甲仙、杉林及び六亀区など丘陵地帯や河谷付近に暮らしている。
毎年旧暦９月15日には夜祭と呼ばれる宗教儀式を執り行う。

夜祭において、タイボアン族は肉や酒、餅やもち米で作った米買と呼ばれる油飯、檳榔、煙草などを公廨に運び、それらをクバ祖と呼ばれる最高祖霊に奉げる。

かつてツォウ族に分類されていたラアロア族だが、
2014年に15番目の原住民族として独立した。
毎年２月下旬には聖貝祭と呼ばれる伝統祭儀が行われる。

墾丁国立森林遊楽エリアから見た大尖山。角度によって違った表情を見せる。
クアール社の人々は彼らを「懲罰」にやって来た米海軍部隊をこの地で撃退した。

屏東県恒春鎮墾丁にある八宝公主像。国際的な海難事故が多発していた19世紀後半、国籍を異にする死者たちの魂がこの地を彷徨っていた。

琉球漂流民らが流れ着いたとされる八瑤湾。当初漂流民たちは海沿いの平地を南に向かったが、やがて大耳人（パイワン族）が暮らす高士仏山に登っていった。

屏鵝公路（省道26号線）脇の海岸でたなびいていた招軍旗。
「好兄弟」と呼ばれる無縁仏たちを呼び集めている。

小港龍湖廟で毎年中元節に開催される大士爺祭。中元節の最終日、現世に戻ってきた好兄弟らを監視する大士爺を燃やすことで、彼らを冥界へ連れ帰るとされている。

石門古戦場跡から見下ろした車城郷の共同墓地。
草むらに潜む散兵のように、丘に建てられた西郷都督遺蹟紀念碑を見上げている。

夜が明けきらぬうちに炎に包まれた東港東隆宮の王船。
火を放った東港の人々はそのまま王船に背を向けて去っていった。

台湾海峡に浮かぶ琉球嶼の小琉球三隆宮で三年に一度開催される迎王平安祭典。祭典期間中、青ヶ島よりもやや大きい島に五万人以上もの人々が出入りする。

高雄忠烈祠に残る旧高雄神社の鳥居跡。若者のデートスポットとしても有名だが、訪れた恋人が別れるジンクスもある。

漁港近くの王爺廟で行われていた2024年の中華民国総統選挙の公開開票作業。台湾の寺廟は日本統治時代から度々政治活動の場としても使われてきた。

糖業王国と呼ばれた台湾の甘蔗畑。
最盛期には年間1000万トンを
生産していたが、現在では
50万トンほどまで減少し、
その多くは台湾中部で生産されている。

屏東県高樹郷に広がるパイナップル畑。
近くにはマカタオ族が信仰するアム祖を祀る公廟があった。

台湾や福建省、広東省で広く見られる霊媒師（タンキー）。自傷行為によるトランス状態によって神々の神託を人々に告げるとされる。

高雄の新たなサウンドスケープ流行音楽中心前の橋を渡る死神の七爺八爺。生前七爺を待つ八爺は橋の袂で溺死し、七爺はそれを悔いて縊死したとされる。

相棒の欧《おー》兜《と》邁《ばい》
12年の中古スクーターで、10年以上南台湾各地を走り続けた。
2024年 7 月に台湾を襲った台風 3 号で故障・廃車となった。

はじめに

昔から地下の横断歩道を歩くのがすきだった。秘密基地に潜り込むような微かな高揚感とともに、薄暗く湿ったその空間が、健全で清潔な都市の襞《ひだ》を垣間見せてくれるような気がしたせいかもしれない。現在暮らしている街にも多くの地下道が建設されているが、そのほとんどが竣工から五十年近くを経て取り壊しが進んでいる。

ある日のこと、アパートからバイクで十分ほどの距離にある地下道が取り壊されていることに気づいた。そこはかつて日の丸はためく日本海軍の街だった。戦後は国民党の軍人とその家族たちが暮らすコミュニティが建設されたが、いまではそれすらも取り壊されて、少し血の滲んだかさぶたのような光景だけが広がっていた。数年前に訪れた際には地下道を歩く者もほとんどおらず、剥がれかかった壁には無数の落書きや政治風刺が描かれ、狭い構内では変色したペットボトルに集まる大量の蚊がブンブンと羽を鳴らしていた。

ほんの数か月前まで地下道の入り口があった場所で、ぼくは鍵を失くして扉の前に佇む子どものように、まっ平に固められた地面をただぼんやりと見つめていた。おそらく、数年もすればほとんどの通行人はそこに地下道があったことを忘れてしまうはずだ。三十年経てば、地元の人間でもそのことを覚えている者は少なくなるだろう。しかし仮にどれだけの時間が過ぎても、この場所を掘り返せば依然として無数の落書きや政治風刺が埋まっていて、自分たちと同じ時代を生きているのだ。

すでにないのにそこにある「いま」。

その刹那、長年ぼんやりと感じてきたこの矛盾した想念が卒然目の前で具現化したかのような気がした。それらは消えてしまったわけではなく、現在の生活の中で見えなくなってしまっただけなのだ。

本書がこれから語るのは、まさしくこうした現在の日常の下に埋められた「いま」である。埋没して数十年、あるいは数百年経ったそれらは、幸いにも国家の歴史に包括されて手厚く保護されたごく少数の例を除けば、その多くが伝説や奇譚として歴史の外側に止まり続けてきた。そもそも相異なる民族によって支配されてきたこの島には、長らく島民自身によって語られる歴史が欠けてきた。オランダや日本、中華世界（大清帝国に中華民国、中華人民共和国）の疆域に甘んじてきた台湾人が己の歴史を語ることの困難さは、まさにその苦難の歴史が証明してきたことでもある。

ただし、ぼくが本書で語りたいのは台湾大の新たな大文字の歴史ではなく、ぼく自身がこの島で生きるために必要だと感じた「いま」の欠片たちである。それは天朝体制下における義民に逆賊、文明人を自任する西洋人の山師に「野蛮」な原住民の頭目、日本の人類学者に英国の博物学者、異神としての牛頭天王に瘟《おん》神としての王爺、そして帝国日本の支配に抵抗した「土匪」や共産主義者など、歴史と奇譚の間にはまり込んでしまった様々な「いま」である。

本書に登場するのは、おそらく一般的な台湾人にとっても馴染みの薄い人物や、そんな彼らによって語り継がれてきた怪力乱神の物語だ。そのために、本書を台湾旅行の案内書として手にとった読者は失望を覚えるかもしれない。伝説や伝承、文学と歴史をごちゃまぜにした本書の語りは、地方誌や警察文書、裁判記録や人類学者の残した調査報告の切れ端に加え、この十数年間著者であるぼく自身が南台湾の地で出逢ってきた人々の言葉をさながら霊媒師《タンキー》のごとく口寄せて語ったものでもあるからだ。畢竟こうした語りは正しい歴史認識からは外れた「騙り」となってしまう可能性もあるが、そうした奇譚の中にこそ、ぼくは不断に書き換えられてきた歴史に没した「いま」を感じ、そこに異郷人としての自身とこの島との間にかけられた紐帯を見出してきた。

本書の目的を明確にするために、少しだけ自身のことにも触れておきたい。

東日本大震災の前年、ぼくは単身台湾にやって来た。大学院で博士号を取得したはいいが、多くの大学院生と同様就職に難儀していたぼくは、さしたる展望もないままに研究対象であった台湾で暮らすことを決めた。どのみち日本に残っても仕事がないのならばいっそ台湾で仕事を探してみよう。当初はそんな軽い気持ちだった。そもそも中国文学科の出身でもないのに、なぜ台湾文学研究など針の穴に棍棒を通すほど就職が難しい分野を選んでしまったのか。三十路を前に自身の迂闊さを恨んでいたが、同時にそうしたカネにもならない分野に自身の将来をベットしたことに、若さゆえの驕りも感じていた。

ところが、何のツテもコネもない若造が日本以上の学歴社会である台湾で研究職に就けるわけもなく、南部の大学で日本語教師の非常勤職を中心に様々な仕事を引き受けながら、日々の糊口をしのぐことになった。とにかく、仕事があれば何でも引き受けた。奨学金と呼ばれる数百万円もの借金は未来の見えない異郷での生活と相まって、殊の外ぼくの両肩に重く伸し掛かっていた。同世代の者たちが次々と就職し、家庭を築いていく様子をSNS越しに眺めていると、ひどく自分を惨めに感じることもあった。しかしよくよく考えてみれば、氷河期世代とゆとり世代の間に生まれたぼくらロスジェネ世代の多くは、実際にはそもそもそうした父母の世代が当たり前のように享受していた「普通」の生活すらも手に入れられないまま人生の折り返し地点に差し掛かっていた。

日本人の研究者がコネもツテもなく就ける仕事と言えば語学教師の口しかなく、日本語学科のある大学で「専門は台湾文学です」と答えた際に見せる面接官たちのひどくシラケた、それでいて同情に満ちたまなざしに、ぼくはただ申し訳なく頭を下げてきた。面接官の中には「台湾文学？　台湾に文学なんてあるの？」と大真面目に尋ねてくる教員もいたが、それが皮肉や圧迫面接の類ではない純粋な疑問と知っていたぼくは、「すばらしい作品がたくさんありますよ」と答えて、再び次の就職口を探しはじめるのだった。

数年後、幸運にも高雄の私立大学で条件付きの常勤職に就けたぼくは、日本語教師として働きながら、念願だった台湾現代小説の翻訳を何冊か手掛けて、ツチノコよろしくその存在すら疑われた台湾文学の研究を現在まで続けている。

台湾文学の研究をはじめるきっかけとなったのは、外省人二世作家、とりわけ眷村《けんそん》と呼ばれる国民党の軍人や公務員の官営コミュニティで育った作家たちの作品だった。戒厳時代に喧伝されてきた反共復国思想の下、いずれ大陸の「故郷」に帰ることを夢見ていた人々が、独裁体制の崩壊によって「故郷」

が幻想であったことに気付き、恐る恐る現実の故郷へと足を踏み出していく作品は、現在のような形で台湾と関わっていくきっかけを作ってくれた。ところがいつからかぼくは、そうした故郷喪失者《ディアスポラ》たちの物語を自身の現在、あるいは未来として読むようになっていた。

日本で「普通」の生活を送ることを諦める中で、ぼくはこの島で生きていく決意を強くしていた。時間さえあれば、二万元（当時のレートでおよそ五万二千円）で買った百ccの中古バイクに跨って、外国人が立ち入らないような場所へと足を踏み入れるようになった。バイクの台湾語は日本語が訛って「欧兜邁《おーとばい》」と呼ばれるが、ぼくはこの相棒で半径百キロ以内の街や山地の集落を訪れては、そこで見聞きしたものを逐一記録しはじめた。南台湾への関心は、外省人作家が幻想の「祖国」を捨てて現実の生活の中に足を踏み入れたのと同様、ある種の生き直しの経験でもあった。もちろんそこに至る切実さは比べようもないが、ぼくにとって相棒で四方八方を走り回ったこの数年間は、やや大げさな言い方をすれば異郷で根を張って生きていく上で必要な時間でもあった。

とりわけコロナ禍で半ば強制的な滞在を強いられた三年間、こうした不要不急の作業は異郷で生きる力を与えてくれた。この間ぼくを溺愛してくれた祖母が他界し、認知症に罹った母はしばしば電話越しに台湾にいる息子について語るようになった。ぼくは日本にいる優しい他人のふりをして、半ば虚構にまみれた母の話を聞き続けた。櫛の歯が欠けていくように徐々に日本の家族や知己が消えていく中で、ぼくはひたすら相棒を走らせ続けた。いずれ帰る「故郷」はすでに色あせた過去の中にしかなく、時折無縁仏を祀った路傍の有応公祠がひどく優しげに見えた。

南台湾の光景は原色に満ちている。北は高雄平原から南は恒春半島、東は峻険な地形に囲まれた台東に至るまで、南台湾には三千メートルを超える北大武山をはじめとした中央山脈が鎮座し、台湾海峡にバシー海峡、太平洋を望む各地の平野には様々な民族や言語、宗教や文化が根付いていた。ただし、その面積は高雄市と屏東県を合わせても日本の三重県にも及ばず、中央山脈の裏側にある台東県を合わせてみても山形県ほどの大きさしかない。複雑な地形と歴史を生み出した多様性が、その小さな空間に凝縮されていると言ってもいい。グローバルな文化・政治・経済とダイレクトに結びついた北部の大都市圏から見ると、南部はしばしば後進的で古い迷信や習俗の残る魔術的な土地柄と見なされてきたが、ぼくはこうした土着的な世界観に惹きつけられてきた。

英国籍作家カズオ・イシグロは、同じ階層、同じ思想を持ったグローバル・エリートたちが頻繁に行う「横の旅行」を批判し、同じ通りに住んでいる人がどういう人かをもっと深く知る「縦の旅行」こそが必要なのだと述べたが、幸か不幸かそうしたグローバル・エリートになりそこねたぼくは、東京・台北間で断続的に行われているアカデミックな「横の旅行」にはほとんど縁がなく、ひたすら南台湾における「縦の旅行」を繰り返してきた。ときには四十度近い炎天下に眩暈を覚えながら、またときには台湾海峡から横殴りに吹き付ける暴風雨に押し倒されかけながら、ぼくは名前もない小さな祠で管理人の話に耳を傾け、手渡された檳榔《ビンロウ》を咬みながら山地原住民の語る物語に耳をすませた。誰かに頼まれたわけでもなく、もちろん学術論文を書くためでもなかった。ただそうしなければならない焦燥感のようなものに突き動かされてきたのだ。

すでにないのにそこにある「いま」は、ときに生きている人間の中から立ち現れることもある。

ある日、ルカイ族の暮らす集落を訪ねたときのことだ。集落で作った粟酒を売っていた六十歳前後の男性が、昔はこのあたりにも日本語を話せる老人がたくさんいたんだよと言った。どんな日本語を話していたか覚えていますかと尋ねてみたが、男性は笑って首を振るばかりだった。ところがしばらくして、ああそうだ、まだ覚えている言葉があったと身を乗り出してきた。ぼくが身体を寄せて耳を傾けると、男性は誰かの声真似をするように、「おいお前！　どこに行くか！」と叫んだ。

おそらく、それは彼の父母が彼に投げかけた言葉であると同時に、彼の父母が集落にいた日本人（おそらく警官）から投げつけられた言葉でもあったのだろう。その短い日本語から、ぼくはそこにいない幾人もの表情を連想した。すでに亡くなった人の言葉が、ふとしたきっかけで生者の声帯を震わせて「いま」となって立ち現れた瞬間であった。

出雲に伝わる豊かな伝説や民話から『怪談』を執筆した小泉八雲は、かつて明治の民衆の中に豊かな「ゴースト」を見出したが、南台湾各地に残る奇譚を探し求める旅は、ぼくにとってこうしたゴーストたちの声に耳を澄ませることでもあった。支配者の交代とともに繰り返し更新《アップデート》される歴史から忘れられてきたゴーストたちは、他者の過去であると同時にこの地で生きていこうと決めたぼく自身の未来でもあったのだ。あるいは数十年後、もしくは数百年後、誰かの言葉や所作を通じて、ぼくのゴーストがふと立ち上がる瞬間があるのかもしれない。

本書が南台湾の奇譚と銘打ちながら、日本で人気のある台南についてほとんど言及していないのにも訳がある。日本の歴史教育がその前半を京都、後半を東京を中心とした歴史観でもって「日本人」という国民意識を培養するように、二〇〇〇年代以降中国大陸とは異なる自国の歴史を構築しようとしてきた台湾においても、それはしばしば台南と台北を軸とした歴史として語られてきた。その是非もさることながら、毎年多くの台湾関連の書籍が出版される日本の出版市場において、歴史的に重要な役割を果たしてきた台南以南の情報が圧倒的に不足している現状は、この重層的な表情も持った隣人を理解する上である種の偏向を免れない。誤解を恐れずに言えば、ここ二十年ほど熱心に語られてきた「台湾」や「台湾人」は決してひとつではないのだ。あるいは本書が試みようとしているのは、大型書店の海外文学コーナーでアメリカ文学や西欧文学の書棚のある隅で小さく肩を寄せ合っている「その他の外国語文学」を語ることなのかもしれない。台湾文学翻訳者であるぼくにとって、それはある意味でひどく見慣れた光景でもある。

最後に、本書の出版に協力してくれた春秋社の荒木駿氏に感謝を述べたい。荒木氏はアジア文芸ライブラリーを立ち上げるなど意欲的な試みを続けているが、華やかでエキゾチックな観光地やB級グルメ、あるいは親日的な台湾人も登場しない本書の出版をこころよく引き受けてくれただけでなく、校正なども一手に引き受けてくれた。また、作中で使われている首里及び宮古島方言に関しては、福岡教育大学の荻野千砂子氏の協力の下、首里方言を琉球大学の當山奈那氏に翻訳していただき、宮古方言については福岡大学の衣畑智秀氏と岡山大学の林由華氏が原案を作っていただいた上で、話者の方に確認していただいた。さらに客家語のルビに関しては屏東県の六堆客家出身で高雄市客家青年会理事長の頼奕守氏に、パイワン語のルビに関しては国立高雄師範大学原住民クラスの原住民言語講師で集落の伝統的領袖でもあるイデッシュ・サディラバン氏に、台湾語のルビに関しては台北市立復興高校の国語教師で詩人でもある卓純華氏に、薩摩方言に関しては鹿児島県在住の長谷くるみ氏に協力していただいた。ここに重ねてお礼を申し上げたい。

様々な人たちとの出逢いから生まれた本書が、読者の方々にこれまで見ることのなかった台湾の違った側面を感じさせ、すでにないのにそこにある「いま」を感じてもらえることを祈っている。

フォルモサ南方奇譚

目次

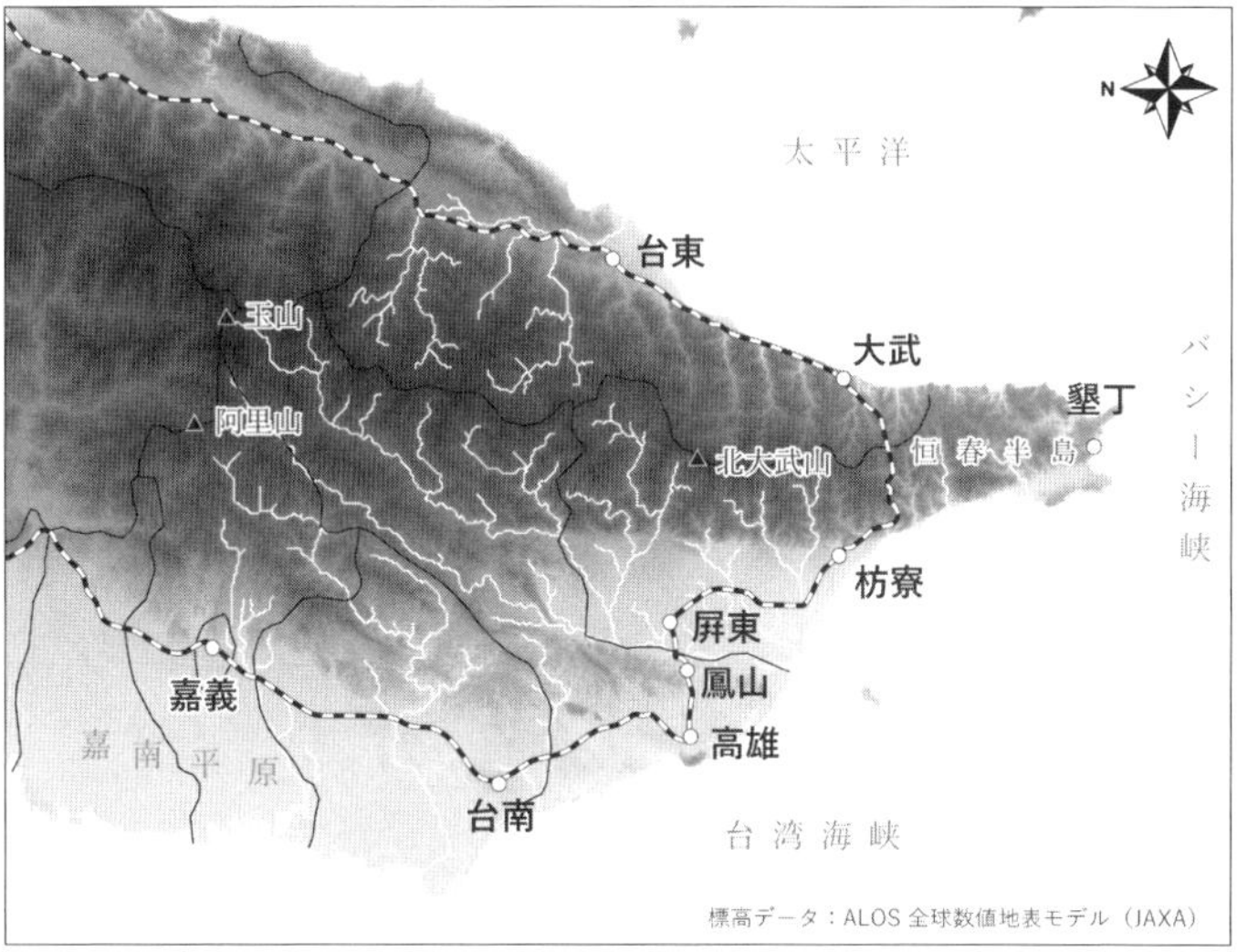

台湾南部の地形図

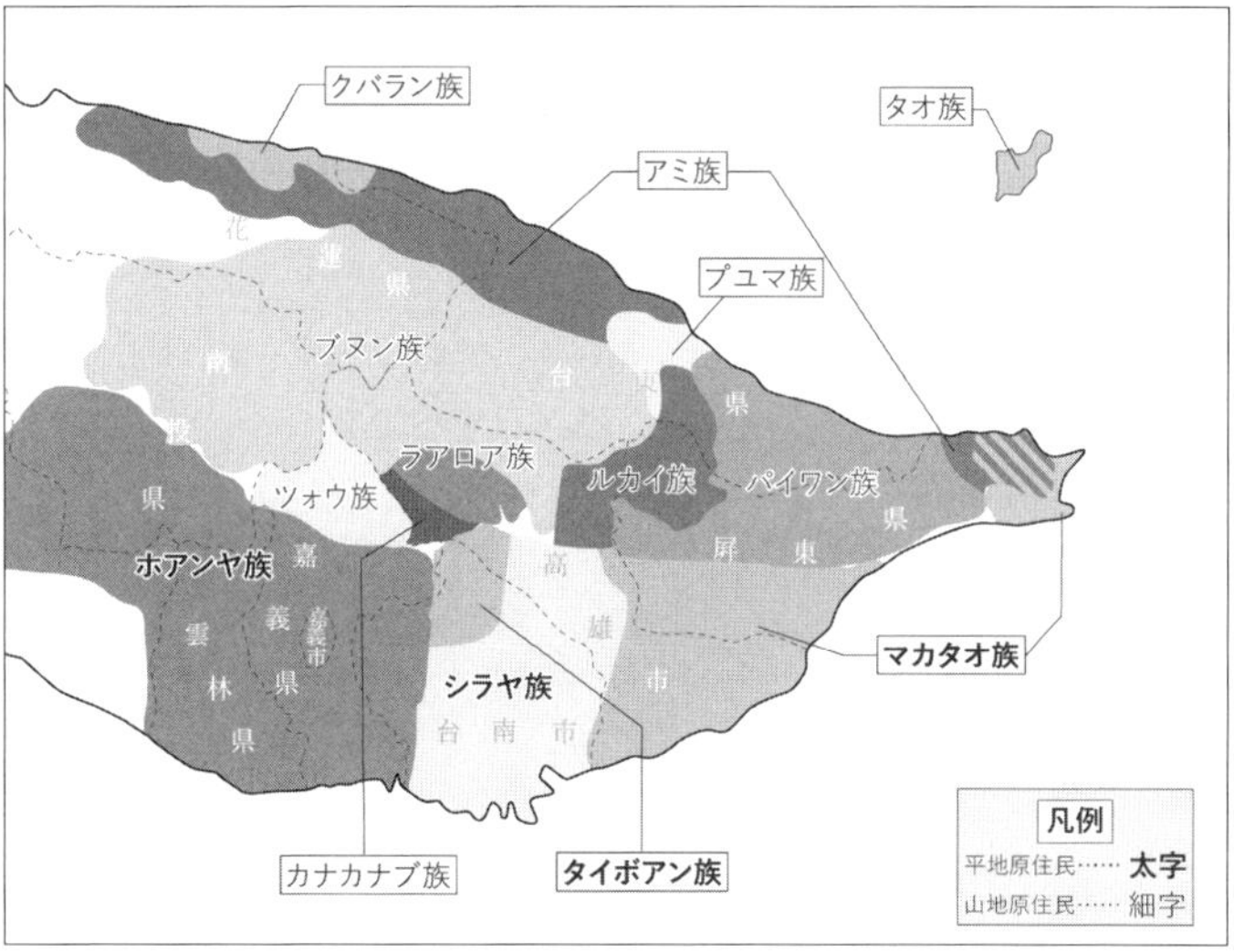

台湾南部の原住民分布図

フォルモサ南方奇譚

六千年前
この城市《まち》は海の底で沈睡し
蒼穹を突く峰々は大海原に浮かぶ孤島であった

1

羅漢門の皇帝陛下

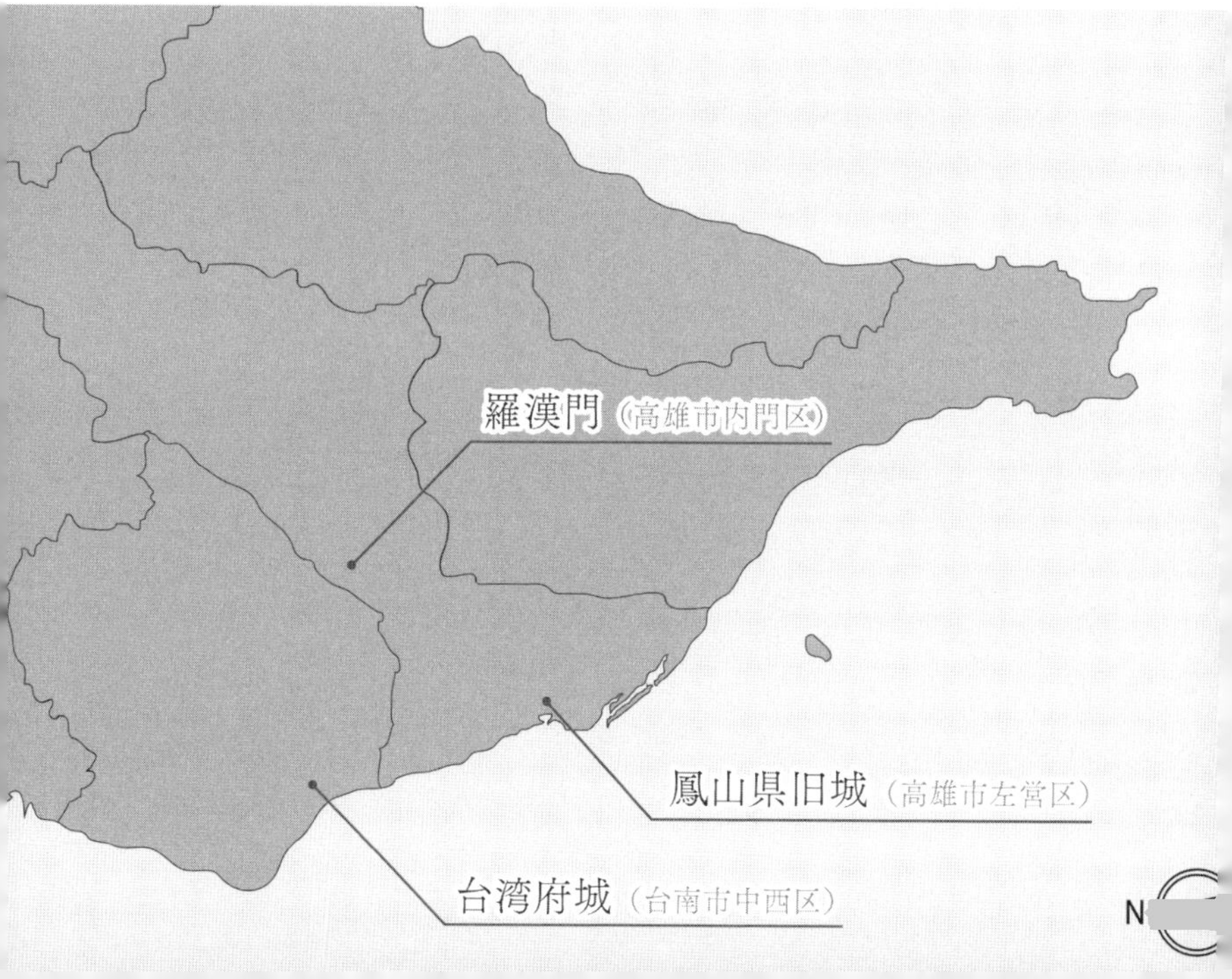

日本統治時代にバナナの生産で栄えた旗山《きざん》の老街《したまち》を突き抜けて、羊の腸のように曲がりくねった細い山道を北へ進んでゆくと、にわかに視界の開けた大通りに行き当たる。かつて七つの流れ星が堕ちて当地の龍脈を築いたといわれる七星塔を横目に、ぼくは肩で息をする中古のバイクを走らせていた。四半世紀もこの島の大路小路を走り続けてきた相棒は、山がちな地形に足を踏み入れる度に億劫そうなため息を吐く。

ぎらぎらと輝く南台湾の真っ白い太陽が、陽炎で歪んだバックミラーの上を気だるげに泳いでいた。

高雄市内門区。その昔、羅漢門と呼ばれたこの山間の小さな集落は、相異なる民族が織りなす奔放不羈な伝説の数々と、アヒル飼いの皇帝を生み出した場所だった。峻嶮かつ複雑な地形から、清朝時代にはあまたの山賊が跋扈したとも言われる羅漢門は、東に台湾島の脊梁とも呼ばれる中央山脈の山麓を背負い、西には月世界と呼ばれる泥岩地質の悪地地形が広がっている。羅漢門は漢界と番界の間《あわい》にある土地で、かつては漢人とともに「熟番」と呼ばれたマカタオ族が暮らしていた。

「熟」とは漢化した、「番」とは野蛮を意味する言葉だ（日本語では「蕃」と表記する）。いまでも平地に暮らす年配者が無意識に山地の人間を「番仔《ファンナ》」と呼ぶことがあるが、そこには形骸化した差別の余臭が漂っている。北海道の地名の多くがアイヌ語にその起源をもつように、羅漢門《ロハンブン》という地名もまた、マカタオ族が内門区一帯を「Ruohan」と呼称したことに由来すると言われる。

今は昔。

太平洋に浮かぶこの小さな島を形容するのにこれほど便利な言葉もない。一六六一年、反清復明を掲げてこの島に渡ってきた鄭成功の軍隊に路竹《ろちく》（高雄市北部）一帯から追いやられたマカタオ族は、天然の城塞をもつこの羅漢門に逃げ込んだ。しかし、清朝時代にはさらに南の地へと追いやられ、やがてこの猫の額のように狭い土地には、以降清朝の官兵や日本の役人など、様々な民族が出入りを繰り返すことになる。

Ruohan
羅漢《ロハン》
羅漢《らかん》
羅漢《ルオハン》

上下左右に大きく揺れる山道を走りながら、ぼくはマカタオ語に台湾語、日本語に中国語を順繰りに口ずさんだ。羅漢門から一路西に向かえば、当時台湾府と呼ばれた台南へと通じる。ぼくはＧｏｏｇｌｅマップに「台南　赤崁楼《せきかんろう》」と入力してみた。相棒の足でおよそ一時間。南へ向かえば、台湾仏教の聖地のひとつである大崗山超峰寺を経由して、高雄市左営《さえい》区にある鳳山県旧城、さらには阿猴と呼ばれた屏東《へいとう》市内へと至る。これもおよそ一時間の距離。峻嶮な山岳地帯にありながら、当時の羅漢門は交通の要衝でもあったわけだ。要衝には自然と人やモノが集まり、そして人が集まる場所には争いの火種が生まれやすい。

康熙二二（一六八三）年、台湾に拠った鄭氏政権を降した清朝はその去就に迷っていた。かつてスペイン人やオランダ人によって統治され、明朝遺臣たちが逃げ込んだその島にはあまたの風土病が蔓延し、さらには王化にまつろわぬ「番人《やばんじん》」たちまで割拠していた。統治者にとっては実入りの少ない土地でありながら、放っておけば海賊や外国勢力に占拠されかねない場所。大航海時代のポルトガル人たちが「麗しの島《イラ・フォルモサ》」と感嘆した台湾は、当時の北京からはそんなふうに見られていた。

さて、どうしたものか。

若き康熙帝は台湾島の棄留を迷った。朝臣の多くは領有に二の足を踏んだが、鄭成功の孫である鄭克壊《ていこくそう》を降した水師都督・施琅《しろう》だけが強固に台湾領有を主張した。結局台湾は清朝の版図に組み込まれたが、統治にはひどく消極的で、短期赴任してくる役人たちも赴任を腰掛程度にしか思わず、現地の統治機構の腐敗は加速していった。後に日清戦争の勝利によって清朝政府から台湾を割譲された日本政府も、一時期台湾を金食い虫としてフランスに一億円で売却しようとしたほどにこの島の統治は難しかった。

十七世紀末、人口爆発を続ける中国南部から黒水溝と呼ばれた台湾海峡を渡ることは厳しく制限されていたが、それでも島に渡る移民は日を経るごとに増えていった。「六死三留一回頭（六割が死に、三割が残って、一割が戻ってくる）」と言われるほど過酷な渡海を経てようやく台湾に辿り着いても、しばらく経てば経済的に困窮する者が続出した。家族を伴っての渡海を禁止されていた移民の多くは、運よく「熟番」の入り婿になれた者を除けば、そのほとんどが生涯を独身で過ごさねばならなかった。

ジリ貧に陥った男たちは、夜露のしのげる寺廟の軒先にたむろした。十八羅漢が描かれた寺廟の壁の下で眠る彼らは羅漢脚《ロハンカア》と呼ばれ、やがて台湾の移民社会を象徴する存在となっていく。羅漢脚たちは熱帯特有の疫病に苦しみ、日々「番仔《ファンナ》」の襲撃に脅えながら、同時に数を恃みに彼らの土地を奪い、移民同士で水利や地権をめぐっては、「械闘《かいとう》」と呼ばれる武力衝突を繰り返した。訴えるべきお上がいないこの島で、彼らは泉州、漳州、潮州と出身地域ごとに党派を形成して、不測の事態に備えねばならなか

有応公祠。有応とは「有求必応（求むる処有れば必ず応ぜらる）」の略で、
百姓公、万姓公、万善爺、大衆媽、聖公媽など様々な名称で呼ばれてきた。

った。家族のいないその遺体があつく埋葬されることなく、秋の空を知らずに死んでいく蟬のように、時が来れば異郷の土くれとなっていった。

有応公《イウインゴン》。

この島に来たばかりの頃、路上の片隅に隠れるように立つそれがいったい何を祀っているのか気になって仕方なかった。陰廟とも呼ばれるそれが、祭祀してくれる家族や子孫をもつことなく死んだ羅漢脚たちが「孤魂野鬼《おんりょう》」の類となって人々を祟らぬようにするための仕掛けなのだと気付いたのは、ずいぶんとあとになってからだった。日本でいえば、化野《あだしの》念仏寺の無縁仏といったところか。祖先祭祀を重んじる伝統的な華人社会において、自らを祀る子孫をもたずに亡くなることは死後の安寧を保障されない恐怖へと結びつく。そうした不確かな未来への恐れが、不幸な隣人たちへの疚しさとなって、都市の各所に「予防線」を張らせていたのだ。

ずいぶん昔、台湾の友人に、どうしてこの島にはこれほどたくさんの廟があるのかと尋ねたことがあった。友人は一言、「申し訳のたたないことが多いからだ」と答えた。当時は何やらはぐらかされたような気分になったが、不惑の歳まで生きれば、さすがに生きることは弁明の連続なのだと気付かされる。

ぼくたちの生は、死者たちに対する弁明の上に築かれている。


十年ほど前、デング熱に罹ったぼくは、頭痛と押し寄せる嘔吐に苦しみながら、勤め先の大学に急いでいた。専任教員と違い、授業に出たぶんしか給与が出ない非常勤教員だったぼくは、日銭を取り損ねることを恐れて、発熱を隠したまま授業に臨んだ。

六百元。当時の円高レートで時間あたり千七百円程度の講師料だったが、毎月国民年金の納入と奨学金の返済に追われていたぼくは、ある種自己脅迫的な心持ちで毎日を過ごしていた。その結果、帰路に危うく気を失いそうになり、偶然通りかかった老人に助けられて、そのまま近くにある栄民病院（退役軍人病院）に入院するはめになった。いまとなっては老人の顔もはっきりと憶えていないが、ただ彼の強い外省訛りだけが脳裏に残っている。

時代を問わず、この島には常に孤独な羅漢脚たちの影がある。

たとえばあの老人のように、戦後国民党とともに台湾へ渡ってきた外省人老兵たちの多くは、黒水溝の向こう側に残してきた家族を忘れられないまま、異郷の地で孤独な最期を迎えた。かつて抗日戦争で故郷の山東省を離れ、台湾に渡った後も再びアメリカへと逃れた作家・王鼎鈞《おうていきん》（一九二五―）は、郷里を離れた移民たちについてこんなふうに述べている。

台湾海峡を眺めるように建てられた観音像。
多くの者が故郷の土を踏むことなくこの地で埋葬された。

故国を離れた者たちの背には、ことごとく一本の針が刺さっていたのだ。

この島で暮らす人々の背中には、多かれ少なかれそうした傷痕が残っている。その老人と遇うことは二度となかったが、あれ以来ぼくの頭の中では同じ疑問がぐるぐると回り続けている。

この島で生きることを決めたぼくの背中には、いったいどんな針が刺さっているのだろうか？

ドン　カッ　ドン　ドン

太鼓の音が山中に響きわたる。南海紫竹寺前にはすでに多くの観衆が集まっていた。人口一万人足らずのこの集落にこれほど多くの人が集まる日は滅多にない。旧暦の二月、内門区では観音菩薩の巡行祭と並行して、宋江陣の全国大会が開催される。武器や各種体術を駆使した武術パフォーマンスを上演する宋江陣は、台湾南部で盛んな伝統芸能の一種だが、その総本山がかつて羅漢門と呼ばれたここ高雄市内門区なのだ。猿叫のような雄たけびを上げた若者たちが手に手に武器を持ち、激しい太鼓の音に合わせて舞台に躍り上がる。毒々しい太陽に照り返されたその顔には、『水滸伝』の登場人物たちを模した隈取が施されていた。盧俊義《ろしゅんぎ》の双刀に李逵《りき》の双斧、関勝《かんしょう》の青龍偃月刀に魯智深《ろちしん》の月牙鏟……香港の武侠映画でしか見たことのないような武器に武芸十八般が次々と繰り出され、観衆の間からは惜しみない拍手の波が沸き上がっていた。

梁山泊によった豪傑たちのごとく、あるいは関東を開拓した坂東武者たちのように、この地に流れ着いてしまった羅漢脚たちはお上に頼ることなく、ときには武器をとってそれと対峙せねばならなかった。

康熙六〇（一七二一）年一月、台南で巨大な地震が起こった。日本でいえば、八代将軍・徳川吉宗の享保の改革が行われていた時期である。南台湾一帯を津波が襲い、社会全体に動揺が走っていたが、台湾県知府・王珍《おうちん》は、困窮した民の暮らしを助けるどころか、借金を取り繕うために息子に鳳山県知事を兼任させた上、不当に山林を盗伐したとして捕縛した人々の保釈金まで要求してきた。怨嗟の声は日増しに高まっていったが、「天高皇帝遠《てんたかくこうていとおし》」と言われるほどに版図が広大であった清朝の天子さまに、粟散辺地にある羅漢門の者たちが窮状を訴える術はなかった。

——皇帝《ホンデ》が近くにいないのならば、自分がそいつになればいい。

男はそう思ったに違いない。

朱一貴。

齢三十三、八年前に福建省漳州府から台湾に渡ってきた彼は、羅漢門でアヒルを飼って生計を立てていた。羅漢門には彼を慕う多くの義兄弟たちが続々と集まっていた。春秋戦国時代に食客三千と謳われた孟嘗君《もうしょうくん》をなぞって、「小孟嘗」とも呼ばれていた。

——朱一貴ンとこのアヒルが産む卵にゃ、黄身が二つあるらしいぞ。

——小孟嘗の奴ァ、アヒルの群れを軍隊みてえに指揮するらしいじゃねえか。

——朱の兄貴ンところでいくらアヒルを絞めても、その数が減らねえらしいぞ。

奇妙な噂が羅漢門を駆け巡っていた。

同年三月、下淡水渓（現在の高屏渓）一帯では、地元の客家人勢力を糾合した杜君英《とくんえい》が赤山（現在の高雄市鳥松区）において官軍を打ち破った。羅漢門南方にある阿公店（現在の高雄市岡山区）で仲間を集めて挙兵した朱一貴はすぐさま杜君英の反乱軍と合流すると、諸羅《しょら》県（現在の嘉義、雲林、南投一帯）に散っていた明朝の遺臣勢力を吸収して、そのまま一気呵成に台南にある台湾府城を占領してしまった。

——俺は洪武帝の子孫だ。

朱一貴は自らを明朝の初代皇帝・朱元璋の末裔であると自称した。中興王を名乗った朱一貴は国号を大明、元号を永和と建元して、大清帝国に反旗を翻した。実際に朱一貴が明朝皇帝の末裔であったかどうかは疑わしいが、乱世においてはそれらしい大義名分さえ立てば、人は自然と集まっていく。それは後漢末期に涿《たく》の片田舎で筵を編んで暮らしていた劉備が中山靖王の末裔をかたって、遠く巴蜀の地に蜀漢を建国したことに似ている。

羅漢脚たちは朱一貴に従った。

半ば故郷を捨て、あるいは故郷から棄てられて、裸一貫でこの島を開拓してきた彼らにとって、朱一貴とは己の影であり光であり、希望でもあった。中興王を名乗って明朝の復活を唱えたのは朱一貴自身だったが、彼を台湾史上初の皇帝へと押し上げていったのは間違いなくその背に多くの傷を負った羅漢脚たちだった。

羅漢門の皇帝陛下。あるいは、羅漢脚の皇帝陛下というべきか。

しがないアヒル飼いの男が、天地をひっくり返したのだ！

俺たちの、朱一貴が。俺たちの、小孟嘗が。俺たち、羅漢脚が！

首から吊るした太鼓を激しく打ち鳴らす男たちの額からぷつぷつと汗が噴き出していた。佳境に入った宋江陣はますますその激しさを増してゆき、男たちの手元で変幻自在に舞っていた棍が、激しい打ち合いをはじめた。まるで夢から醒めよとばかりに、羅漢門の空に干戈の音が響いていた。


反乱はわずか二か月あまりで鎮圧された。

杜君英率いる客家人勢力と内ゲバを起こした朱一貴の反乱軍は、大陸から派遣された官軍によってあっけなく敗退した。反乱を鎮圧したのは、かつて鄭氏政権を滅亡に追いやって台湾領有を強固に主張した施琅の息子・施世驃《しせいびょう》だった。羅漢脚の王となった朱一貴は、現在の嘉義県太保市《たほ》にある溝尾荘あたりで捕縛されたという。

当地にはこんな伝説が残っている。

ある日、康熙帝に三日間だけ退位するように進言した軍師がいた。台湾に「番王」が現れ、彼の者が台湾で放った矢が玉体を傷つける恐れがあるのだという。聡明な康熙帝は天文に明るいその軍師の助言を聞き入れて、三日間だけ退位することにした。すると豈図《あにはか》らんや、三日後玉座に突如として鋭い矢が突き刺さった。康熙帝はこうして難を逃れ、反乱は無事に鎮圧されたという。

現実に康熙帝が三日間退位したといった記録はなく、また羅漢門にも溝尾荘《みぞ》に落ちた「鴨母王」を救い出すような鶏鳴狗盗の食客は現れなかった。アヒル飼いの皇帝は北京まで連行され、史上最も残酷な刑罰と呼ばれる「凌遅刑《にくそぎのけい》」に処されて死んだ。

翌年、中国史上最高の名君とも言われた康熙帝が崩御する。以降、羅漢門には巡台御史が置かれ、日本の台湾領有までおよそ百七十年近くをその統治下に置かれることになった。

宋江陣が解散して観音巡行が終われば、内門区は再び山間の静かな集落へと戻っていく。一連の喧騒が過ぎ去れば、ここは何ら変哲のない南台湾の田舎町でしかない。

麓の集落は日暮れが早い。ぼくは黒いため息を吐く相棒にまたがって、アップダウンの激しい羅漢門の山道を走った。黄昏時の山道には、沖縄の亀甲墓に似た墓石の影が延々と続いていた。

もしもぼくたちの生が死者に弁明し続けることでしか存続できないのならば、いっそのこと彼らと正面から語り合えばいい。たとえそれが異郷の亡霊たちであったとしても、少なくともお互いの背に刺さった針やその傷痕の形を教えてやることができるのだから。

駆け足で訪れる夕闇にとり込まれまいとするように、眼前に横たわる稜線がうっすらと落日の残光を

高雄市内門区にある鴨母寮興安宮で祀られる朱一貴。

放っていた。ぼくが帰るべき場所はこの残光の向こう側にある。古里を遠望する背中がチクリと痛んだような気がした。

遊園地の思い出

高雄市旗山区に三桃山遊楽園と呼ばれる遊園地がある。昭和一二（一九三七）年、陳秋涼によって建設された園内には、三国志や西遊記をモチーフにした塑像や建築物が立ち並んでいる。決して交通の便のいい場所にあるわけでもなく、園内にある人力のアトラクションの多くも千古不易といった感じで、平日ともなれば園内で入場者と出会うことも稀な、まさに知る人ぞ知る遊園地だ。

時折、ぼくはひとりでこの遊園地を訪れる。園内奥にある野外ステージはどの角度からもステージが見られるように扇型に設計されていて、段々畑のような構造になっていた。千客万来だった数十年前にはこの野外ステージでも様々なショーが行われていたらしいが、現在ではバッキンガム宮殿の近衛兵を模したくるみ割り人形が二体、直立不動で佇んでいるだけだった。

幼い頃、ぼくの家の真向かいには遊園地があった。バブル経済に日本中が浮かれていた時分、人口一万人にも満たない瀬戸内海の小さな町にも多くの観光客が押し寄せてきたのを覚えている。ところがバブルがはじけてから園内には閑古鳥が鳴き、数年後に遊園地は閉園した。廃墟となった遊園地に足を踏み入れる度、ぼくは両親に手を繋がれて見たヒーローショーを思い出した。いまでも母親の柔らかい手がぼくの肩にかかっていたことを覚えている。三十路を超えたばかりの母親は幼いぼくから見ても美しく、その指には遊園地の射的でもらったおもちゃの指輪が光っていた。とってもきれいね《がいにけっこいな》。母親は息子からもらったプレゼントを見てうれしそうに笑った。

誰もいない扇型の野外ステージの客席に腰を下ろすと、廃墟に残されたキャラクターたちが微笑みかけてきた。まるであの頃の幸福を閉じ込めたタイムカプセルのような微笑みだった。

――遊園地？　そんなもんとうに無《の》うなっとるわ。

地元に残った友人があきれたような表情を浮かべて言った。とうに無うなっとる。だけれどそれは確かにそこにあったはずで、もしかしたらいまもあって、彼らはそれを忘れてしまっているだけなのかもしれない。そんなことを考えていると、痴ほうになってから意味の分からない言葉をつぶやき続ける母親がまったく同じようなことを言っていたことを思い出した。

――兄やん《エンダクサン》、ここではなんのショーもやらんで。

係員とも入場客とも見分けのつかない老齢の男性が、台湾語まじりの中国語で話しかけてきた。分かってますと答えるぼくに、男性が不思議そうな表情を浮かべて続けた。

――そんならええよ《リツァイデョオボオ》。あんたずっとそこに座わっとるもんやきん。

人の良さそうな男性に向かって、僕は同じ言葉を台湾語で答えた。

知ってるんです《ワッァイアン》。もう二度とあの頃の光景を目にすることはできないことは。

崩れかかった特設ステージの裏から、ぼくは現れることのないヒーローが現れるのをジッと待ち続けていた。

2

客家と仮黎《ガライ》

よそ者たちが唱った故郷

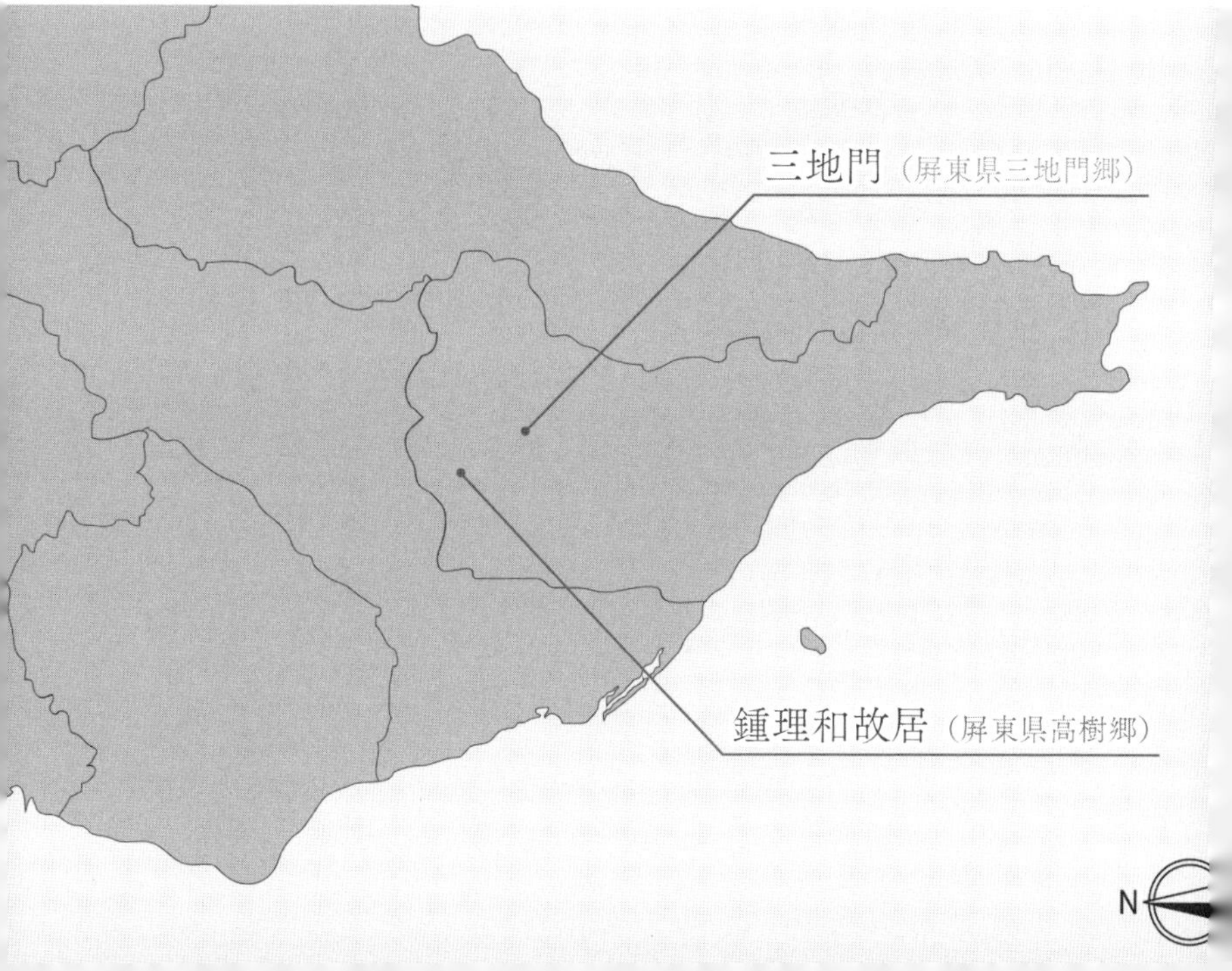

人は何かと他人との間に境界線を引きたがる。日本においてしばしば東西における文化の違いが語られるように、台湾ではそれが南北の相違として語られることが多い。東京と大阪、あるいは東京と京都といった文化軸が、台湾では台北と高雄、もしくは台北と台南といった構図で比較されるのだ。たとえば日本でよく紹介される魯肉飯《ルーローファン》は、南部では肉燥飯《ローツァオファン》と呼ばれる。正確には前者は豚のばら肉、後者はひき肉を使っているのでまったく同じ料理とは言えないが、その分布地域は北部と南部できれいに分かれている。ぼく自身、台湾で十年以上暮らしていながら魯肉飯を食べたことは数えるほどしかなく、日本から高雄にやって来るお客さんから美味しい魯肉飯のお店を紹介してくれと言われる度に、何とも居心地の悪い笑みを浮かべてごまかしてきた。

台湾で文化的な差異が南北を軸に語られるようになったのは、日本時代に台湾縦貫鉄道が営業をはじめてからであった。台湾島を南北に走る中央、玉山、阿里山、雪山、海岸の五大山脈は、二千から三千メートル級の山々によって構成され、この小さな島を東西に分断してきた。さらにこれらの山々から西部の平原地域には大小様々な渓流が流れ込み、長い間南北間の移動を困難にした。十九世紀末、台北から台南へ移動するためには実に三日間の船旅が必要で、それも直通便ではなく大陸アモイ経由であった。鉄道という植民地近代を象徴する文明の利器がこの島を縦貫するまで、台湾における文化的な差異とは南北よりもむしろ東西において顕著であったのだ。

実際、相棒に跨って高雄市左営区から屏東平原を経て、大武山が聳え立つ中央山脈の南端に向けて走っていると、否が応でも南台湾の文化的な差異が東西に分布していることに気付かされる。海岸沿いや

屏東平原を貫く幹線道路。前方に壁のような中央山脈が立ちはだかる。

内陸の平原には伝統的な閩南《びんなん》系の寺廟などが多く建てられているが、市内を離れて山がちな地域にやって来ると、客家《はっか》人が信仰する三山国王廟や義民廟などが目に映る。そこからさらに西へと進めば、平地原住民であるタイボアン族やマカタオ族の信仰する「公解《クバ》」と呼ばれる祠が現れ、平原を遮るように立ちはだかる中央山脈の山村にはルカイ族やパイワン族が信仰する民族色豊かなキリスト教の教会が点在している。

東西にグラデーション状に広がるこの民族、文化、宗教的な差異は、南台湾における移住民と先住者たちとの絶え間ない衝突と融合が歴史的に沈殿して生まれたものであった。数十分ごとに目まぐるしく変化する色彩豊かな南台湾のランドスケープは、さながら手回しの映写機で風景を映し変えていくような躍動感に満ち満ち、今日においてもなおぼくにとってどんな映画よりも刺激的な光景であり続けている。

冷房の利かない場末の食堂で、山のように盛られた空心菜に箸をつけていると、丸々と太った食堂の主人がどこから来たのかと尋ねてきた。

「高雄《ゴーヒョン》、左営《ツオイン》から来ました」

台湾語と中国語の混じったぼくの言葉に頷きながら、主人は持っていた粄條《バンテャオ》をテーブルに投げ捨てるように置いた。粄條とは米で作られるきしめんに似た麺の一種で、客家の伝統料理のひとつだ。

屛東県高樹郷。屛東市の北東に位置するその街は、よそ者が歩き回るにはあまりに目立ちすぎる場所だった。主人は隣のテーブルに座る常連客らしいグループに声をかけていたが、独特の声調からすぐにそれが客家語だと分かった。

十七世紀から十九世紀にかけて台湾に渡ってきた大陸移民の波は、およそ閩南系と客家系に大別できる。「閩」とは福建省の別称で、同省南部に暮らしていた彼らは「閩」南人、あるいは福佬《ふくろう》人と呼ばれた。最初にこの島に居を定めたのはこの閩南人で、福建省泉州地方から来た者たちは西部の海岸沿いに、同じく漳州地方から来た者たちは平原へと広がっていった。その結果、広東省東部から遅れてやって来た客家人はさらなる奥地か、あるいは耕作には不向きな山裾などに集落を構えることになった。南台湾では台湾府城のある台南や県城のある打狗《たかお》を有する嘉南《かなん》平原に多くの閩南人が集まったが、客家人は更にその南にある屛東平原南部を流れる下淡水渓の東岸に集住した。屛東平原の背後には巨大な中央山脈が屹立しているために、南台湾の客家たちの生活圏は原住民族が暮らす「番界」と限りなく隣接していた。

台湾の総人口の約十五パーセントを占める客家人は、労苦を厭わず、質素倹約に励み、商売に長けた人々と見なされ、これまで多くの人材を輩出してきた。その一方、強情で独善的な吝嗇家といったステレオタイプも強く、しばしば多数派である閩南人との間に衝突を繰り返してきた。

ある日、担任するクラスの学生たちと一緒に食事をとっていたときのことだ。ある学生がとりわけ質素な弁当を持参しているのを見たクラスメートがニヤニヤと笑いながら、「センセイ、こいつは客家なんですよ」と言った。ぼくは一瞬何のことか分からずに、てっきりそれが客家の伝統料理か何かだと思い、よれよれになったプラスチックの弁当箱の中身をまじまじと見つめてしまった。

「こいつらは、客家人《おれたち》がケチだって言いたいんですよ」

その笑い顔からはある種の諦観が感じられた。同じように節約してもあいつは客家だからと揶揄される。世界中どこに行っても「客《よそもの》」とされてきた客家人は、民族のるつぼであるここ台湾においてもあらゆる移民社会のマイノリティが経験してきた否定的ステレオタイプからは逃れられずにいた。

ぼくはお碗の中で湯気を立てる粄條に箸をからませた。南台湾の粄條は面帕粄とも呼ばれるが、文字通り「面帕《ハンカチ》」のような薄さをしている。困窮と流浪を繰り返してきた客家は生活条件の厳しい地域で暮らさざるを得ないことが多く、それゆえに生鮮食品を口にできる機会も少なかった。度重なる飢饉や戦乱を経てきた経験から客家社会では長期保存できる食料を備蓄しておく必要が生まれ、粄條のような加工食品が数多く生まれたのだった。

食堂のテレビでは「世界棒球経典賽《WBC》」の試合が流れていたが、中国語の実況がかき消されてしまうほど、店内は常連客らの話す客家語で満ちていた。野球は高雄市美濃区を中心とする南部の客家人の間では人気のスポーツで、これまでにも多くのプロ野球選手を生み出してきた。

主人がこれからどこに行くんだと尋ねてきた。

「三地門の方に向かおうかと思ってます」ぼくは赤茶けた五十元玉を主人に渡しながら答えた。すると主人は、汗だらけの額を拭いながら、「ガソリン、しっかりと入れていけよ」と言った。「番仔《ファンナ》のお山にゃ、油を入れる場所が少ないからな」

番仔《ファンナ》。

原住民族を意味するこの台湾語は、たぶんに人種差別的な意味合いを含んでいる。もちろん、客家語にも同様の言葉がある。

仮黎《ガライ》。

漢人と原住民の間《あわい》で生きてきた台湾客家にとって、仮黎はひどく身近な存在だった。客家人作家・鍾《しょう》理和《りわ》（一九一五年―一九六〇年）も、短編小説「仮黎婆」において、大好きだった祖母がパイワン族であると知った際の衝撃を描いている。

日本統治期、鍾理和が生まれた阿緱《あこう》庁阿里港《ありこう》支庁（現在の屏東県高樹郷）は、パイワン族が数多く暮らす三地門と呼ばれる「番界」と隣接していた。屏東平原に面しながらも海抜二千メートルを超える群峰が続く三地門は、南台湾における漢人社会と原住民社会の境界線にあたる場所にあった。幼い「私」は祖母が仮黎であることを知って衝撃を受けるが、それでも優しい祖母を慕い続けていた。ところが、山へ逃げた牛を探して「番界」へと足を踏み入れた際に、祖母がうれしげに口にした仮黎の歌に得も言われぬ不安を感じる。客家人の集落を離れて徐々に本来の仮黎へと戻っていく祖母を見た「私」は、恐怖のあまりどうか歌わないでほしいと祖母に泣きつくのであった。

民国四九（一九六〇）年、鍾理和が亡くなる年に書かれたこの自伝的短編小説は、何度か邦訳もされている。比較的手に入りやすいものとしては、日本初となる台湾原住民文学選『非情の山地』（田畑書店、一九九二年）と台湾の客家文学をテーマにした『客家の女たち』（国書刊行会、二〇〇二年）の二冊がある。原住民文学と客家文学の両アンソロジーにこの物語が収録されている点からも、台湾客家の生活がいかに「番界」と密接し、両者の文化と血統が不可分に交じり合っていたのかが分かる。少数移民であった客家にとって、地縁や血縁を通じた結束は異郷で生き残るための重要な手段であったが、同時にその内部には長い歴史の中で衝突と融合を繰り返して培われた異種混交性《ハイブリディティ》も備わっていた。

物語で「私」が感じたのは、関係性の崩壊がもたらす恐怖だ。客家／わたしたちの世界にいたはずの祖母がふと仮黎／彼らに戻ってゆき、自分の知る祖母、ひいては祖母を知る「私」自身までもが失われてしまうのではないかという恐れである。ところがまだ幼い「私」にはこうした複雑な感情を言語化できるだけの能力はなく、ただただ泣きわめくことでしかその不安を表現することができなかった。

「唱わないで。お婆ちゃん、唱わないで」

祖母は、私の急な変化にうろたえて「どうしたんだい」と繰り返し聞き、両手で私の顔を包むようにして持ち上げた。「阿和《アホー》、泣いているのかい、どうしたんだい」祖母は、私の目を見て驚いて言った。

「唱わないで……」私は、また叫んだ。

祖母は、不思議そうに私を見つめていたが、笑顔を作って言った。「お婆ちゃんの歌が、コロちゃんには怖かったんだね」

祖母は、唱うのをやめた。それからは、物思いにふけって黙々と家までの道を歩いた。その顔は暗く沈んでいた。ただし、いったん家に着くと、すべてが消えた。落ち着きのある、穏やかで澄んだ表情をたたえた、いつもの祖母にもどっていた。

鍾理和著、澤井律之訳「祖母の想い出」

最初にこの話を読んだぼくは、虫も殺さぬほど優しかった祖父がある日何かの拍子に突然軍歌を口ずさみはじめたときに感じた戸惑いを思い出した。もちろん、その頃の自分はそれが軍歌だとは知らなかった。ただその聞きなれない歌を通じて、祖父が自分の知らない「何か」になっていると感じたのだ。いまでもそれまで握っていた祖父の手が突然冷たい鉄の棒のようになってしまった感覚を覚えている。祖父は不思議そうな目で泣き虫な孫を見下ろしていたが、ぼくはその手を払いのけて泣きわめいていた。

鍾理和の旧宅壁に書かれた「仮黎婆」の冒頭。

鍾理和の旧宅から檳榔の木々を背負った墓石が立ち並ぶ県道を抜ければ、すぐに三地門郷への入り口が見えてくる。山道脇からは白腰鵲鴝《アカハラシキチョウ》の鋭い鳴き声が響いていた。檳榔の木にへばりついていた赤腹松鼠《クリハラリス》たちがそれに合わせるようにクッ、クッ、クッと短い鳴き声を上げる。この山に暮らす誰もが己の歌をもっているようだったが、数万曲もの音楽が再生できるスマホのプレイリストには、ぼくと故郷を結び付けてくれるような歌は一曲も入っていなかった。

振り返れば、眼下には霞たなびく広大な屏東平原。

祖母の死後に「私」を訪ねてきた祖母の弟は「古びた日本の軍服」を着ていたが、あるいは彼もまたぼくの祖父と同じように、ある日突然日本の軍歌を歌って周りの人間をひどく困惑させたのかもしれない。インパールの白骨街道を這うようにして帰ってきたぼくの祖父は、戦争に勝とうが負けようが日本人であることができたが、「私」やその家族は日本の敗戦によって「日本人」という枠組みからはじき出されてしまった。自身の身体を流れる血の「原郷」を求めて、二十代を満州、そして北平（北京）で過ごした鍾理和は、郷里では許されなかった同姓結婚を祖国の地で果たし、中国語の短編小説集も出版した。しかし、結局戦乱が続く「原郷」の生活には馴染むことができずに、民国三五（一九四六）年に台湾へ帰国した。日本人にも中国人にもなれなかった鍾理和は、持病であった結核に苦しみながら、反共文学全盛期の戦後台湾において、父親が農場を経営していた美濃鎮（現在の高雄市美濃区）の山麓でひたすら荒廃した「故郷」の姿を描き続けた。それは度重なる植民地主義と独裁体制によって疲弊した台湾人の心象風景そのものでもあった。

くもはゆきます　サンテイモン
かぜにビンロウがそよぎます

ムニさん　ムニさん　こんにちは
サンテイモン。

昭和九（一九三四）年、台湾総督府は台湾島内における国語普及のために、国民詩人として当時不動の地位を築いていた北原白秋を招き、日本語の宣伝曲作成を依頼した。基隆《キールン》から上陸して反時計回りに台湾を一周した白秋は、三地門を訪れた際にこの童謡を書きあげたのだとか。

民国四九年、あるいは昭和三五年。異色の郷土作家・鍾理和が肺結核で亡くなったその同じ年、白秋は台湾一周を回顧した『華麗島風物誌』を出版して、かつて宗主国の大詩人として熱帯に浮かぶ華麗島をめぐった往時を懐旧している。「深山の蕃地で蕃童の唄ふ我が童謡を聴」いて「悲喜交々」であったという白秋は、まるで己の功績を誇るように台湾一周の旅を振り返るが、ぼくには生涯をかけて己の「原郷」を求め続けた鍾理和や仮黎《ガライ》であったその祖母が、「ムニさん　ムニさん」と無邪気に唄う様子がどうにも想像できなかった。

ずいぶん昔、台南行きの電車で向かい合わせに座った老人が日本語の本を読んでいた僕に向かって突然、「モモタロサン　モモタロサン」と唱い出したことがあった。唱い終わった老人は何か同意を求めるようなまなざしでジッとぼくを見つめてきた。狭い車両で逃げ場のなかったぼくは「お上手ですね」と笑った。いまでもどのように返事がすればよかったのか分からない。

台湾に来て何を感じたかと問われた白秋は、「日本人に生まれてつくづくよかった」と答え、台湾の「土蕃」たちについて「古代日本の幻影」を蘇らせたと述べている。『華麗島風物誌』を「日台を結ぶ橋」であって、「よき昔を偲ぶ記念碑」となると述べた白秋は、彼らのなかに暴力的な他者の声を埋め込んでしまったことにどこまでも無頓着であったが、こうした無頓着さはおそらく多くの日本人に共通する鈍感さでもあるのだ。白秋の描く日本語の旋律はむしろ祖母を「土蕃」という枠組みの中に閉じ込めることで、その「美しき野蛮性」を植民者の立場から愛でるものであった。

歌とはときに「私」のなかにある「他者」を引き出すが、それは一度体内に潜伏したヘルペスウィルスが、ふとしたきっかけで宿主の身体に帯状疱疹を引き起こし、自らの存在を主張するのに似ている。それが悲鳴であるのかはたまた歓喜であるのか、ときに痛みを感じている当人にすら区別がつかないものなのだ。

勾配のきつい山道に入ると、相棒が聞えよがしにため息をつきはじめた。三地門の麓にある台湾原住民文化園区では、百五十元のチケット代さえ払えば伝統衣装に身を包んだ原住民族がそれぞれの部族に伝わる歌を唱って聞かせてくれるらしかった。

ふりさけみれば、三地門の青い山々の峰に雲がかかっていた。

故郷の空が懐かしくなったが、相変わらずこの島で口ずさむべき歌は思い浮かばなかった。

墓地に響く歌声

おいここに何か用か？　通りかかっただけ？　外に貼られてる赤い紙は何だって？　あれはカラオケの曲名だよ。下にある数字はその番号。ここで歌うんだよ。墓地でカラオケしちゃいけないなんて法はないだろ。ああ、日本語の歌もあるよ。日本語読めるのか。へえ、日本人がなんでまたこんな場所にいるんだ。まあとにかく入れよ。おいみんな、こいつ日本人なんだってよ。何か歌うか？　知ってる歌がない？　日本人のくせに『長崎の女』も知らないのか。「女」と書いて「ひと」と読むのがミソなんだ。墓地でカラオケなんて怖くないかって？　おれたちくらいの歳になったら墓の下にいる知り合いの方が多いんだよ。

で、あんたは何でこんなところをうろついてたんだ。第二次大戦時にあった捕虜収容所？　ああここからそんなに遠くないな。昔はたくさんいたよ。いやいや、さすがにおれはそんな歳じゃないよ。でも親父の世代は実際に見ていたから、色々話も聞いたことがあるかな。今じゃ野良犬の保護施設になってるけどよ、昔はあそこに東南アジアから連れて来られた鼻高人が五百人以上収容されてたんだ。台湾語は分かるか？　いやおれたちは客家だ。ここいらは客家が多いんだよ。捕虜たちは川底で砂利を採取する労務に駆り出されて、それで左営にある軍港を補強させられてたんだ。毎日毎日重労働させられた上に台湾の水が合わなかったんだろうな、戦争末期にもなると、鼻高人たちはバタバタ倒れていったらしくて、日本人たちは動かなくなった捕虜を台湾人の監視員に片付けさせたんだ。どこにって、ちょうどこの近くだよ。中にはまだ息のある者もいたらしいんだけどな。どうするってそりゃ埋めるしかないだろ。まだ生きてましたなんて戻って報告してみろ、代わりに自分が墓穴に入ることになっちまうじゃないか。遺体？　戦争が終わってから、別の場所に埋葬され直されたって聞いたけど詳しい話は知らないな。

ところで本当に歌わないのか？　『浮草ぐらし』も『東京ブルース』もあるぞ。

3

清あるを知って日本あるを知らず

六堆客家興亡史

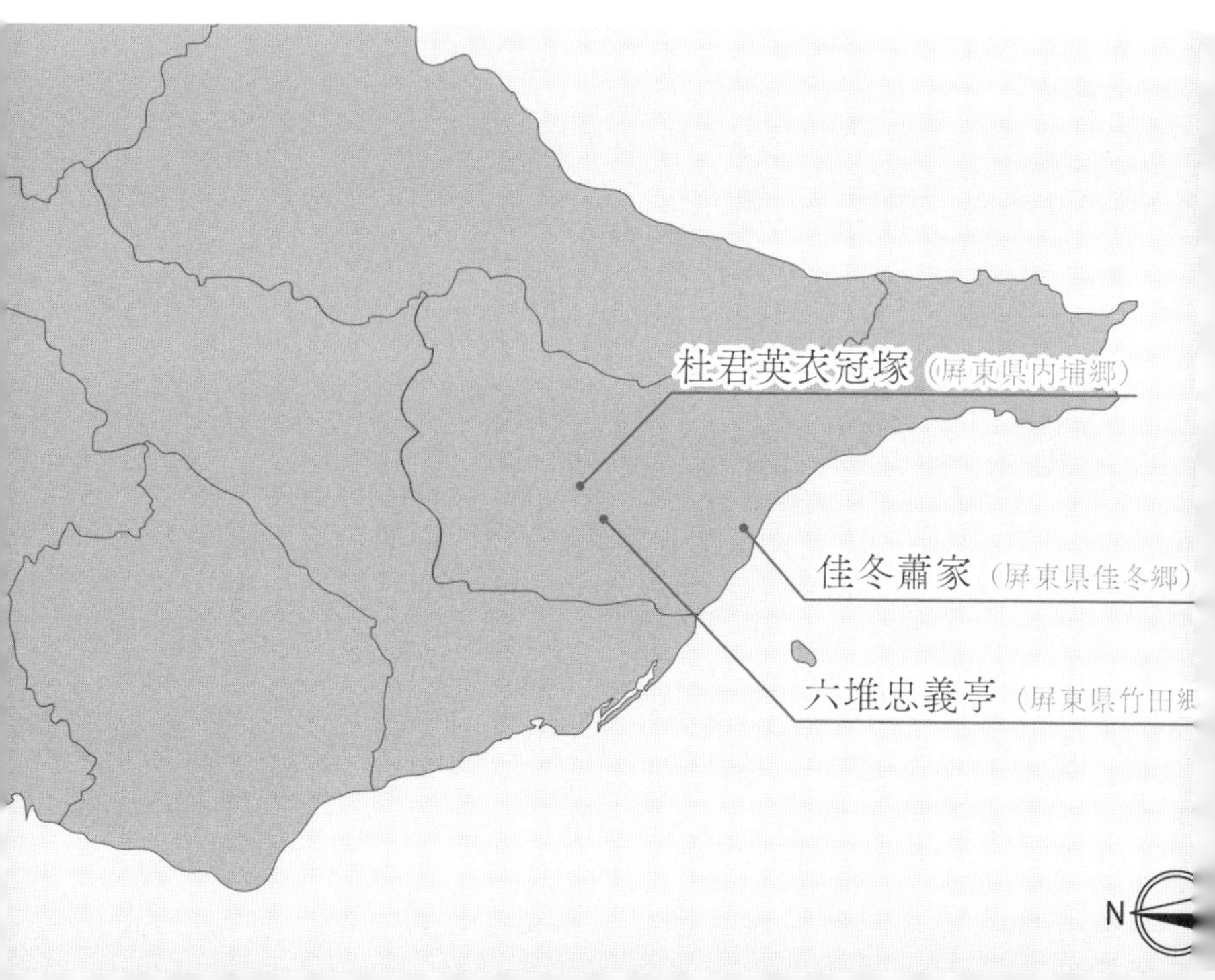

暴力は怖い。腕力の弱いぼくなどは大声で怒鳴り散らす人間にすら腰が引けてしまうが、脅えてしまう様を相手に見せるのも癪なので、ついつい無駄に虚勢を張ってしまう癖がある。すると相手もカチンとくるのでさらに威嚇を強めてくる。しかしここで退けばさきほどの虚勢まで元の木阿弥になってしまうので、ぼくは勝ち負けを度外視した抵抗してやるゾといった態度を示しては、引くに引けなくなってしまう。

歩行者地獄と呼ばれるこの島で暮らして十数年、幾たび交差点で鳴り響くクラクションをゴングに、「幹你娘《ファック・ユア・マザー》！」と威嚇してくる運転手相手にファイティングポーズをとったことか。たとえ野生の虎であっても、必死の覚悟で抵抗するシカを無傷で捕えるのは難しい。よほど腹を空かしている場合でもなければ、虎を自認する者たちもこうした弱者の抵抗を見逃してくれる。もちろん引き際を間違えればとんでもないことになるが、彼らだって暴力は怖いのだ。

ところが、世の中にはこうした駆け引きや人情といったものがまったく介入しない暴力もある。いわゆる国家による暴力だ。社会学者マックス・ウェーバーは、主権国家の特徴を「合法的な暴力の独占」であると述べたが、近代国家とはまさにそれまで巷に溢れていた大小様々な暴力が「ある一定の領域の内部」において独占された政治共同体であった。善良なる多くの人々はヤクザや半グレの暴力には恐怖や嫌悪感を抱くが、主権国家の間で交わされるその数千、数万倍の火力の応酬、つまり彼らがそうした暴力を合法的に独占する事実については不思議と許容してしまう傾向がある。

いまだ主権国家を知らなかった清朝統治下の台湾では、それぞれの地域に暮らすエスニックグループが自衛目的から独立した武装組織を有していた。台湾統治に積極的ではなかった清朝の政治方針は、西

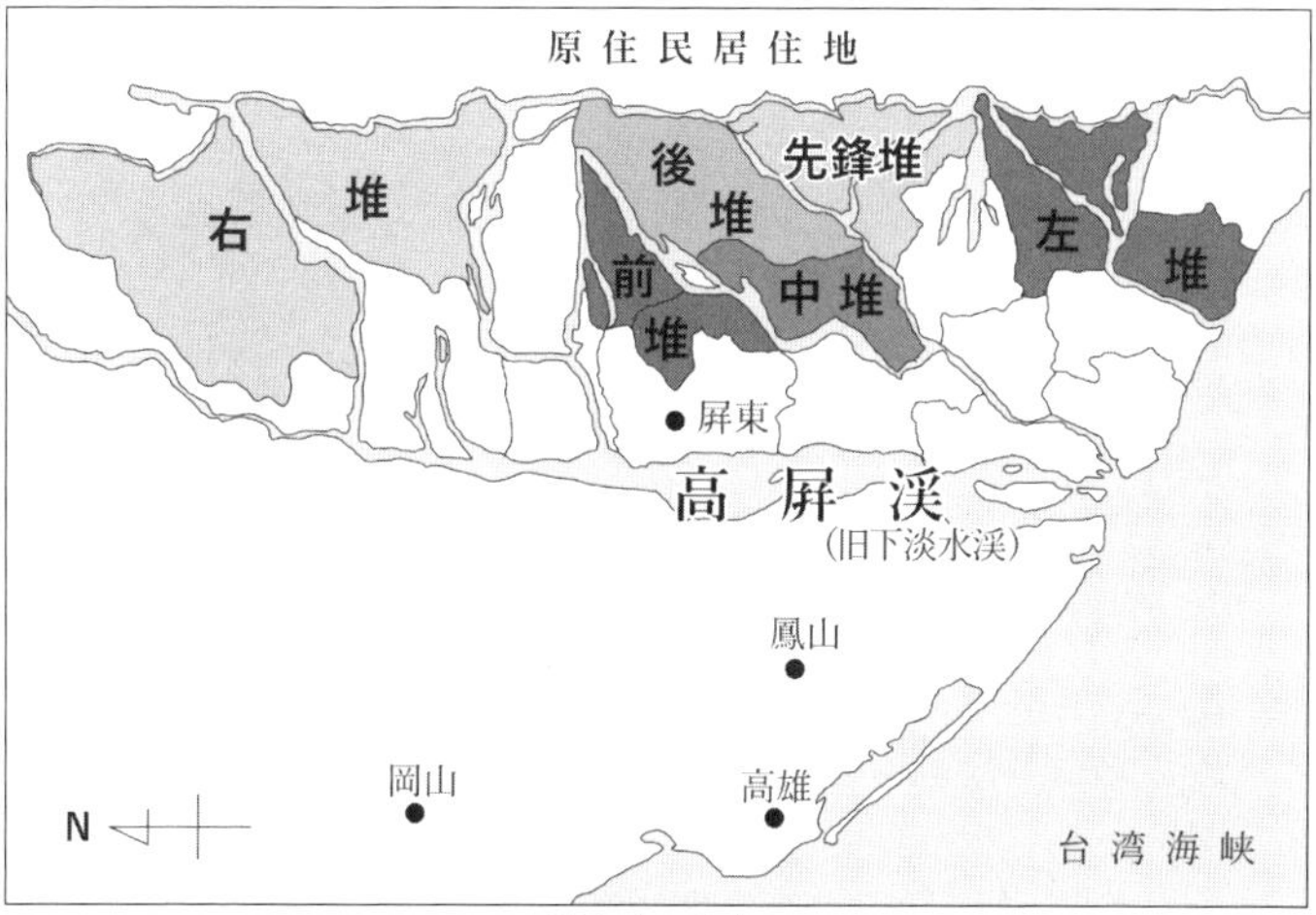

六堆客家の分布図

部劇よろしくこの島に暮らす人々に自存自衛の社会風土を促したが、その最たる例ともいえるのが下淡水渓東岸に結成された客家人の武装自治組織・六堆《ろくたい》であった。

屏東平原に暮らす客家人が武力をもって自立した背景には、羅漢門の鴨母王こと朱一貴の反乱が遠因にある。康熙六〇（一七二一）年、下淡水渓一帯で客家系移民の蜂起が起こると、朱一貴は破竹の勢いにあった彼ら客家人と協力関係を築いたが、やがてその指導者であった杜《と》君英《くんえい》と決別する道を選ぶ。ライバルを追い落として騎虎の勢いにあった鴨母王は、後顧の憂いを絶つべく自ら軍を南下させて、杜君英の地盤であった下淡水渓東岸に広がる客家人集落を攻撃しようとした。

——鴨母王の暴力に屈するべきや否や《アマーウォンアンヴァンナイデンガンオイキョッフーイ》。

下淡水渓東岸に暮らす客家人たちは意見を交わした。杜君英の末路を目にしていた彼らは、閩南人が主体となったこの反乱軍に加担することなく、郷土防衛を掲げてこれを撃退することを決した。

六堆と呼ばれるこの武装組織は、右堆、左堆、前堆、後堆、中堆、先鋒堆の六つの地域からなっていた。「堆」とは「隊」を意味し、清朝初代皇帝ヌルハチの創設した八旗制度を模倣したものとも言われている。一旦外部勢力との間に抗争が起これば、各堆総理の推薦によって大総理が選出され、「いざ鎌倉!」とばかりに、武装した壮丁たちが中堆にある六堆忠義亭に集まって共通の外敵を撃退するのだ。南北に長く伸びたその連合集落は、最北端にある右堆が高雄市甲仙区《こうせん》にまで及び、最南端にある屏東県佳冬郷《かとう》の左堆とはおよそ九十キロもの距離があった。

屏東県内埔郷《ないほ》には六堆結成のきっかけとなった杜君英の衣冠塚《いかんづか》が残っている。六堆の位置関係でいえば、ちょうど「後堆」にあたる場所だ。朱一貴との権力闘争に敗れた杜君英は、遠く猫児干《びょうじかん》(現在の雲林県崙背郷《ろんはい》)まで逃れ、後に息子とともに羅漢門山中へと逃げ込んだ。清軍は命まではとらぬと再三の投降を呼びかけていたが、両手が後ろに回った親子は北京に送還されると、そのまま首を斬り落とされてしまった。生き残った杜君英の部下たちは番仔厝《ばんしさく》と呼ばれていた当地まで逃れてくると、檳榔の木が生い茂る場所に杜君英の遺品を埋めてこれを衣冠塚と称した。

屏東平原を貫く幹線道路を走っていたぼくは、Ｇｏｏｇｌｅマップに目を落とした。確かにここでいいはずだ。戸惑いながら民家の間にある細い路地裏に足を踏み入れると、小さな古墳のように盛り上がった衣冠塚が視界に飛び込んできた。裏口でスマホをいじっていた住人に見学してもよいかと尋ねると、男は軽くあごをしゃくって退屈そうに手元のスマホをいじり続けた。

杜君英の衣冠塚。杜の文字には「`」が付け加えられている。

逆杜君英庄界碑

石碑に彫り込まれた文字は、杜君英の微妙な政治的立場を表していた。「逆」の文字は朝廷に反旗を翻した逆賊を大っぴらに祀るわけにはいかなかった事情があるが、よくよく見れば「杜」の「土」部分に「丶」の文字が付け加えられていた。逆賊の汚名をきせられた杜君英の無念を慮った部下が涙に見立てて刻んだものとも言われているが、真偽のほどは分からない。「勝てば官軍」と言えば凡俗に過ぎるかもしれないが、永遠に乾かぬその涙には、歴史から退場させられていった「逆賊」たちの悲憤が刻み込まれているような気がした。

下淡水渓東岸に暮らす客家人らは、朱一貴事件を僥倖に武装自治組織としての六堆を創設しただけに止まらず、大陸の朝廷権力と結びつくことによって自らの開拓地を「一所懸命」する政治的確約まで得ることができた。当意即妙、まさに気を見るに敏であった。

鴨母王の死から十年後、六堆の立場を確固としたものにする事件が起こった。台湾中部で大甲西社《だいこうせいしゃ》事件と呼ばれる平地原住民タオカス族による大規模な反乱事件が発生すると、かつて朱一貴の部下であった呉福生が当地の羅漢脚らと語らって、鳳山県（現在の高雄市）一帯で再び反乱の狼煙をあげたのだ。六堆の動きは速かった。彼らはすぐさま壮丁を招集すると、反乱軍の六堆侵入を防いだばかりか、義勇軍を北上させて呉福生の反乱軍を打ち破る働きを見せた。

「三年一小乱、五年一大乱」と言われるほど政情が不安定であった台湾において、六堆が義勇軍として地域の治安維持を引き受けてくれることは、朝廷にとっても大きなメリットだった。六堆からしても、その私的暴力に政治的正当性が加味されることは、マイノリティである自身の勢力が生き馬の目を抜く南台湾で生き残る上で大きな武器となった。

ときにはこうした六堆の暴力が暴走することもあった。道光一二（一八三二）年、台湾中部で起こった張丙事件と呼ばれる反乱事件において、六堆は義勇軍を結成して賊軍の討伐に向かった。翌年、阿里港の閩南人と衝突した六堆義勇軍は、「粤民（客家人）滅すべし」と唱えた地元住民二千余人を虐殺し、当地には万人塚（紅廟）が築かれた。この件について北京の朝廷から「誤殺良民」を強く咎められた六堆では、当時の大総理・曾偉中が服毒死、副総理・李定観が処刑されるなど重い処罰が下された。

ともあれ、六堆忠義亭には「大清皇帝万歳」の神位が設けられ、その周囲には各種の反乱鎮圧や閩南人及び原住民族との「械闘《なわばりあらそい》」によって命を失った義民たちの位牌が恭しく祀られた。義民に個別の名前は与えられず、忠義亭を参拝する人々は無名兵士の忠勇に自らのルーツを求めることで共同体内部の結束を強めていった。日本の英霊信仰にも似たこの祭祀形態は、南台湾における弱小勢力だった六堆客家を強力な地域勢力へと変え、その暴力に公的な意味合いを持たせるようになっていった。

六堆と朝廷。

一見強固に見えた両者の関係であったが、やがてその強固さがかえって仇となる事態が発生する。光緒二一（一八九五）年、日清戦争に敗れた清朝が、台湾及び澎湖諸島を日本に割譲することを決定したのだ。

朝野は騒然とした。台北では日本への割譲に反対する勢力が台湾民主国を建国、日本軍へ抵抗する構えを見せていた。しかし、物量や兵器の性能に勝る日本軍が台湾の鬼門である澳底《おうてい》から上陸してくると、台湾民主国総統に推されていた台湾巡撫《じゅんぶ》・唐景崧《とうけいすう》ら民主国政府首脳陣は蜘蛛の子を散らすように中国本土へ逃亡してしまった。ところが、清仏戦争でベトナムのフランス軍を破った武装組織・黒旗軍の創設者としても知られ、台湾民主国の大将軍にも任じられていた劉永福《りゅうえいふく》は、首都を台北から台南に遷して徹底抗戦の構えをみせた。

台北城を占領した北白川宮能久《よしひさ》親王率いる近衛師団は、黒旗軍が守る台南城へ向けて南進をはじめた。台湾中部では地元住民がゲリラとなって日本軍を急襲していた。初代台湾総督・樺山資紀《かばやますけのり》は、「沿道の住民の良否判明せざるにつき」、ゲリラ活動に参加する住民の無差別殺戮を可とする掃蕩作戦を認可した。北白川宮能久親王とともに台湾占領に参加した陸軍局軍医部長・森林太郎鷗外も、後に「年少き女子の男装して戦死したるを見き」と述べるなど、当時の凄惨な戦闘の様子を書き残している。

未曾有の暴力が迫っていた。

倭寇の暴力に屈するべきか、抗するべきか？

六堆内部の意見は大きく揺れた。新竹が陥ち、苗栗が陥ち、彰化の八卦山《はっけ》で奮戦していた客家義勇軍統領・呉湯興も敗死したという。

――降伏すべきではないか？《ナイデンガンオイテエウホン》

――倭寇に降伏などすれば、《ヘンナイデテエウホンドンヨンファン》あの世の義民たちに顔向けできるか。《アンネーナイデガムディドゥイエーヒティーフーゲイーミンハウ》

――ならばやるか。《モーギシュコンツァン》

――ああやる、《ドンエンナ》やらいでか。《ツォンマケンツァンノ》

住民の抵抗が思いのほか激しいことを知った征台軍は、南進する近衛師団とは別に第二師団を南部から上陸させて、台南を南北から挟み込む作戦を採ることにした。このとき第二師団を率いたのは、後の旅順要塞攻略で英雄となる乃木希典中将であった。

乃木希典の上陸記念碑は、屏東県枋寮《ぼうりょう》駅から海沿いの道をバイクで十分ほど北上した場所にある。週末にもなれば高雄や屏東市内からの観光客でにぎわうこの町は、東西を海と山に挟まれているために南北に細い管のような幹線道路と支道が伸びている。

カタツムリの殻のような形をした記念碑の上で、数匹の台湾犬が退屈げに欠伸をしていた。第二師団の兵員を乗せた駆逐艦が海岸沿いに航行する様子を想像しながら、ぼくは海沿いの支道を進み続けた。この道を北に向かえばマグロ漁で有名な東港、そこから更に北へと進めば、インドシナ半島でその勇名を馳せた黒旗軍が待ち構える打狗《たかお》港が視界に入って来るはずだった。

本営とされた佳冬蕭家。現在その内部は一般公開されている。

上陸した第二師団は茄苳脚（現在の屏東県佳冬郷）に布陣していた左堆義勇軍と衝突した。

左堆総理・蕭光明《しょうこうめい》は自宅の佳冬蕭家を本営に、朝廷に仇なす「賊軍」を迎え撃った。午前中いくつかの小競り合いが続き、真っ白な太陽が中天に昇りかけた頃、日本軍の進軍ラッパの音が集落中に鳴り響いた。左堆義勇軍と楢原《ならはら》中尉率いる前営隊は、蕭家が書房として使っていた歩月楼付近で銃撃戦を繰り広げた。

佳冬の町には古い建物が数多く残っていた。ぼくは「褒忠」と書かれた西隘門から町の中をぐるりと回ってみた。門には銃眼が設けられ、六堆が長らく相異なる外敵との抗争の中に生きてきたことが感じられた。海岸線から佳冬蕭家までは数キロしかなく、平坦な土地で起伏も少ない。野外決戦ともなれば、物量に劣る義勇軍が敗れることは明白だった。

路地を歩いてみると、彼らが人間の背丈よりもやや高い壁が続くこの複雑な町並みを利用して、土地勘のない日本軍に一撃を加えようとしていたのだと感じられた。

参謀本部が記録した『明治二十七八年日清戦史』によると、当時の佳冬の集落は「周囲ニハ水壕ヲ繞《めぐ》ラシ其内縁ニハ刺竹簇生《しちくそう》シ容易ニ進入スル能ワス」とされ、数を恃みに一気呵成に占領を試みようとした日本軍は「已ムヲ得ス壕ヲ挟」んで、左堆義勇軍と激しい銃撃戦を繰り広げた。義勇軍は大砲の砲身が焼けるまで戦い、蕭光明の息子も戦死した。資料によれば、戦力で圧倒していた日本側も士官一名、兵士十四名の戦死者を出し、集落に撃ちこまれた弾丸は一万発を超えたと記録されている。

十年ほど前、佳冬郷に暮らすある道士が夢枕に若い日本兵が立つと言ってニュースになったことがあった。生年十九歳にまかりなるというその若い日本兵は、自分は百二十年前にこの地で戦死した者であると道士に告げた。

——九州で暮らす家族に会いたい。

道士は少年兵の言葉をそのように伝えたらしい。

主権国家の暴力とは波間に押し寄せる波濤のように彼我の境界線を不断に変化させながら、その「領域の内部」に取り込んだ者たちの身心を均質化させ、主体的な屈服を作り出してゆく。ぼくはこの島で銃を取って戦わざるを得なかった彼が、とりわけ六堆の人間を憎んでいたとは思えない。そもそも殺すほど相手を憎む理由などないのだ。侵略者を追い払うべく義勇兵の放った弾丸が身体にめり込んだ瞬間、彼は何を考えたのだろうか。名前も知らない異国の地に流れる自身の鮮血を目にした彼は、その刹那兵士からひとりの人間へと戻ったはずだ。百二十年の歳月を経て、異国で「鬼《ぼうれい》」として発見された彼は、ようやく胸に秘めた本音を口にできたわけだ。

トーチカのような形をした歩月楼から見上げた空はひどく小さかった。

義勇軍敗走の報に黒旗軍領袖は思わず天を仰いだ。光緒二一年、あるいは明治二八年十月、台南城に籠って外国勢力からの干渉を期待していた劉永福は、欧米列強から積極的支援が得られないことが分かると、時利あらずと単身アモイへ身を隠してしまった。

六堆は孤立した。

各堆は抗戦派の邱鳳揚《きゅうほうよう》を新たな大総理に推挙したが、頼みの綱であった黒旗軍は霧散し、平地原住民族と連合して日本軍にあたろうとしたが、日ごろ六堆と敵対していた彼らは当然これを拒絶した。

十一月末、抵抗を続ける六堆を鎮圧しようと、山口素臣《もとおみ》少将が前堆に軍を進めた。義勇軍は前堆にある火焼庄《かしょうしょう》（現在の屏東県長治郷）に集結して抵抗を続けたが、日本軍が集落に向けて山砲を打ち込みはじめたことで防衛線は瓦解、六堆は降伏を余儀なくされた。

中堆総理で六堆総参謀でもあった鍾発春《しょうはつしゅん》は、戦闘を停止したのちに歩兵第四聯隊第二大隊の桑波田景《くわはたかげ》堯《あき》少佐に面会を求められ、抵抗を続けた理由を次のように答えている。

少佐「何故に戦争するか。」

鍾　「清あるを知つて日本あるを知らず。」

少佐「どうして」

鍾　「清帝からの諭告も知らず。地方官からの諭達もないから。」

少佐「今はなぜせぬか。」
鍾　「兵器弾薬が欠乏したから。」
少佐「まだする気か。」
鍾　「勇気はある。人もある。」

松崎仁三郎『嗚呼忠義亭』

通訳、それもおそらく筆談を介して交わされたと思われる会話からは、六堆客家の不撓不屈の精神が垣間見られると同時に、彼らの暴力があくまで北京の朝廷と結びつくことによってその正当性を得ていたことが窺える。「清あるを知つて日本あるを知らず」と強弁した鍾発春であったが、その結束と信仰の象徴であった忠義亭は、皇帝の威光が消えた日本統治下においてはやがて太陽の光を失った月のように急速に没落してゆくことになった。

明治三三（一九〇〇）年、第四代台湾総督・児玉源太郎が南部巡視に出かけた際、忠義亭に立ち寄った。児玉は忠義亭が「痛く荒廃し、屋根には草茫々と生えているのに慨嘆」し、随行者に向かって自分が草を取るので梯子をもってくるようにと命じた。「忠義の二字は決して得易いものではない。今後幾百年となく、この二字を子孫に訓へ、且つ祖先の霊を祀らなければならぬ」と訓示を垂れた児玉は、義民を皇民となすべくその精神を換骨奪胎しようとしたのかもしれない。

きれいに葺かれた屋根を見上げたぼくは、森閑とした忠義亭内に足を踏み入れた。再建された忠義亭に歴史的な威厳は感じられず、むしろ威厳を演出しようとするいじましさのようなものが伝わってきた。作り直された神位の手前には、戦後新たな皇帝として台湾を支配した蔣介石による「民族正気」の扁額が掲げられてあった。戦後の六堆は地域文化の振興を掲げる文化集団として活動し、現在までその命脈を保ち続けている。毎年開催される六堆運動会に春の田植え体験など、そこにはもはや暴力が入り込む余地はなかった。

六堆忠義亭をあとにしたぼくは、駐車場に停めてあった相棒に跨って、高雄へと続く県道を走り出した。次の瞬間、相棒の鼻先をかすめるように一台のＳＵＶが荒っぽく左折していった。窓から顔をつき出した運転手が「幹你娘！《ファック・ユア・マザー》」と叫んだ。

Y字路の怪談

なんであんなとこに親父さまの銅像があるかって？　あんた、このへんの人間じゃないね。香港？　マレーシア？　へえ、日本？　よくまあこんな辺鄙なとこまで来たもんだ。ここいらであのY字路にある親父さんの由来を知らないもんはいないよ。有名な話さ。その前に何か頼みな。豆乳無糖で？　氷少なめね。

ずいぶん昔、この街にデイリースがいたんだ。中国語だと地理師《ディリィシ》かな。風水を読む占い師みたいなもんさ。とびきり強い呪術を使う野郎で、街の人間はみんなそいつのことをきらっていたし、そいつも街の人間をきらってた。何でってそりゃ、自分の運命を相手の気分次第で変えられちゃたまらないだろ。だけどいくら恐ろしい呪術が使えたって寄る年波には勝てなかったんだな。死期を悟った地理師は死後もこの街に呪いをかけてやろうと企んである噂を流した。

××路と△△街が交差するY字路。そう、あんたがいま見てるあそこ。そいつはおっ死んだ後にあそこに埋められるのだけはいやだって噂を流したんだ。それを聞いた街の連中はそりゃ大喜びさ。しばらくして地理師がくたばると、みんなしてそいつの棺桶をそこに埋めたんだ。しかも、念入りに死体を逆さまに立ててさ。

それからだよ。この街の不運がはじまったのは。ここは元々土壌は豊かだし、新城のお役所も近くにあってずいぶん発展してたんだよ。それがその地理師をあそこに埋めちまってからは、街全体がみるみるうちに没落してったんだ。

よくよく考えてみれば、Y字路はこの街の喉元に突き付けられたハサミの支点だったんだ。繁華街に真っ直ぐ延びた××路と△△街がハサミの刃さ。地理師は自分の遺体を支点に打ち込むネジに変えて、この街に流れる気をかっ切ったんだ。以降この街で生まれた者はどれだけ努力しても豊かになれず出稼ぎに行くしかなくなった。反対に外からこの土地に流れて来た人間は濡れ手に粟さ。

親父さまの銅像の由来？　ああそうそう。街の人間はこれ以上不幸が続いちゃたまらないってことで、呪いを封じようとしたんだ。だけどあの地理師にかなうほど強い呪いをもった銅像となると……あとは言わなくても分かるだろ？

一説には、厄災に懲りた街のもんが地理師の遺体を掘り返して埋葬し直したって話もあるけど。掘り返して確認したい？　バカ言うんじゃないよ。あんただけの問題じゃないんだから。あっちの世界のことはもう親父さまに任せておけばいいんだ。

4

左営旧城　三百年のマジナイ

ある日、「北部中国のかなり奥地」にある県城を守っていた日本軍の部隊で、「迷子病」と呼ばれる奇病が発生する。自分がどこにいるのか分からなくなった兵士たちは部隊内部に大きな混乱をもたらすことになるが、やがてそこにあったはずの県城自体が迷子になったことで、敵地区掃蕩に駆り出されていた部隊は帰る場所を失ってしまう。守るべき城を失った兵士らは「何のために、ここにいるのですか」と上官に問い、それに答えられない上官もまた異郷を右往左往するしかない。

東京帝国大学出の知識人でありながら、一兵卒として華北戦線に従軍していた小島信夫が描いた短編小説「城壁」（一九五八年）は、不条理でありながらどこか狂気じみた滑稽さを備えている。日本兵たちにとって異郷の象徴であった城壁は、当地における旧権力の象徴であると同時に、近代化によって無残に打ち壊されてしまった前近代的世界観の亡骸でもあった。二十世紀以降、中華世界に存在した大小様々な城壁は、鉄道敷設や幹線道路建設のために次々と取り壊されていったが、埋葬されることなく野晒しにされた城壁の跡には当然ながら怪異や迷信の類が雨染みのごとくこびりついている。そう思えば、数百年に亘って城壁とともに生きてきた人々にとって、小島信夫の描いた「城壁」は一種の怪談として語られるべきものなのかもしれない。

そんなことを考えながら、ぼくは赤蓮の咲き誇る蓮池潭を横目に、隘路の続く勝利路を駆け抜けていた。観光地としては、台北や台南のはるか後塵を拝する高雄において屈指の観光スポットでもある龍虎塔の斜め向かいには、いまから三百年ほど前に建てられた鳳山県旧城の城壁がそびえ立っていた。

かつて鳳山県と呼ばれた高雄市の政務全般は、ここ左営区に建設された県城において執り行われていた。拱辰門《きょうしんもん》こと北門の城壁には神荼《しんと》と鬱壘《うつりつ》と呼ばれる二柱の門神が彫り込まれているが、この兄弟神は悪鬼を縛り上げてその魂を虎に喰わせる力を持ち、城外から悪霊の類が侵入してこないように描かれたとされている。

城壁にカメラを向けると、厳めしい門神の足下でコーヒーをすすっていた老人が悪戯っぽくシャッターを押す仕草をしてみせた。

「城壁、ずいぶんときれいになりましたね」

老人が口を開きかけた瞬間、神荼と鬱壘の間から一台のバイクが飛び出してきた。顔見知りらしい両者は山東訛りの言葉で二言、三言話すと、そのまま手を振って別れた。義民巷と呼ばれる城内にはかつて山東省の離島から逃れてきた「反共義民」たちが暮らしていて、城壁が国定古跡になったいまでも数十年前と変わらない生活を営んでいた。あるいは、目の前にいるこの老人の故郷もまた万里の波濤を越えた先にあるのかもしれない。

「こいつもずいぶん歳をとったんだよ」。壁は高雄市政府によって修復されたばかりで、古い城壁を知る者からすれば何やらひどく着飾って見えた。老人と同じように、ぼくは視線を真っ白な城壁に張りつけたまま答えた。

「鴨母王の頃からあるんでしたっけ?」

「どうだったかな」

「だとすると、三百年は経っているはずです」

「歳だ歳だ」

ぼくたちはスカッシュを楽しむように、頭に浮かんだ言葉を城壁に向けて打ち続けた。老人はときに黙ったまま手元のコーヒーを見つめていたが、ぼくが立ち去ろうとするとそれを牽制するように新しいボールを打ち込んできた。

「城壁が消えてしまう日がくると思いますか?」

ぼくの打ち込んだ変化球は、神茶の肩のあたりに当たって老人の目の前に転がった。

「城壁が消える?」

老人はオウム返しに言葉を繰り返した。目じりによった深い皺が、まるで放射線状に延びたこの街の路地のように見えた。どの道を選んでも城壁にたどり着くことができるが、もしも城壁自体が消えてしまえば、あるいはこの皺は重ねた歳月以外の意味を失ってしまうのかもしれない。老人はしばらくの間カップに揺れるコーヒーの波紋を見つめていたが、ふいに「これ以上消えてしまっては困る」とつぶやいた。

老人の言葉に、ぼくはふと郷里の海に浮かぶ無人島を思った。季節や天候によってその表情を千変万化させる海と違って、その離島は常に同じ表情でそこに佇んでいた。故郷を失った浦島太郎たちにとって、歳月の変化を拒み続ける城壁とは新たな郷愁を生み出す記憶の碇でもあるのだろう。

城壁の背後にある亀山を見上げた老人はぼくが日本人であることを知ってか知らずか、最後にひどく皮肉めいたスマッシュを打ち込んできた。

「日本人に斬られた亀山の首もようやく繋がったんだ。これ以上、城壁が消えてしまうなんてことはないはずだよ」

左営の街は長らく亀神によって守られてきた。

旧城の城壁は亀山と呼ばれる海抜六十三メートルほどの低山を取り囲むように建てられているが、当地の人々はこの山を亀神の化身として崇めてきた。蓮池潭に向けて首を伸ばした亀山は、龍宮で暮らす龍王から地上の賢人を探し出すように命を受けた亀将軍の御神体とされ、長らく左営を守る守護神とされてきた。

そのせいもあって、朝廷は鳳山県の行政機能を交通の要であった下埤頭街《かひとうがい》（現在の高雄市鳳山区）ではなく、亀山の麓に定めたのだった。県城には鳳山県署といった政府機関の他にも、保生《ほせい》大帝を祀る慈済宮や孔子を祀る文廟などの宗教施設、さらには高雄で初となる高等教育機関・屏山《へいざん》書院などが整備され、漢詩「亀山八景」の作者・卓肇昌《たくちょうしょう》など豊富な人材を輩出していった。

城壁が民衆反乱に利用されることを恐れた朝廷は、当初台湾に城壁を築くことを禁じていたが、羅漢門で朱一貴が反清復明の旗をあげると、城壁をもたない鳳山県城はあっけなく落城してしまった。卓肇昌の父親で詩人でもあった秀才・卓夢采《たくむさい》は、連戦連勝を重ねていた鴨母王から反乱軍へ加入を要請された際、「たとえ飢死しようとも賊に従うものか!」と、文人らしからぬ気焔を吐いたとされている。

朱一貴事件の翌年、左営県城には台湾史上初となる土壁を用いた城壁が築かれることになったが、鳳山県知県・劉光泗《りゅうこうし》は、鳳山県城を亀神の化身とされる亀山とその南西に聳える寿山へと連なる蛇山を城壁の一部として取り込むことを決めた。

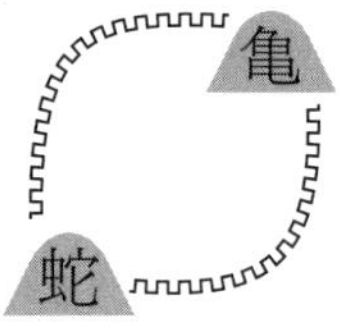

人々の脳裏に浮かんだのは、玄天上帝《げんてんじょうてい》の威容だった。

玄天上帝は北方を守る守護神とされ、歴史的に北方異民族による南進に悩まされてきた中華世界ではとりわけ重視されてきた神である。水を司ると言われる玄天上帝は四霊（青龍、朱雀、白虎、玄武）における玄武と幾つかの神々が統合されたものとされているが、この玄武がまさに亀と蛇が融合した神霊であるのだ。

ぼくは、蓮池潭に屹立する巨大な玄天上帝の神像を思い浮かべた。面積あたりの宗教施設の密度が台湾で最も高いとされるここ蓮池潭一帯においても、玄天上帝を祀った元帝廟は左営大廟と呼ばれてひと際異彩を放っている。蓮池潭上に建立された巨大な神像はその左足で亀と蛇の像を踏みつけているが、この二匹こそが玄天上帝に仕える亀将軍と蛇将軍だと言われている。朝廷は民衆からの信仰が篤い二山を城壁に組み込むことで県城を守護する藩屏としたわけだが、そこには「亀蛇聯保」によって県城の弥《いや》栄《さか》を願うといったマジナイの意味も込められていた。

ただし、このマジナイは百年ほどで破られてしまう。

乾隆五一（一七八六）年、台湾島の中部で林爽文《りんそうぶん》の乱と呼ばれる大規模な民衆反乱が起こる。反乱は燎原の火のごとく台湾全土へと波及し、南部でもこれに呼応した荘大田《しょうたいでん》率いる反乱軍によって鳳山県城が二度に亘って攻め落とされる事態へと発展した。反乱軍は城壁の守りが固いことを知ると、亀蛇両山をつたって城内へと侵攻し、屏山書院を含む施設の多くを破却した。反乱軍はやがて大陸から派遣されてきた官軍によって打ち破られ、屏東県車城郷まで逃れたところを六堆義勇軍によって搦めとられ、台南にある府城で首を刎ねられた。

県城は荒廃した。やがて人々は左営にあった県城を捨て、下埤頭街で新たな街と城壁を再建した。以降、左営にある県城は「旧城」と呼ばれ、下埤頭街が「新城」と呼ばれるようになったが、開けた平野にL字型に作られた新城はその後も民衆反乱や海賊の侵入が起こる度に落城の危機に瀕した。

道光五（一八二五）年、朝廷は民間からの寄付金を集めて、防衛拠点として優れていた旧城にサンゴ石を使った城壁を築いた。その際、林爽文の乱のときと同じ轍を踏まないようにと、石造りの城壁には亀山と蛇山の二山を組み込まないことが決定された。亀山を城内に囲い込み、蛇山を城外に追い出す形で城壁の建設が進められたのだ。

こんなことをして、神さまの勘気に触れはしないだろうか？
人々の顔には不安の色が浮かんでいた。亀蛇両神によって加護されていた旧城から蛇山だけを追い出してしまおうというのだ。しかも亀山を城壁で囲い込んでしまったことで、亀山は蓮池潭からも遮断される形となってしまった。追いやられた蛇山は悲嘆にくれて、囲われた亀山も自由を失った。結局、旧城に立派な城壁が完成しても新城に遷った人々が戻ってくることはなかった。鳳山県署の行政機能は完全に新城へと移管されて、屏山書院は鳳儀書院として同地で再建されることになった。

　弱り目に祟り目とはよく言ったもので、亀山にさらなる悲劇が襲いかかる。清朝から台湾を割譲された日本政府が、城壁の取り壊しとともに亀山の首を真っ二つに切断してしまったのだ。明治三三（一九〇〇）年、旧城近くに左営駅が建てられると、多くの幹線道路が城壁を貫く形で建設されて、大正九（一九二〇）年には、亀山と小亀山の間に軍用道路が敷かれ、旧城の繁栄を保証してきた亀山が二つに分断される形になったのだ。人々は亀神の苦しみを思い臍を噛んだ。昭和五（一九三〇）年には交通の妨げになるとして、城壁の大部分が破却されてしまった。左営に軍港を開いた日本人はこの帝国の南進基地

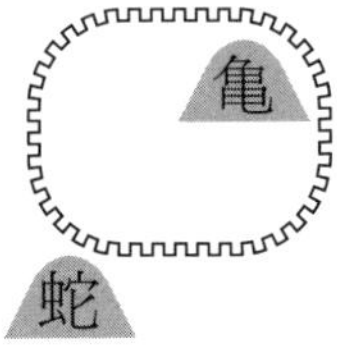

に様々な近代インフラ設備を持ち込み、亀蛇をめぐる風水に関しては迷信深い本島人のマジナイとして取り合わなかった。

百年に亘る乾きに苦しみ、首まで失ってしまった亀神には、もはやこの地を加護する霊力は残っていなかった。

大戦末期、左営の空には多くの米軍機が襲来した。高雄市には二千五百五十九トンもの爆弾が投下され、四千九十三人もの死傷者を出すことになったが、これは実に台北大空襲を上回る被害であった。鄭成功時代に開拓され、網の目のような細い路地が広がる五甲巷を歩けば、いまでも古民家の壁に左営旧城に飛来したP‐38による機銃掃射の弾痕を見ることができる。迫りくる米軍に対抗するために、旧城の西門付近には小型艇に二百五十キロ爆薬を搭載した自殺攻撃部隊・震洋特別攻撃隊の基地がつくられ、城壁には佐世保の「亀山」八幡宮から分祀された震洋神社が建立された。

城壁を切り崩して作られた参拝道を上っていくと、祭壇の跡と手水舎が目に飛び込んできた。祭壇のそばで干からびた虫の死骸を見ながら、ぼくは輪郭が浮かび上がるほど濃厚な死神の影を感じていた彼らがこの城壁の上で何を祈っていたのか想像してみた。予科練出身の隊員と海軍特別志願兵であった本島人兵士たちは、かつて震洋特攻隊員として加計呂麻島で神話的時間を過ごした作家の島尾敏雄と同じく、いずれ確実に訪れる死に向けて日々訓練を繰り返していた。幸いにも「出発は遂に訪れず」に戦争は終わりを迎え、旧城の隊員たちは自らの手で神社を焼却して、城内の軍事施設を新たに進駐してきた中華民国海軍に引き渡すことになった。

鳳山県旧城の西門城壁上に作られた震洋神社跡。
わずかに祭壇や手水舎などが残る。

しかし、日本人に斬り落とされた亀神の首はついに戻ってこなかった。

中華民国海軍の参謀総長として左営海軍基地に赴任した桂永清は、日本が敷設した軍用道路を新たに勝利路と名付けて黒く輝くアスファルトで塗り固めたが、人々はこれを将軍が亀神の首に膏薬を塗ったのだと褒めそやした。ところが、そんな「功徳」を施したはずの桂永清将軍もその後謎の急死を遂げてしまう。

民国四五（一九五六）年、急死した桂永清将軍を記念したいと、高雄市参議会議長らによって小亀山上に記念塔が建てられた。しかし、永清塔と呼ばれる記念碑が建てられてから、旧城では奇妙な事態が相次いで起こった。亀山付近では交通事故がしばしば発生して住人の間で争いが絶えず、極めつけには蓮池潭の水面が真っ赤に染まるという怪異まで発生した。人々は不吉の原因を探したが、やがて永清塔で退役軍人が首を吊って自殺するという事態が起こるに至ってようやくその原因を悟った。

――針だ。

赤く染まった蓮池潭の湖畔に立つ男が言った。

――針？

そばにいたもう一人の男が聞き返すと、件の男は黙って小亀山を指さした。

永清塔が針のごとく亀神の脳天を突き刺していた。蓮池潭の水が赤く染まったのは、脳天を突き刺された亀神から流れ出る血であったのだ。

人々は亀山の麓にある慈済宮に祀られていた保生大帝に事の次第を報告すると、急いでその神意を問うた。医療の神でもある保生大帝は、蓮池潭に龍虎塔を建てることで当地の風水を恢復せよとの神旨を下した。

「センセイは、蔣介石が亀神の化身だって言われていることを知っていますか？」

ある日、龍虎塔の由来について語ってくれた学生がこんなことを語ってくれた。都市伝説の類に目がないその学生は、タブレットに映し出した玄天上帝とその背後に広がる亀山を指さしながら言った。

「民間伝承では、辛亥革命をなし遂げた国父孫文はこの玄天上帝の化身だとされているんです。その眷属神である亀将軍と蛇将軍は、それぞれ蔣介石と毛沢東を指すと言われています。つまり、亀山頂上に記念塔を建てるという行為は……」

「独裁者《カミサマ》を呪うためだった？」

件の学生は口元に小さな笑みを浮かべた。桂永清将軍の死には不審な部分も多く、当時から蔣介石に

2023年に勝利路にかけられた空中遊歩道。
日本統治時代に切断された亀神の首が縫合された。

よって暗殺されたのではないかと噂されていた。一九五〇年代、台湾はまさに白色テロの全盛期で、「共匪《アカ》」への投降が多発していた海軍はとりわけ粛清の対象とされることが多かった。

　マジナイは所詮マジナイに過ぎないが、人間はどれだけ近代的な生活を享受していてもこうした迷信から逃れて生きることはできない。民国一一二（二〇二三）年、高雄市役所は実に八年の歳月と十億元（およそ四十六億円）の税金を使い、断ち切られた亀山と小亀山の間に空中遊歩道をかける形で亀山の「縫合手術」を行った。空中歩道の完成式典には、高雄市長をはじめとする多くの政治家たちが集まって手術の成功を祝った。

　日本の観光雑誌などで、龍虎塔が台湾屈指のパワースポットと紹介されているのを見る度に、ぼくはどう説明したものかと頭を悩ませる。確かにパワースポットと呼ぶに相応しい場所ではあるが、龍虎塔は三百年に及ぶ旧城の戦争と平和、支配と被支配、祈念と呪詛が拮抗し、交じり合うなかで生まれてきた「解呪」の象徴でもあるのだ。旧城の城壁とそこに連なる諸々にはこの地に生きる、あるいは生きてきた人々が思い思いにかけたマジナイや呪いが深くしみ込んでいる。

　日の暮れかけた城内を歩いていると、小島信夫の「城壁」で「迷子病」に罹ってしまった部隊長がうわ言のように繰り返していた言葉が頭をよぎった。

「おれ達はここにいるが、実はいないのだ。この場所の分かるやつはいって見ろ！　いや違う。曹長、お前はそう思っているだけだ。実際はそうじゃない。何？　帰れない？　帰れないさ。今おるところが分からないのに、どうして帰れるかね。城壁の中へ？　そんなものはありはしない。ああ部隊の位置が分からない。ああ、おれ達は何者なのだ」

夕暮れに沈む旧城東門の城壁を見上げながら、ぼくは部隊長の言葉を口腔で繰り返していた。帰れない、帰れないさ。今いるところも分からないのに。

骨

風が気持ちいいね。壁《ここ》に登るとよく見えるだろ。昔はこのあたり一面たくさんの家があったんだ。知ってる？　見たことがあるって、あんたそんな昔からこのあたりに住んでるのか？　ああ、俺は若い頃だよ。兵隊でね。だからこのあたりもよく歩いたんだ。あの頃はこんなに変わっちまうなんて思わなかったよ。元は旧城の一部で、それから日本軍の基地が建てられただろ？　そこに大陸から兵隊たちがやって来てさ。取り壊されたのは十五年くらい前だけど、いまでもほら、あの辺りに何があったかってよく覚えてるよ。こんなふうに壁だけ残されてもなあ。

壁と言えば知ってるかい？　そこの砲台があったあたり。あそこには日本兵の骨が埋まってるんだよ。昔ある大尉の一家が住んでいたらしいんだが、手狭になった部屋を拡張しようとしたところ大量の骨が出たんだと。法師に済度の相談をしたら、骨の主は全部で十二人、日本兵九人に台湾兵三人だとか。何で分かるかって、本職が言ったんだからそうなんだろ。それから、大尉の一家は日本兵たちのために小さな石碑を庭に立ててやったんだ。碑面には「忠軍士碑」の文字を刻んで、真っ赤な日の丸も彫ってやった。その上、毎月二回欠かさず花や清酒まで供えたらしい。忠軍士碑の世話は大尉の奥さんがやってたらしいんだけど、身体を壊して入院してからは隣人に世話を頼んだんだ。ところがこの隣人が供えた酒瓶がさ、何もないのにひっくり返っちまったんだ。隣人は困り果てるやら恐ろしいやらで、栄民病院にいた大尉の奥さんを訪ねた。すると奥さんは、アンタ台湾の米酒なんて供えるからだよ、ちゃんと日本の清酒じゃなきゃダメだってんだ。日本産の清酒ってそんなに美味いもんなのか？　台湾の米酒だって悪くないだろ？

Anyway、隣人は大尉の奥さんから預かったお金で今度はちゃんと日本産の清酒を買ったんだ。すると、荒ぶれていた亡霊たちは嘘みたいに落ち着いたらしい。最終的にはこのあたりの眷村も全部撤去されることになって、当然大尉の家も壊された。道士を呼んで、忠軍士碑にいる亡霊たちにもここから出ていってもらうことになったんだ。けどいくら亡霊たちの意思を問うポエを投げてみても、やつらはここから動くことを納得してくれなかった。村の人間だって本当は半世紀以上住み慣れた家を離れたくはないさ。たとえそれが城壁をくり抜いた壁の中だったとしても。道士が何度かポエを地面に放り投げて、亡霊たちはようやく埤子頭街にある城隍廟に移ってくれることになった。忠軍士碑はその場で叩き壊されたよ。帰る場所があっちゃまずいからな。

ああ、今から十五年くらい前だな。ちょっと待てよ。ええと何々、民国九九年の農暦七月十五日だな。え？　あんたがちょうど台湾に来た頃と重なるって。そりゃ奇遇だな。骨？　骨はそのまま埋まったままじゃないのかな。壊された碑の欠片があるあたりに埋まってるはずだ。どのあたりか分かるかって、分かっててこの話を聞いてるのかと思ったよ。あんたがいま立ってる、ちょうどそのあたりだよ。

5

高雄版ドラゴンクエスト

曹公と龍の母子たち

「この街には龍がいるんです」

高雄にどんな生き物がいるのかと尋ねられたときに、そんなふうに答えたことがあった。嘘をついたつもりはなかったのだが、相手はバカにされたと感じたらしく、明らかに不機嫌そうな声で、「龍とはドラゴンのことですか？」と反問した。

「はい、それも一匹ではないんです」

高雄について詳しく知りたいと言ってくれた相手の気分を害することは決してぼくの本意ではなかったが、さりとて思ってもいないことも話せなかった。どう説明したものかと迷っていると、相手は早々にＺｏｏｍの共有画面を立ち上げて仕事の話へと入っていった。

これはそのときに話すはずだった物語だ。

いまでこそ市内全域に農業用灌漑が張り巡らされている高雄だが、かつては旱魃の度に農民がバタバタと倒れ、生き残った者も盗賊稼業に身をやつすほどに貧しい土地だった。それもこれも、独立した多数の零細農民と機能不全の行政組織しかなかったこの都市では、街全体を補完できる灌漑システムが構築されていなかったからだ。

春秋時代の斉の宰相・管仲《かんちゅう》は、「善く国を治める者は必ずまず水を治める」と述べたとされるが、治水とは常に国家の一大事であった。ではいったいなぜ高雄の街に巨大な灌漑設備が作られることになったのか。それを語るには、まず澄清湖《ちょうせいこ》に暮らす龍の母子とそれを打ち倒したある人物について説き起こす必要がある。

男には父親がいなかった。乾隆五一（一七八六）年、河南省河内県（現在の沁陽市）に生まれた彼は片親の家庭環境で勉学に励み、やがて郷試と呼ばれる科挙の第一試験に合格した。晴れて挙人となった彼は三十代から中国各地の知県（県知事）に任命され、地方官吏としてのキャリアを歩みはじめた。

男の名は曹謹《そうきん》、字を懐璞《かいはく》といった。道光一七（一八三七）年、清廉潔白なその政治手腕で周囲の信任を集めていた曹謹は、当時民衆蜂起や旱魃が繰り返し発生していた台湾に赴任すると、四年間を南部の鳳山県知県として、さらに四年間を北部の淡水庁同知（知府の補佐、海防の任も担った）として過ごした。腐敗した政治家が大半であった当時の台湾で、曹謹はめずらしく青史に名を残すほどの能吏であったとされる。

十九世紀初頭の台湾海峡では、蔡牽《さいけん》と呼ばれる大海賊が二万ともいわれる手勢を率いて幾度も台湾西部の諸都市を脅かし、築城されたばかりの鳳山県新城も海賊によって三か月近く占領される事態に陥るなど行政機関の機能不全が続いていた。日本ではちょうど江戸後期、大塩平八郎の乱が起こった頃である。曹謹が鳳山知県として赴任したのはちょうどそんな混乱期であった。

はてさてどうしたものか。

各地を視察した曹謹は、貧困にあえぐ人々を見つめながら眉をひそめた。盗賊や海賊の類は貧しさが原因だ。その根本さえ断つことができれば……。曹謹はそれまでの知県のように城内の県署に留まることなく、積極的に街を見て回った。

下淡水渓を訪れたときのことだ。その参謀であった林樹梅《りんじゅばい》が、はるか玉山から滔々と台湾海峡へ流れ込む川を指さして言った。

——これをうまく利用できれば、知県殿のお悩みは解決するでしょう。

——この巨大な川を？

——さよう。

——できるか？

——やるしかないでしょうな。

大陸にほど近い金門島生まれで学識に優れたこの男は、林則徐《りんそくじょ》をはじめとする朝廷の大臣らにその才覚を見込まれて参謀としての招聘を受けていたが、この時期は一地方官吏にすぎない曹謹の下で働いていた。葦原の中つ国を開拓したオオナムジこと大国主命が知恵の神スクナビコナと協力して国造りをすすめたように、曹謹は息子ほども歳の離れた若い参謀の言葉に耳を傾けながら、この「不可能的任務《ミッション・インポッシブル》」を遂行してゆくことになる。

曹謹はまず灌漑事業の重要性を農民たちに説いたが、彼らの両目は猜疑心に溢れていた。唐山《ちゅうごく》から来た新たなお代官サマが、また自分たちからなけなしの金を搾り取ろうとしていると思ったのだ。こうした疑念を払拭するように、曹謹は自らの給金を工事費用にあて、さらに地元有力者たちからも寄付金を集めて灌漑事業に取り掛かった。

工事は道光一八（一八三八）年にスタートした。まず下淡水渓に面した九曲塘《きゅうきょくとう》（現在の高雄市大樹区九曲堂）に堤と水門を築き、その水を「圳《しん》」と呼ばれる用水路へと流し込んでいった。二年間の工事で圳は全長百三十キロにも及んだ。後世「曹公圳」と呼ばれるこの灌漑水路は、旱魃の度に壊滅的打撃を受けていた高雄を瞬く間に南台湾随一の穀倉地帯へと変えていったのだった。

パイナップル畑が広がる九曲堂から鳳山区の繁華街へバイクを走らせていると、その肥沃な土地柄を身をもって知ることができる。農地の側には必ずといってよいほど灌漑路が張り巡らされ、すでに農業が行われなくなった市内にも宝珠溝と呼ばれる愛河の支流が蜘蛛の巣のように張り巡らされていた。

灌漑路沿いを走っていると、以前に高雄市役所の関係者からどうすれば高雄に観光客を誘致することができるかと尋ねられたことを思い出した。外国人の視点からぜひ忌憚ない意見を聞かせてほしい。職員はひどく丁寧な口調で頭を下げた。台北や台南に比べると、高雄を訪れる日本人の観光客は極端に少ないが、京都で学生時代を過ごしたぼくは、観光客の増加が必ずしも地域住民の利便性や幸福度に利するものではないことを身をもって知っていた。

――それなら、ベネツィアを参考にしてはどうでしょうか？

――はあ？

――市内に張り巡らされている圳をもう一度つなぎ合わせて、それを水上交通路にするんです。開いた運河には伝統的な帆船や竹船を浮かべてもいいし、端午節に使う小型のドラゴンボート、あるいはタオ族の木造漁船《チヌリクラン》なんかを走らせてもいい。高雄の天気だと冬場以外は直射日光が強いから運河沿いにはホウオウボクやナンバンサイカチ、ブーゲンビリアのような鮮やかな木々を植えて、天然の屋根にすればいいんじゃないでしょうか。圳の壁面は創作場として自由に開放するか、もしそれが不安ならアーテイストを雇って創作してもらえばどうでしょうか？　澄清湖を市内全域を走る小舟の船着き場として、そこに観光センターを設けて一日パスを販売するとか？

職員は最初こそめずらしげに聞いていたが、やがてそれが空想の類でとても予算が下りるようなものではないことを知ると、礼儀を失わない程度の笑みを浮かべながら、話半分に相槌をうちはじめた。

――面白い案ですが、まあ、現実的には何といいますか……

無理に引き上げた口角でなけなしの善意を示すその表情を見たぼくは、二百年前日照りで苦しむ村々を訪れた曹謹を思った。いったい誰がこの不毛の大地に巨大な灌漑システムを構築できるなどと思ったのか。諦めることにすっかり慣れてしまっていた新城の人々は、立派に結われた白髪交じりの辮髪を汗で湿らせながら熱帯の街を走り回るこの県老爺《ちけんさま》を不思議そうに眺めていたはずだ。


しばらくすると、下淡水渓から引かれた灌漑用水は新城まで辿り着いた。ところが圳が北門近くにある赤山まで伸びると、突然工事が遅々として進まなくなった。赤山まで足を運んだ曹謹はなぜ工事が遅れているのだと問うた。すると、当地の耆老は如何ともしがたいといった様子で答えた。

――圳を掘ると、土地の龍脈が変わってしまうんです。

――龍脈？

――はあ、ここには二匹の龍が住んでおるんです。母龍はそこの大埤《だいひ》に、その子は向こうの草埤仔《そうひし》に住んでいて、あれらがおるうちはいくら掘ったところで何ともならんです。翌朝になれば、掘り起こした土がすべて戻されておるんですから。

耆老はそう言いながら、目の前にある大埤と草埤仔を指さした。

南国の陽光が毒々しいまでに輝き、湖面の上で軽やかなタップダンスを踊っていた。そのあまりの眩しさに、ぼくは思わず目を細めた。現在澄清湖の名で呼ばれている大埤は高雄随一の景勝地として知られてきた。蔣介石がひどく気に入って別荘まで建てた澄清湖は、日本時代には工業・軍事用水として使用され、戦後は中華民国海軍と陸戦隊の駐屯地として使用されてきた。別荘のすぐ側には五千キロの鉄の扉を備えた戦時指揮所が作られて、核攻撃にも耐え得る地下壕が掘られていた。複雑に入り組んだ別荘への路線とその手前に建てられた戦時指揮所跡を横目に、ぼくはかつて母龍が住んでいたとされる澄清湖に目をやった。

その夜、曹謹は秘かに県署を発った。現在鳳明街と呼ばれる細い路地を歩けば、その左手には旧城にあった屏山書院を再建した鳳儀書院が見える。曹謹は鳳儀書院の隣に建てられた城隍廟に軽く一礼して、周囲に人気がないことを確認するとそのまま北門から大埤へと向かった。

この島の空気はひどく重い。夜半でも小半

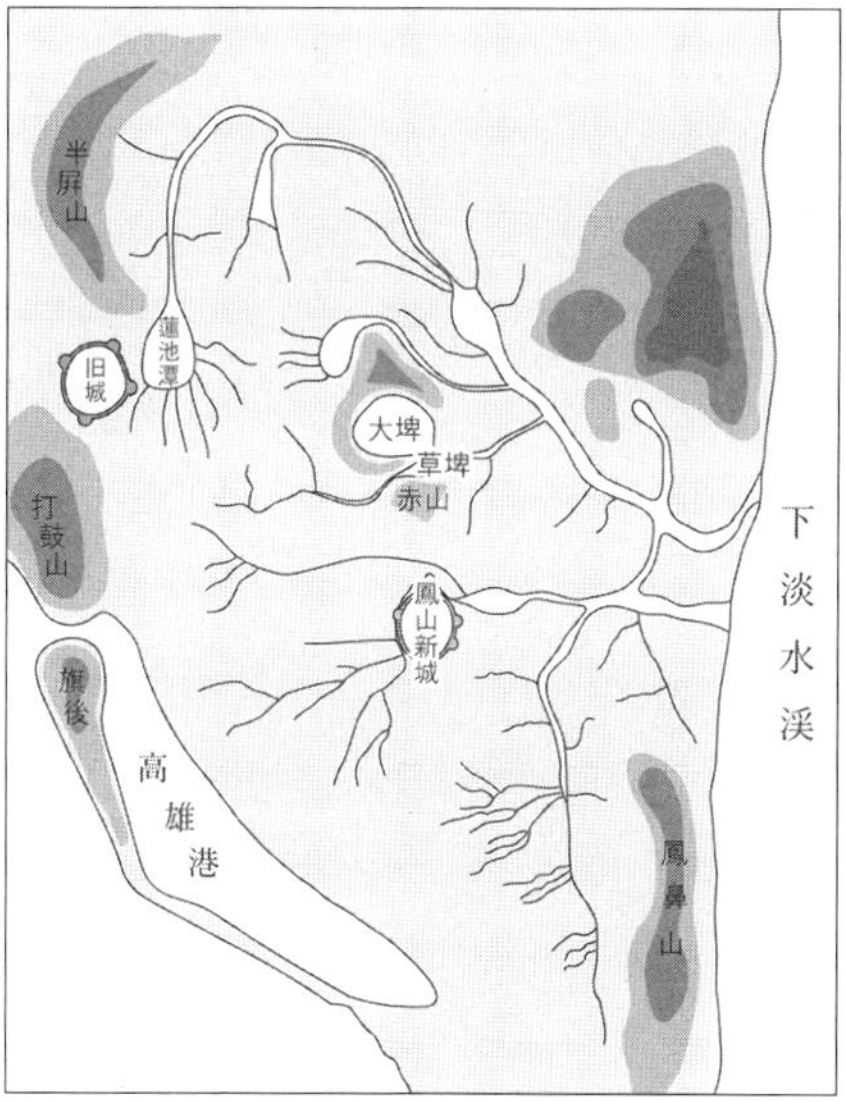

曹公旧新圳概図
(『台湾土地慣行一斑』を参考に作成)

刻も歩けば、湿気と汗で身体全体が沐浴したように湿った。草木の陰でしばらく潜んでいると豈図らんや、大埤と草埤仔から耆老が言ったように大小二匹の龍が姿を現した。龍は工事用に掘り起こされた土を次々と飲み込んでは、それを元あった場所へと吐き出していった。『聊齋志異』さながらの怪異を目にした曹謹はすっかり手の打ちようをなくしてしまった。ところがしばらく経ち、曹謹は連絡用に残してきた羅漢脚から龍の母子が次のような会話をしていたとの報告を受けた。

――母上、もしもこの場所にある龍脈があの曹謹とかいう人間に変えられてしまえば、われらは居場所をなくしてしまいます。

――心配いらぬ。わが法術にかかれば、人間が掘り出した土を元に戻すことくらい造作もないこと。われらはこの地で龍脈を守ればよい。

――しかし万が一法術が破られてしまえば？

――戯言を申すな。銅の針と黒犬の血がこの龍穴に流し込まれぬ限り、わが法術が敗れることはない。

一説には銅の針とは男の赤ん坊が生まれて最初に切る髪の毛で、黒犬の血とは同じく男の赤ん坊が生まれてくる際に胎衣に付着した血とも言われている。羅漢脚の報告を聞いた曹謹はすぐにそれらを用意させると、昼間はいつもと変わらぬ調子で工事を続行させた。そして日が暮れる段になって、こっそりと銅の針と黒犬の血を地面に埋めた。

翌朝、村人らは真っ赤に染まった大埤と草埤仔を目にした。

母龍は命からがら逃れ、子龍はその場で絶命した。二匹の龍が消えたために工事は順調に進み、灌漑路は無事に高雄全土に張り巡らされることになった。

高屏渓の畔に残る曹公圳跡。

外来統治者による治水事業とそれを阻む当地の水神といった構図は、高天原を追放されたスサノオとヤマタノオロチの闘いを思い起こさせる。食物の神オオゲツヒメを殺して五穀の種を手にしたスサノオは出雲の国で稲の神クシナダヒメを助けて、荒ぶる国津神ヤマタノオロチを倒す。ヤマタノオロチは龍神の化身とも言われるが、神殺しをしてはじめてスサノオは出雲の国に豊かな国家を建設することができた。はるか海の向こうからやって来た曹謹にとって、大埤・草埤仔で荒ぶっていた二匹の龍とは打ち倒すべきヤマタノオロチであったのかもしれない。

割を食ったのは赤山の人々だった。龍脈が断たれた赤山の人々にとって、圳の完成は必ずしも幸多いばかりとは言えなかった。赤山一帯ではある不穏な噂が流れていた。

最初に口を開いたのは、林樹梅だった。

――懐璞殿《かいはく》、龍喉山の噂は知っておられるか？

――ああ、聞いている。

――どういたしますか？　いまならまだ間に合いますが。

――朝廷の禄を食む者としてはやらねばなるまい。

二人が耳にした噂とはこうだった。龍の母子が守る大埤の北東に、龍喉山と呼ばれる山があって、そこに「樹王」と呼ばれる巨木が立っている。伝説によれば、そこから百本目の枝が生えてきたときに赤山に天命を受けた新たな天子が誕生して、天下を転覆させるということだった。

――古くは鴨母王の例もある。油断はできまい。

曹謹は窓の外に浮かぶ月を見上げながらつぶやいた。この地でとれる痩せた瓜のような月が、甦りつつある大地に微かな明かりを注いでいた。

――枝の数は？

――九十九本。時間は残されておりません。

曹謹はわずかな供回りをつけて、再び深夜のうちに新城を発った。手術台に寝転ぶ患者のように五体に穴を開けられた大埤の惨状を横目に、一行は龍喉山に急いだ。緩やかな山道を進むと、巨木の影が三日月の明かりを背に薄い光を放っていた。曹謹が合図を送ると、供の者は赤山の住人に気付かれないようにそっと枝のひとつにノコギリの歯をあてた。その瞬間、人間の腕ほど太い枝からは鮮血に似た樹液がほとばしった。巨木の枝を切り落とした曹謹らは、樹王の一部を海岸沿いの林園まで運び、焼却してからその灰を地中深くに埋めた。

翌朝、赤山の人々は隣人の嘆きの声で目を覚ました。

――あァ！　樹王さまが！

樹王から流れる血は、真っすぐ南にある林園まで続いていた。人々はその下手人の正体を知っていたが、口をつぐむしかなかった。百本目の枝が出る直前に生命を絶たれてしまった樹王は見る見るうちに衰弱し、やがて無残に枯れ果ててしまった。樹王の死によって「赤山出皇帝《せきざんうまれのこうてい》」の夢は断たれ、長く発展から取り残された当地は「赤山無賢人《せきざんにけんじんなし》」とまで言われるようになった。

人材が出ない不運を嘆いた赤山の人々が、かつて文衡殿に祀られている関帝（関羽の尊称）に指示を乞うたことがあった。薄くその瞳を開けた関帝は、霊媒師《タンキー》の口を通じて信徒たちの悩みに次のように応えたとされる。

――龍脈はすでに閉ざされた。問うたところで詮無いことである。

とまれ、曹公は高雄の人々にとっては英雄であった。新城の人々は、鳳山知県の任を終えて台北の淡水へと向かう曹謹の馬車にとりすがるようにしてその背中を見送ったらしい。道光二九（一八四九）年、淡水庁同知での任務を終えた曹謹は故郷河南省で永眠した。その後、鳳儀書院には彼を祀る曹公祠が建立され、毎年祭祀が行われるようになった。日本時代に入ると、鳳儀書院は陸軍病院として一般人の出入りが禁止されてしまい、曹公祠も徐々に廃れていった。ところが、明治三三（一九〇〇）年には第四代台湾総督であった児玉源太郎がその偉業に感銘を受けて祠を修復、同じく第五代台湾総督であった佐久間左馬太から曹公祠の扁額を贈られるなど、植民当局からも高い評価を受けてきた。民国八一（一九九二）年、玉帝の神旨を受けた曹公祠は曹公廟へと改築され、曹謹は正式に神として祀られることにな

澄清湖入り口に建てられた蔣介石の銅像。
園内には蔣介石の別荘や戦時指揮所跡なども残る。

る。

一般的な廟と違い、絢爛華美な内装が施されていない曹公廟は向かい側にある小学校から響く子どもたちの笑い声まで聞こえるほど静寂に満ちていた。曹公巨木と呼ばれる巨大なアカギの樹がある曹公小学校はかつて曹謹が勤めていた県署の跡地で、廟の裏手にはかつて彼が築いた平成砲台が立っていた。そして、その足下を流れる曹公圳は母龍の暮らしていた澄清湖にまで繋がっている。

曹謹にその法術を破られて以来、澄清湖には長らく龍がいない時期が続いたが、百五十年の歳月を経て、新しい龍がこの地に現れた。民国七六（一九八七）年、澄清湖と秋田県田沢湖との間で姉妹湖提携が結ばれ、「辰子飛翔之像」がその湖畔に建てられることになったのだ。

田沢湖近くで暮らしていた辰子は類まれな美貌をもっていたが、永遠の美しさを願って泉の水を枯れるまで飲んだ結果、巨大な龍となってしまったとされる。

田沢湖の主でもある以上、頻繁に澄清湖に留まるわけにはいかないのだろうが、それでも百五十年ぶりにおとずれた龍の帰還であった。同年、奇しくも台湾では戦後三十八年間にも及んだ戒厳令が解除され、澄清湖の一部を別荘として私有していた独裁者と、その血族による時代が終焉を迎えた。

「この街には龍がいるんです。ええ、はい、ドラゴンです。少し長くなりますが、話をお聞きになりますか?」

義賊と知県

今は昔、鳳山県に朱秋という盗賊がいた。昼間は真っ当な生業についていたが、夜になると金持ちの屋敷に忍び入っては金品を盗み出し、それを貧しい庶民たちに分け与えていたために義賊と称えられていた。

ある日、朱秋は府城にいる顔馴染みの理髪師の下を訪ねた。辮髪とは実に手入れが大変なもので、定期的に後頭部以外の頭髪をきれいに剃らなければならなかった。籐椅子に腰掛けた朱秋に、理髪師が興奮した様子で話しかけた。

――旦那。鳳山県下にまた例の義賊が出たらしいですぜ。

――義賊と言っても盗賊の類だろ。いずれお上に捕まるさ。

――それがその義賊は神出鬼没で、お上だけでは手に負えないから多額の報奨金まで出しているらしいんですよ。

――ずいぶんと詳しいんだな。

朱秋はいつまで経っても手を動かさない理髪師を横目に、素知らぬふりを決め込んでいた。

——あたしはね、真面目一筋で府城で商売をしてきましたが、お上の仕事ぶりなんて汚いもんですよ。大きな声では言えませんが、お上と結託した金持ち連中がため込んだ金を取り戻してくれる義賊さまには正直足を向けて眠れませんよ。

朱秋は理髪師の顔を見つめながら思った。この男は小心のところもあるが、真面目で責任感もある。あるいはこの男になら自分の秘密を話してみてもいいかもしれない。

——実はな。

朱秋が口を開いた。

——おれがその義賊さまなんだ。

驚く理髪師の鼻先に、朱秋は先月盗みに入った豪邸の合鍵を取り出した。その様子に理髪師はすっかり恐れ入ってしまった。朱秋は籐椅子に仰向けになると、再びその身体を理髪師に預けた。最も大切な秘密を打ち明けたのだ。朱秋にとって、理髪師はすでに身内同然であった。

ところが、突然身の丈に合わない秘密を打ち明けられた理髪師の額からは滝のような汗が流れていた。汗ひとつかかない朱秋の涼しげな表情が憎らしかった。遠くに英雄を眺めているぶんにはよかったが、それが身近に現れると己の卑小さがひどく際立って惨めに感じた。仮にこの男が府城の官憲に引っ張られでもしたら、自分も連座して罪をかぶらなければならないのではないか。

ならばいっそのこといまここで……

次の瞬間、剃刀を握った理髪師の手が何かに憑かれたかのようにサッと動いた。気が付けば、喉笛を割かれた朱秋が彼の手の中で眠っていた。義賊を称えるこの凡人は、いったい自分がどうやって英雄に手を下したのかも覚えていなかった。

――ああやっちまった。けど、秘密をばらしたあんたが悪いんだ。どうか恨まないでくれよ。

朱秋の遺体は台南の府城でさらし首となった。数日後、府城まで遺体の引き取りに来た夫人は骨壺を抱えて鳳山県後庄にある自宅へ戻ろうとしたが、集落に戻る前にすっかり日が暮れてしまった。夜間死者を村に入れることは禁忌《タブー》とされていたので、夫人は仕方なく骨壺をアダンの樹の下に置いてから葬儀の準備に戻った。ところが翌朝にアダンの樹の下に戻ってみると、そこには巨大な蟻塚があるばかりでどこを探しても骨壺は見つからなかった。困惑した夫人が近くの廟で神意を問うたところ、朱秋がその場で埋葬されることを望んでいるのだと告げられたのでそこに墓を築くことにした。数年後義賊としての朱秋を慕う人々の手によって、墓のあった場所には「朱伯公祠」が築かれることになった。


時は流れて道光年間、鳳山知県に就任した曹謹が、高雄全体に及ぶ灌漑施設を建設しようと下淡水渓から圳と呼ばれる用水路を拓くことを決めた。ところが圳が後庄あたりまで進んだところで工事は中断してしまった。作業員がいくら圳を掘り進めても、翌日には掘り返した土が元通りになってしまったのだ。現場まで足を運んだ曹謹が事情を尋ねたところ、住民たちは圳の建設線上に朱伯公祠があることを伝えた。

朱秋の来歴を聞いた曹謹は、意外にも祠を避けるように圳の建設を命じた。後庄の住民は驚いた。曹謹が祠を取り壊せと命じるのだとばかり思っていたからだ。義賊といっても「賊」であることに変わりはないのだが、曹謹はその「義」の部分に重きを置いたのだ。最終的に、圳はアダンの樹の下にある朱伯公祠を避けるように掘り進められた形で完成した。

曹公圳を見守るように立つ祠には、いまもなお多くの参拝者が訪れて線香の煙が絶えることがない。

（劉自仁『亂世中的人神傳說』を参照）

6

伝説の黄金郷を探して

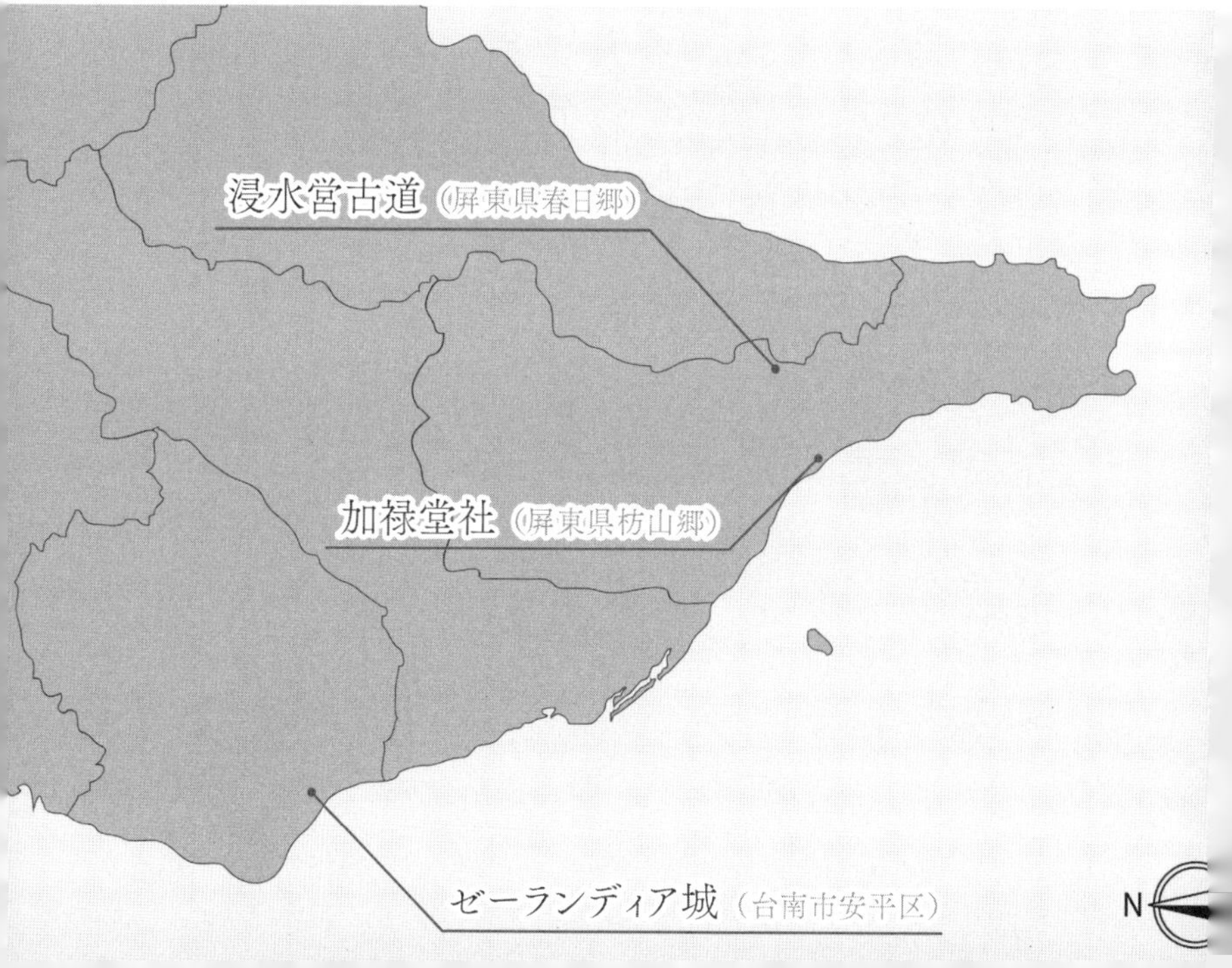

休日になるとよく山に登る。山と言っても、標高三百五十メートルほどの小さな低山で、上り下りに三時間ほどしかかからない。高雄は西南に大きな国際貿易港と軍港を備え、それを巨大な掌で包み込むように、旗後山、寿山、亀山、半屏山というなだらかな山々が途切れ途切れに連なっている。普段は左営旧城近くにある半屏山に登るが、いくらか大きい寿山に登ることもある。大戦末期、日本軍は台湾各地に多くの軍事施設を建設しており、街の喧騒から隔絶された山中では今でも当時のトーチカや地下壕を見ることができる。

「知り合いがさ、お宝を発掘するために政府に申請書を出したんだ」

半屏山の山頂で登山客たちが歓談していた。「やっぱり本命は寿山かな?」彼らが何を話しているのかすぐに分かった。戦後、台湾では日本軍が莫大な埋蔵金を山中深くに隠していったという噂がまことしやかに流れ、新たな地下壕などが見つかる度に埋蔵金伝説が再燃していたのだ。

「おい、そこの日本人に聞いてみろ」。顔見知りの男が意地悪げに僕に目をやった。

「国家機密だよ」。ぼくの皮肉に男は声をあげて笑い、いずれ寿山も半屏山と同じように半分の大きさになるだろうなと言った。

それは左営では有名な話だった。その昔、半屏山の麓に現れた老人が湯圓《タンユエン》(もち米粉で作った団子)を「一碗六文、二碗無料」で売り出した。人々は当然二碗頼んで、おつむの足りない老人をバカにした。ところがある日、無欲な若者が湯圓を一碗だけ頼むと、老人は清廉な彼を褒めて、他の客が口にしたものが実は半屏山の土くれだったと白状したのだ。見上げれば、半屏山は今のようにすり鉢状になっていたとか。

この島では、古来から黄金などの財宝が隠されているという伝説が絶えないが、最初にそれに目を付けたのは大航海時代のオランダ人であった。

一六二四年、世界初の株式会社と言われるオランダ東インド会社（Verenigde Oost-Indische Compagnie、以下VOC）が、当時「大員」と呼ばれていた台南市安平区に進出、この入り組んだ港町をバタヴィア－平戸間を繋ぐ中継拠点に定めた。大員にはもともと平地原住民であるシラヤ族が暮らしていたが、VOCは新港社（現在の台南市新市区一帯）のシラヤ族と同盟を結び、その圧倒的な火力でもって近隣の集落を次々と制圧していった。新港社のシラヤ族に文字と聖書を与えて馴化しようとしたオランダ人であったが、その迷える子羊たちの胸に黄金で作られた首掛けが掛かっていることに思わず目を丸くした。

――貴様らはそれをどこで手に入れたのだ？

マスケット銃を担いだ植民者たちは目の色を変えて迫った。もしかすれば、これはスペイン帝国を支えた南米大陸のポトシ銀山に相当する大発見かもしれない。ベネツィア生まれの商人が語った黄金の国《ジパング》伝説はまったくのホラ話であったが、十六世紀に広まった黄金郷《エル・ドラード》伝説はいまだ外地を彷徨う植民者らの胸を熱くする話題だった。それがいま目の前に確かな証拠としてぶら下がっていたのだ。

――よく知らない。ただ……

――ただ、なんだ？

――後山から来たものだと聞いている。

それは台湾中央に聳え立つ二千～三千メートル級の山脈の裏側にある土地を指していた。雲をつくほど高いあの中央山脈を超え、台湾東部にまで出なければならないということだ。当時の原住民族の間では、交易者同士が顔を合わせずに交換したい商品を特定の場所に置き、交易者がそれに見合った商品をその場に残していく「沈黙交易」が広く行われていた。そうなると、当然商品の流通や産地に関しても詳しく知ることは難しかった。

オランダ人たちは諦めなかった。なぜなら、中央山脈の南端に位置する恒春半島に伝わるある伝承がこの黄金伝説の噂をたしかに裏付けているように思えたからだ。大亀文王国に伝わる話では、太陽が昇るはるか東方の地にパイワン族の祖霊たちによって守られた黄金郷があると信じられていた。ただし、神聖な黄金郷にはパイワン族しか足を踏み入れることができず、外来者は入ることが許されないとされてきた。大亀文王国とは恒春半島北部に勢力をもっていたパイワン族を中心とした酋長社会で、VOCの資料では「フォルモサ十一郡省」と記述され、清朝時代には「瑯嶠《ろうきょう》上十八社」と呼ばれてきた。

オランダ人たちはこの伝説に俄然色めき立った。

一六三八年一月、ヨハン・フォン・リンガ大尉率いる百六名のオランダ兵たちは、大員のゼーランディア城を出発した。強風吹き荒れる海路で恒春半島の岬まで至ると、今度は太平洋に面した東部海岸沿いを北上した。リンガ大尉ら完全武装した黄金探索隊は、台東県知本にある太麻里社など、抵抗するパイワン族の集落を破壊しながらプユマ族の暮らす卑南《ひなん》（現在の台東市）付近まで辿り着いたが、そこでも黄金は見つからなかった。

台湾東南部で大きな勢力を誇るプユマ族の協力を取り付けたVOCは、デンマーク人の医師マールテ

太麻里山から眺望した台東県の沿岸部。
卑南は勇猛果敢で知られたプユマ族の勢力圏下にあった。

ン・ウェッセリングに調査を続けさせた。一六四一年九月、ウェッセリングは不幸にも現地住民に殺されるが、黄金が卑南近辺ではなく、更に北方にあるトゥロボアンと呼ばれる場所にあるという報を手に入れる。

一六四二年一月、VOC台湾長官パウルス・トラウデニウスは、自ら三百五十三名の調査隊を率いて台湾東岸部を北上していったが、ここでもウェッセリングを殺害した集落を討伐した以外に思うような成果は上がらなかった。翌年五月、どうしても黄金を諦められないVOCは、スペイン帝国が支配していたトゥロボアンにピーター・ブーン中尉を派遣する。ブーン大尉はトゥロボアンで現地の頭目たちを懐柔して黄金のありかを聞き出そうとするが、のらりくらりと躱されて、結局少量の砂金を発見できた以外には期待した金脈は見つからず、一六四五年ころには黄金の探索活動そのものを打ち切ってしまう。

後世の歴史を知る者から見れば、彼らがさらに北上を続けていれば、北東アジア一の金山と呼ばれた金瓜《きんか》

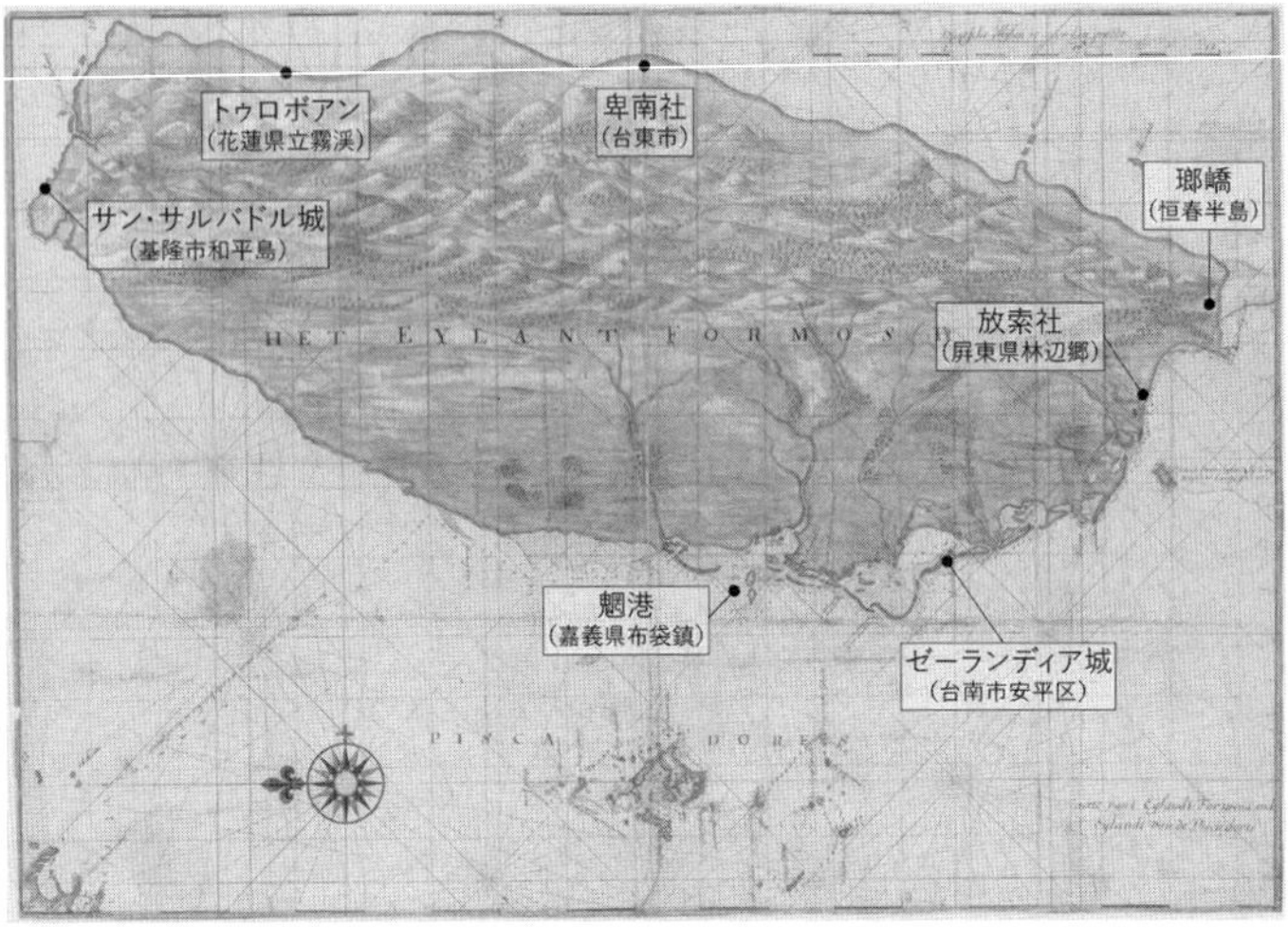

17世紀初頭にオランダ人ヨハネス・フィンク・ボーンズが描いた台湾地図。
黄金探索隊はゼーランディア城を発ち、恒春半島経由でトゥロボアンに至った。

石《せき》鉱山に辿り着けていたのではないかと思うかもしれない。新北市瑞芳区にある金瓜石で大量の金が発見されたのは、台湾省初代巡撫・劉銘伝《りゅうめいでん》による鉄道建設が進められた十九世紀末のことで、日本時代を通じて当地はゴールドラッシュに沸くことになる。ちなみに、日本でも人気の台湾ニューシネマ『悲情城市』（侯孝賢《ホウシャオシェン》監督、一九八九年）の舞台となった九份も、この金瓜石の発見によって栄えた鉱山町であった。

再び視点を南部に戻そう。

黄金を発見するためにはるか台湾東部にまで領土を拡張した結果、VOCは東西を繋ぐ陸路の建設を急ぐ必要に迫られた。細長い恒春半島の東西に広がる南シナ海と西太平洋は無数の暗礁がある上に海流が激しく、季節風や台風の通り道としてこれまで数多の外洋船を屠ってきた場所であった。さらに、後山にはスペイン帝国の勢力圏内にある蘭陽平原あたりまで北上しなければ大型船が停泊できる港はなかった。

――恒春半島において、早急に中央山脈を超える陸路を見つけねばならぬ。

東部へ渡ったヨハン・フォン・リンガ大尉は、太平洋に面した卑南から南シナ海を望む枋寮に向けて探検隊を送った結果、現地に暮らすパイワン族の案内の下でいくつかのルートを発見することに成功した。そのうちのひとつが、台東県大武郷と屏東県枋寮郷を結ぶ路線で、現在「浸水営《しんすいえい》古道」の名で呼ばれている山道であった。

この山道には、大亀文王国と友好関係にあったリキリキ社のパイワン族が暮らしていた。リキリキ社の人間からすれば、黄金に目の眩んだオランダ兵が自身の生活圏に土足で踏み込んでくることは決して心地よいことではなかった。植民者が抱く黄金への欲望と異なる法治体系に基づく統治機構の確立は、やがてこの地にさらなる衝突を生み出すことになるのであった。


一六五七年六月、下淡水社（現在の屏東県万丹郷）でマカタオ族の女性を妻として四人の子どもまでもうけていた通訳官ヘンドリック・ノールデンが南路政務官に就任した。ドイツ生まれのこの政務官はVOCでマカタオ語が話せる数少ない人材であったが、熱烈なキリスト教倫理の信奉者で、原住民族の偶像崇拝や自由な夫婦関係といったものをひどく憎む人物でもあった。そんな彼が南路政務官に就任して早々ある知らせを耳にした。

――リキリキ社が出草《しゅっそう》した。

山地原住民の間では、敵対部族や異民族の構成員を殺害してその首を斬り落とす行為を「出草」と呼んだが、そこには宗教行事や通過儀礼としての意味合いも含まれていた。元々VOCの統治に組み込まれていたマカタオ族に強い反感を持っていたリキリキ社は、ことあるごとに出草を繰り返してはゼーランディア城から討伐軍を差し向けられていた。

その知らせを聞いたノールデンは、すぐさま彼らを放索社に強制移住させることにした。放索社はマカタオ族が暮らす平地集落で、現在の屏東県林辺郷にあたる。すでにキリスト教の洗礼を受けていた同社はVOCにとっての模範集落と見なされ、リキリキ社を同集落に溶け込ませることによって徐々に彼らを馴化させていこうとしたのだ。ところが、当のリキリキ社の人々は何かと口実を設けては浸水営古道にある集落へ戻ってしまい、VOCに協力的だったマカタオ族に対して出草を繰り返した。

一六六一年三月、腹に据えかねたノールデンは武装した手勢を引き連れて浸水営古道に分け入ると、そこで彼らに最後通告をつきつけた。

リキリキ社の大頭目ポラロイアン・ダリソルポルは苦悩した。ノールデンの命令に従うべきか否か。集落を離れれば、大武山に眠るとされる祖霊の魂を慰める者がいなくなる。何よりも彼らは平地に蔓延する様々な病が恐ろしかった。リキリキ社の人々が感じた平地への恐れは決して謂れのないものではなかった。実際、十六世紀初頭にはスペイン人が持ち込んだ感染症によってアステカ帝国は崩壊しているし、十八世紀には和人が持ち込んだ天然痘で多くのアイヌが命を落としていた。

数日後、ポラロイアン・ダリソルポルは二十名の戦士を引き連れて、平地にある加禄堂社（現在の屏東県枋山郷）に向かった。念のために、他の戦士たちも加禄堂社の周囲に潜ませておくことにした。

加禄堂社は蜂の巣を突いたような騒ぎとなった。ポラロイアン・ダリソルポルらが集落の門を潜ると、すぐさま背後にいた門衛によって門が閉められた。加禄堂社はキリスト教に融和的な女性頭目によって治められていたために、ＶＯＣにも当然協力的であった。当地に駐在していたＶＯＣの通訳官ディルク・ホルストマンがまずその来意を問うた。ポラロイアン・ダリソルポルは黙って周囲に目をやった。ノールデンがいないことを確認した彼は、ここの頭目と話がしたいと答えた。

――貴様たちが……

ホルストマンが故意にその要求を無視して話を続けた。

――浸水《や》営古《ま》道に住むことは許されていない。これ以上命令に違反すれば、わが社への敵対行為とみなすがそれでよいか？

――許されていない？《イガキサル》誰が誰を許すというのだ。《デマギサルディイマ》平地に暮らすことは祖霊の理に背くことになる。《アパササディイマナパリシイノンパサズゥアイデン》ここでは我らは病を得て《ウリマチャイ》死んでしまうしかない。《デンラヤル》

ホルストマンは周囲のオランダ兵たちに目で合図を送った。周囲に隠れている者がいるはずだ。そのとき、従者である戦士の一人が大頭目の言葉に同調するように、引き締まった己の腕《かいな》と腰にぶら下げた番刀を激しく叩きながら見得を切った。

――われらが腕とこの刀を見よ！《アイツゥマバナデアアイツゥデヤダギィダツゥ》たとえ刃の下でこの身を散らしても、《ダナウォアマツァイイデンイドゥアギアッチィ》平地で病を得て生き延びよ《デヤナクアマツァイイデン》うとは思わんぞ！《イドゥアサドゥアン》

目の前で啖呵を浴びせられた加禄堂社頭目の兄弟モランニンは思わず顔色を変えた。何と言っても、リキリキ社は平地の仲間の命を奪った仇敵であった。

――もう我慢ならねえ！

平地の言葉で叫んだモランニンは、腰に吊るした番刀を横一線に引き抜くと、浸水営古道の大頭目に向かって飛び掛かった。

紫電一閃、二十名の戦士たちも大頭目を守ろうと腰に下げた番刀を抜いて駆けつけようとしたが、それぞれ目の前にいた敵に行く手を阻まれてしまった。加禄堂社の周囲に埋伏していた戦士たちも大頭目の危機を知って慌てて立ち上がったが、それに気付いたVOCの兵士らによって散々に追い払われた。

数日後、ポラロイアン・ダリソルポルと六名の戦士たちの首級が下淡水社に戻っていたノールデンの下へと送り届けられた。VOCの公式日誌『ゼーランディア城日誌』には、大頭目ポラロイアン・ダリソルポルが重症を負った戦士たちを最期まで鼓舞し続けていた様子が記録されている。翻って「野蛮人」を制圧して欣喜雀躍としていたノールデンは、リキリキ社の戦士たちの首を落とした加禄堂社の人々に、褒賞として大量の綿布を与えたと記されている。同日誌には、ノールデンがリキリキ社のような「頭が足りず、何の思想もない者たちは斬り殺さなくてはならない」ので、大員から褒賞としての綿布を送ってほしいと書かれてあった。

事実、ノールデンは大員からさらにシラヤ族の戦士二百五十名を動員して、浸水営古道に逃げ込んだリキリキ社に追撃を加えた。ノールデンのこの執拗なまでの執念と野蛮化した文明は、ジョセフ・コンラッドの『闇の奥』においてコンゴの現地住民から神と崇められていたクルツが、その住処の周りを「謀反人」たちの生首で囲っていた光景を思い起こさせる。謀反とは主がいて初めて成立する概念であるが、植民地における主従関係とは謀反を「創造」することによって、はじめてそのビジョンを明らかにするところにその特徴がある。

中央山脈の鞍部にあたる浸水営古道には深い霧が立ち込めることが多い。

一方、リキリキ社の人間の首を台南に持ち帰ったシラヤ族の戦士たちも、長年禁止されてきた出草の儀式を盛大に行い、酒を呑んで大いに騒いだ。前述の『ゼーランディア城日誌』には、麻豆社（現在の台南市麻豆区）で十数年も献身的に布教を続けてきたアントニウス・ハンブルク牧師が、キリスト教の洗礼を受けたシラヤ族の「蛮行」に大いに激怒したと記録されているが、彼らの「蛮性」を利用してそれを目覚めさせたのもまた文明の側であったのだ。

一六六二年二月、三十八年に亘って南台湾を中心に権勢を誇ってきたVOCであったが、突如ゼーランディア城に襲来した国姓爺こと鄭成功の軍隊に散々打ち負かされ、台湾から撤退することになる。下淡水社にいたノールデンはわずか四十八名の兵士と十数名の家族を連れて後山まで逃れようとするが、その道中リキリキ社がある浸水営古道を通らねばなかった。かつて手をかけた「野蛮人」たちの目の前を尾羽打ち枯らした状態で歩かねばならなかった一行は、おそらく生きた心地がしなかったはずだ。

オランダ側の記録では、黄金郷の伝説を残した大亀文王国も、リキリキ社討伐の一か月前VOCの大軍によって懲罰的進攻を受けたと記されている。理由はリキリキ社討伐と同様、VOCに友好的な平地に暮らすマカタオ族や漢人との衝突が絶えなかったためとされている。詳しい経由については『ゼーランディア城日誌』の当該月日の記録が欠損しているので分からないが、黄金発掘とその路線確保のためにVOCがしばしば彼らの領域を犯してきたことへの反発が原因のひとつであったことは間違いない。


パイワン族の祖霊が眠るとされる大武山の南、恒春半島北部の山道はひどく起伏が激しかった。大亀文王国が栄えていた屏東県獅子郷にある文物館に足を運んだぼくは、そこで大亀文王国の末裔を自称する女性スタッフに当時の様子を尋ねてみた。オランダ側の資料では、確かVOCが二百名の兵士を派遣して大亀文王国を討伐したことになっているが、当地ではどのように伝えられていたのだろうか。

大きな瞳をした女性スタッフは笑って答えた。

「文字資料では確かにそうなってますが、vuvu（パイワン語で祖父母の意）はまた違った物語を語ってくれたんですよ」

それは次のような物語だった。

昔々後山にあると信じられていた黄金に目が眩んだオランダ人らは、大亀文王国の頭目たちに黄金を探すために「道を借りたい」と述べた。ところが、頭目たちは祖霊が宿る黄金郷に土足で踏み込もうとするオランダ人の申し出を拒絶した。これに激怒した大員のオランダ人は、五百名もの兵士を繰り出して大亀山王国に攻め入った。勇敢なパイワン族の先人たちは、頭目の指導と巫女《シャーマン》の巫術の力を借りてこの侵略者たちを見事に打ち破った。しかし、噂を聞きつけた心根の卑しい者たちが再び攻めてくるかもしれないと思った大亀文王国の人々は、偉大な巫女の力によって黄金郷への入り口を巨大な岩で塞いでしまったのだった。

かくしてはるか東方の地、太陽が昇る場所にあるとされた黄金郷は永遠に見つからなくなってしまった。雲を抜く大武山の峰々を見上げながら、ぼくは帰路に就いた。あるいはこの島に聳える山々が半分に削り取られるまで、黄金郷の夢はこれからも人々の欲望を刺激し続けるのかもしれない。

死者をのせたバス

なあ、日本人のあんちゃん、そこの窓のカーテンを降ろしてくれねえか。眩しくってならねえ。ああ、悪いな。強い日光がダメで、歳をくってから目が弱くて仕方ねえんだ。ところでどこまで行くつもりだ？　へえ、小林村。なら旗山か美濃のバス停で乗り換える必要があるぞ。知ってる？　知ってるんならいいや。しかしなんだってまたあんな辺鄙な場所まで行くんだ。

平埔族群文物館？　そんなもんあったかな。あの辺は八八水災の時分に全部流されちまったんじゃないか。大型台風の水害だよ。まだ馬英九が総統してた頃かな、あのあたりは台風の土石流やらで四百七十人近くが生き埋めになったんだ。可哀そうになあ。あのあたりには原住民がたくさん住んでたんだよ。タイボアン族？　原住民は原住民じゃねえのか。

とにかくさ、たくさんの人間があの村で亡くなったんだ。いまでも村があった河原に行けば、石をたくさん高く積み上げたモニュメントがあるだろ。なに、賽の河原？　死んだ子どもが石を積んでそれから壊すって？　なんだかずいぶんひどい話だな。けどよ、小林村でもたくさんの子どもが死んだんだ。滅村。新聞じゃそんなふうに報道されてたっけな。市内にもたくさん死体が運ばれてきたよ。いまも昔も市内と山地を繋ぐ交通網なんて限られてるだろ。当時は市バスを使って重症人や仏さまを市内の総合病院まで運んだんだ。

だからこのバスの路線図には噂があって、あくまで聞いた話だよ。日暮れどきに市内から小林村にある甲仙区に向かう市バスに乗ってた客がさ、車窓越しに見たらしいんだ。車内にぎゅうぎゅう詰めにされた人影をさ。そいつは慌てて振り返ったけど、当然そこには誰もいなかった。きっと帰りたかったんだろうな。どこって小林村にだよ。最後に見た風景が市内にある病院の天井だなんて悲しすぎるだろ。ああ、晴れてたら景色もいいところだよ。空気が違うっていうのかな。ただそのぶん夜の闇が深いんだ。震災から何年かして、ホタルを見に行ったことがあったんだけどよ、その光が妙に眩しくって。あ？　死者の魂？　ハハ、あんちゃん面白いこと言うな。日本人ってのはずいぶんロマンチックなんだな。

さあ、旗山に着いたぞ。ホタルに引っ張られて帰ってこられなくならないように気をつけるんだな。

7

浸水営古道クロニクル

忘れられた騒乱

こんな奇譚がある。

康熙《こうき》年間、場所は北京。日本で言えば、八代将軍・徳川吉宗の享保の改革がスタートした時分である。歴代王朝の中でもとりわけ名君の呼び声の高い康熙帝の御前に、ひとりの男が跪いていた。褐色の肌をした男は赤脚にして長く垂らした辮髪に百枚もの銅銭を括り付けていた。その傍らには一匹の駿馬に跨った清朝の八旗兵。華やかな武具に身を包んだ兵士が馬上で何かを叫んだ。男にはその言葉が分からなかったが、何を問われているのかは理解できた。男の口元に不敵な笑みが浮かんでいることに気付いた兵士は力強く鐙を踏んで駿馬の腹を蹴ると、一日千里は走ると言われる名馬の逞しい尻に鞭を入れた。

一回。二回。駿馬は疾風のごとく駆けだした。

三回目の鞭が駿馬の尻に触れた瞬間、男は弛緩させていた全身の筋肉を前方を走る駿馬に向けて爆発させた。

まさに電光石火、男と駿馬の距離は瞬く間に縮まってゆき、やがて男の四肢が駿馬の影に重なった。そのあまりの捷足に、周囲の人間の目には髪に括り付けた銅銭が水平に浮かんでいるように映ったと言われている。やがて男の影が駿馬を追い抜き、更にそれを突き放していくと、宮中からは万雷の歓声が上がった。

男の名は程天与《ていてんよ》。台南の蕭壠社《しょうろう》（現在の台南市佳里《かり》区）に暮らしていた平地原住民シラヤ族の青年である。俊足を美徳としたシラヤ族においてもとりわけ足の速かった程天与は、その噂を聞きつけた朝廷からはるか北京に召されて、康熙帝の御前でその健脚を披露することになったのだった。百枚の銅銭を髪に結びつけた程天与は敢えて先行を許した駿馬を見事に追い抜き、生涯三度も天子に拝謁する栄誉を得たと伝えられる。

多くの文献に記されているように、シラヤ族とは走る民族であった。

明の儒学者・陳第《ちんだい》によって書かれた地理書『東番記』（一六〇三年）には、大員（台南）にいた平地原住民族は「日夜走るを習いとし、足の皮は厚く、荊の上を平地の如く歩き、速き事奔馬に後れを取らず、終日休むことなく、数百里を行く」と記されている。新年には集落の周りを走ることで厄除けを行い、優勝者の家には錦が掲げられて顕彰されたという。シラヤ族の少年たちは飢えを抑えて速く走るために、幼少の頃から麻や竹の皮で編まれた腰ひもで固く腹部を括り、結婚するまでは決してそれを解かなかったと言われる。

もともと野生馬が生息せず、家畜馬も飼育されていなかった台湾において、俊足で鳴らしたシラヤ族は古くから公文書を配達する郵便業務を任されてきた。郵便業務を担った未婚の男性は「麻達《マーダ》」と呼ばれ、頭には雉の羽根を差して油紙の傘を背負い、腕には二枚の鉄環をぶら下げていた。鉄環が激しく響き合う音を聞いた市井の人々は、一刻一秒を争う麻達のために道を譲ったと言われている。紫禁城で天子の龍顔を拝むことのできた程天与もこうした麻達の一人であったのだ。

台南市佳里区に残る「飛番」程天与の墓。
付近にはシラヤ族の集落跡が一部保存されている。

果たして、俊足で鳴らした麻達にとっても、この島の背骨を貫く山々での配達業務は苦しいものだったのだろうか。ぼくは雲海に沈む山々の峰を眼下に、かつて浸水営《しんすいえい》古道と呼ばれた山道を歩いていた。この山台湾五岳のひとつである北大武山を枕に、切り立った山々が綿々と続く恒春半島北部に拓かれたこの山道は、古くはパイワン族とプユマ族の交易路のひとつであった。手つかずの原生植物が咲き誇る新緑の隧道《トンネル》はまるで水に浸されたように泥濘み、伸ばした両手の指がぼんやりと見えるほどに霧がかっていた。

十七世紀には、オランダ東インド会社（VOC）によって管理されていた浸水営古道であったが、国姓爺に駆逐されたオランダ人たちが立ち去ると、卑南《ひなん》（現在の台東市）のプユマ族によって支配されるようになる。清朝時代、台湾西部で大規模な反乱事件が起こる度に朝廷に積極的な協力を示してきたプユマ族は、長らく後山南部で特権的な地位を保持していた。

乾隆五三（一七八八）年、プユマ族の族長の息子ビナライは、林爽文事件の反乱鎮圧に功があったとして、程天与と同じく北京紫禁城に招かれて乾隆帝に謁見した。乾隆帝はこの無邪気な蛮人頭目をひどく気に入ったらしく、ビナライは六品の官服と山のような贈り物を携えて、枋寮の町から浸水営古道を通って故郷卑南へ凱旋した。当時は鳳山県城の役人ですら七官相当の官位であったために、ビナライの官位は破格の扱いと言えた。北京の皇帝からその地位が認められたビナライは、以降「卑南王」と称され、浸水営古道に大きな影響力を及ぼすことになった。

原住民族と不要の摩擦を避けるために、清朝は平地と山地との間に「土牛界線《どぎゅうかいせん》」と呼ばれる境界線を設けて、これより先に漢人が開拓に入らないように取り決めていた。ところが平地の漢人移民が急増して土地が足りなくなるにしたがって、しばしば両者の間で衝突が起こるようになった。

とりわけ、急増する漢人に土地を奪われてしまった平地原住民族の人々は新天地を求めて人口の少ない東部に移住するしかなく、彼らは家財道具一切を担いで浸水営古道を東へ向かった。時代の変遷に伴い、奔《はし》ること飛ぶが如くと言われたシラヤ族の支族であるマカタオ族の人々もまた、走ることに意味を見出せなくなってしまっていた。農耕用の水牛を引き連れたマカタオ族は、新天地を求めてのろのろとこの暗く湿った山道を東へと向かっていったのであった。

十九世紀後半に入ると、日本や欧米列強の艦船が度々南台湾の海域に出没するようになる。こうした動きと連動するように、外国人宣教師や清朝の官吏たちが浸水営古道を使って次々と後山へと向かっていった。中国の新文学運動を指導し、抗日戦争期には中華民国の駐米大使としても活躍することになる哲学者・胡適《こてき》も、この時期若い母親の胸に抱かれて、台東直隷州知州代理を務めていた父親・胡伝《こでん》とともに古道を往復している。異族間の沈黙交易に黄金探索、移民に宣教、学術調査に公文書の郵送、出草に討伐……、大航海時代以降この古道は五百年に亘って、異なる人種、民族、宗教、政治思想の人間を呑み込み、またこの閉ざされながら開かれた山道に様々な奇譚を生み出してきたのだった。

歩みを緩めれば緩めるほど、自分の足が地面に深くめり込んでゆくように感じた。湿った山道には色とりどりの落ち葉が重なり、満足に腰を落ち着けられるような場所もなかった。時おり緑の天井が途切れて、淀んだ空から太陽が顔を出すこともあったが、それもすぐにレントゲン写真に映る肺のように深く濁った霧によって遮られてしまった。巨大な素材のように見える生《き》の山々を眼下に望んでいると、そこにどんなものが隠されているのか無限に想像が膨らんだ。自分が彫物師であれば、この極上の素材から、いったい何を彫りだそうとするのだろうか。一個の巨大な有機体が静かに寝息を立てている姿を想像しながら、ぼくは機械的に両足を繰り出し続けていた。

近代中国の歴史に大きな足跡を残した胡伝・胡適親子が大陸に帰国するのと入れ替わるように、やがて古道に新たな勢力が現れた。この島の新たな主人となった台湾総督府は、台湾の東西を繋ぐ唯一の陸路であった浸水営古道を官営郵便路として指定したが、配達業の一部はすでに時代遅れとなった麻達《マーダ》にではなく、リキリキ社に暮らすパイワン族に委任した。この時期の郵便業務はまだ危険も多く、業務中に殉職する者も少なくなかったが、この郵便配達が二百五十年間大きな騒乱の起こらなかった古道にかつてない波乱を呼び込むことになるのだった。

明治三三（一九〇〇）年一月、人類学者の鳥居龍蔵と森丑之助が浸水営古道に足を踏み入れた。南台湾に暮らす原住民族の調査をするために、両名は浸水営古道を通って恒春半島北部に暮らす原住民族の各集落を渡り歩いていたのだ。

当時の鳥居は三十歳、森は弱冠二十三歳に過ぎなかったが、それは日本における人類学という新たな学問の若さを象徴しているようでもあった。二人がリキリキ社に到着すると、集落はひどい騒ぎのなかにあった。森がその訳を尋ねると、どうやら数日前に郵便物を配達中だった集落の若者が、敵対するボガリ社の者に首を馘《かく》されたというのだ。

――我らはこれより出草《ギオロ》に向かうつもりだ。

森丑之助が撮影した「パイワン族蕃人の頭骨架」。ガジュマル生い茂る
旧ボガリ社の入り口にあった頭骨架で、最大の頭骨数を誇っていた。
（森丑之助『台湾蕃族図譜』第六七版）

——仇討ちに、相手の首を馘すということか？

——いかにも。ちょうどお前たちがこの集落に現れたのは祖霊《スヴァリダン》の導きである。二人にもぜひこれに加わってもらいたい。

森は年長者である鳥居に目をやった。すでに遼東半島や琉球、千島列島などでフィールドワークの経験を積んでいた鳥居は、誇れるような学歴を持たない森に人類学の「いろは」を教えてくれた大先輩であった。しかし、彼は鳥居の目に困惑の色が浮かんでいるのが分かった。二人は何とか理由をつけてこれを固辞しようとしたが、そのことがかえってリキリキ社の不興を買ってしまった。

——我らはお前たちのために命懸けでこの「紙の束《サヴィット》」を運んでやっているのだ。お前たちも我らのために命を賭すことは当然ではないか。

考えてみれば、郵便事業とは国家の外側に生きる者たちにとっては諸刃の剣である。それは、将来的に国民となる者たちの生活の利便性を保証するものであると同時に、戸籍や住所、家族構成などを提出することで、権力による支配を受け入れることを意味しているからだ。だからこそ、近代的郵便制度は植民地においては容易に「反乱」の導火線になりかねないものでもあった。台湾総督府は「文明」に取り込まれていない浸水営古道の郵便業務をいまだ「野蛮」の中にあったリキリキ社に委託したが、リキリキ社の態度はひどく消極的で、ときにその配達人や警護員である警官を殺害することもあった。リキリキ社出草の現場に、偶然にも日本人類学の基礎を築くことになる二人の学者が同席していたことは興味深い。郵便制度の地均しともいえる住所や地図の作成は、フィールドワークを基本とする人類学者にとっては必須の作業であった。

困り果てた二人は、結局出草前の祭祀に豚一頭を提供することで何とかこの義務から逃れたらしい。

古道には様々な鳥の鳴き声が木霊していた。しかし、薄い膜のような濃霧に包まれていることもあって視界は思った以上に利かず、鼻腔にはただ植物の湿った匂いだけが粘着していた。数十年、あるいは数百年前に山道に積み上げられた石壁は、シダ類やコケによってすっかり元の色が失われていた。いまから三百六十年前、わずかな部下を引き連れて後山へと逃れたVOC南路政務官のヘンドリック・ノールデンは、きっとこの米のとぎ汁のような空気に浸された山道を、焦燥に駆られながら手探りで進んでいたに違いない。あるいは、清朝の勢力圏外にある後山で再起を図ろうとこの古道に逃げ込んできた鴨母王や荘大田の残党は、山道をふさぐ「卑南王」の戦士らを恐れ、あえて獣道を選んで東進していたのかもしれない。広いように見えて、山という場所は通れる場所が限られている。そう考えると、すっかり人の気息が絶えた山道を歩く自分がひどく気楽に思えた。

ふと視界の端からふと黒い影が目の前に飛び出した。不安定な足場でバランスを保つことが適わず、思わずその場で尻もちをついた。影の正体に目を遣れば、そこには人間以上に人間らしい驚きをみせた表情が浮かんでいた。

藍腹鷴《サンケイ》だ。

それは山地に暮らす台湾固有種のキジの一種で、憶病な性格のために滅多に目にすることができない野鳥だった。目の淵が赤く、全身が褐色の羽毛で覆われている様子からメスであることが分かった。ぼくは周囲につがいがいないか確かめた。サンケイのオスは鮮やかな藍色の羽根を持っているはずで、その美しさはサンケイの学名（*Lophura swinhoii*）のもとになった打狗《たかお》英国領事館の領事ロバート・スウィンホーが一目見てみたいと願いながら、結局直接見ることが叶わなかったほどに希少な野鳥であった。

ぼくは恐る恐るリュックに手を入れてカメラを取り出そうとした。しかしその動きを敏感に察知したサンケイは、西部劇のガンマンが向かい合う敵を睨《ね》め付けるように、全神経を真っ赤な眼に集中させてこちらを見つめてきた。

次の瞬間、サンケイの背後にあった南洋沙羅《なんようへご》の枝が激しく揺れた。思わずそちらに気を取られたぼくは、サンケイが霧の中へと飛び立つ瞬間を見逃してしまった。

木生シダの一種であるその巨木の裏にいったい何が隠れていたのか。カメラを手にしばらく霧の中でひとり佇んでいたが、結局南洋沙羅の背後からは何も出てこなかった。回り込んでその根元に目を遣ると、そこにはずいぶん前に誰かが腰を下ろしたような跡だけが残っていた。

明治四一（一九〇八）年、浸水営古道で郵便業務の巡邏をしていた日本人警官二名が殺害された。日本側はこれをリキリキ社の仕業として懲罰に乗り出した。翌年三月、浸水営古道に暮らす五人の頭目を水底寮の街に呼び出した日本の警察は、頭目らをそのまま阿緱《あこう》庁に拘束した。頭目逮捕の過程で、日本側は警官殺しの下手人がリキリキ社の人間ではなくその敵対部族によってなされた犯行であることを掴んでいたが、これをオランダ時代以来の「まつろわぬ民」であったリキリキ社を懲らしめる好機と捉えたのだった。

大頭目アヴアヴは、囚われた五人の頭目たちを救うためにリキリキ社駐在所に勤めていた槙寺佐市警部補に仲介を乞い、平地にある枋寮支庁へと向かった。そこで、十頭の豚と二十五丁の猟銃を賠償金代わりに提出させられた上、今後台湾総督府の方針に一切服従するといった誓約書に捺印までさせられたのだった。

屈辱に歪んだアヴアヴの顔を横目に見ていた槙寺の頭には、森丑之助の言葉が浮かんでいた。

――槙寺さん、そもそも蕃人を服従させようとすることが間違いなんですよ。彼らは自分たちを「独立の民」と信じているわけですから。ぼくたちがいくら帰順や服従を求めたところで、馬の耳に念仏というやつです。

――しかし蕃界に勤務する警官として、彼らを管理しないわけにもいきませんよ。

――知っていますか？　彼らの言葉には「帰順」や「服従」という単語がないんです。言葉がないと

浸水営古道地図（徐如林『浸水営古道』を参考に作成）

いうことは、実体がないということです。実体のないことを強要するということはただ相手に無用の屈辱を与えてしまうだけです。となるとどうなるか。

——どうなりますか？

森はそれには答えず、ただ悲しそうに笑った。かつて鳥居龍蔵の助手として浸水営古道にやってきた森丑之助は、この頃すでに「蕃界調査の第一人者」としてその名を台湾中に知られる存在になっていた。多くの警官や役人たちが次々と蕃界で命を落とすなかで、森だけは身に寸鉄も帯びることなく山地に分け入っていた。

——丙《へい》さん、どうして武器を持たずに山に入るのです。一度火のついた蕃人がどれほど凶暴か、知らぬはずはないでしょう。

槙寺は森を彼の二つ名である「丙牛《へいぎゅう》」の「丙」の字で呼んだ。歳が近く、また同じく山地蕃界を職場としていた二人は気の置けない関係であった。

——猿に銃器を担がせたところで意味はないでしょう。それにぼくは見ての通りの小男ですし、その上足が悪いときている。そんな人間が銃をもったところで、蕃人たちには脅しにすらなりませんよ。

——なら、丙さんはどうやってこの山地で身を守ってきたんですか？

——誠の一字です。

森の答えに槙寺は思わず眉をひそめた。

——そんなものでどうにかなりますか？

——彼らを理解し尊重してやれば、必ずそれは伝わります。ただ誠を以てこれに対せば、蕃人と云えども少しも恐れるところはないのですよ。

リキリキ社駐在所の椅子に腰を落とした槙寺は深くため息をついた。事態は個人の誠意で解決できる範囲をとうに超えていた。明治四二（一九〇九）年、台湾総督府は「五ヵ年理蕃政策」を打ち出した。自身もまた牡丹社事件において手づから「凶蕃」パイワン族を討ち取った過去を持つ第五代台湾総督・佐久間左馬太は、積極的に山地原住民への挑発を繰り返し、これに反抗する部族を徹底的に武力で鎮圧していった。当初は北部タイヤル族をその標的としていたが、五ヵ年計画末期には南部原住民族に向けて彼らが保有する銃器の提供を要求したのだった。

大正三（一九一四）年九月、蕃人が保持する銃器の強制提供に関する通知を受け取った槙寺は、大頭目アヴアヴが暮らす石板屋を訪れた。きれいに石切りされた巨石を積み上げて作られたその家屋は、パイワン族やルカイ族など南部原住民族に特有の建築スタイルで、大頭目の家ともなるとその入り口に立派な彫刻《トーテム》がほどこされていた。アヴアヴと顔を合わせた瞬間、数年前に彼が屈辱に満ちた表情で集落にある銃器を提供していた様子が浮かんだ。

槙寺は簡潔に用件だけを伝えた。

——我らは命じられた労役《ギシカウ》を無報酬で果たしている。郵便配達《ユービン》も恙なく行っている。なにゆえそのような無理難題を押し付けるのだ。

槙寺は黙っていた。パイワン族にとって、銃がどれほど大切なものであるのか分かっていたからだ。彼らが銃を携えることは、さながら徳川時代の侍が大小二本を腰元に差しているのと変わらない。パイワン族にとって銃とは生活の糧を得る重要な道具であり、また自衛自存のために必要な武器であった。あるいはそれは尊厳の問題といってもよかった。槙寺はただ同じ言葉を繰り返すしかなかった。

――話は分かった。だが我らにも都合がある。冬の備蓄に向けて最後の狩猟《アマル》を行いたい。銃器の提供はそのあとだ。

槙寺は開きかけた口を再び閉じた。数日の遅延など、台北の街に暮らすお役人にとっては大した問題でもあるまい。彼は黙って頷くと、万事任せたとその場を去った。アヴアヴはすぐさま頭目たちを集めると、狩猟隊《チョワイヤンガダキアディル》を結成するという名目で周囲の同盟集落《イガナマシバルンデヤマドゥ》に散っていた銃器と戦士たちを集めた。

――我らは十分我慢した。誠意を欠いたのはやつらの側だ。

十月八日、浸水営駐在所に向けて、郵便配達の護衛をしていたリキリキ駐在所の巡査酒井百太郎が、狩猟隊を装ったリキリキ社の戦士たちに遭遇した。酒井は集落の若者たちの興奮した様子を不審に思ったが、狩猟が実施されるという報告を受けていたので、そのまま黙って隊列の横を通り過ぎようとした。次の瞬間、酒井は古道が百八十度ぐるりと回転したように感じた。酒井百太郎巡査は己の首が汗で黒く湿った制服を離れて、ぬかるんだ古道の上に転がり落ちたことに気付かぬままに息を引き取った。

払暁、狩猟隊は浸水営駐在所に向かった。戦士たちは武器弾薬を奪うために、駐在所にいた照三市郎巡査夫婦と山岸実巡査を殺害、幼児を除く三名の首を刎ねた。正午には浸水営古道の東側に位置する姑《しゅう》子崙《ころん》駐在所が山上の異変に気付き、すぐさま事態を上層部へと報告したが、山地駐在所に通じる電話線はすでに断ち切られてしまい、リキリキ駐在所への連絡は叶わなかった。

陸の孤島となったリキリキ駐在所にいた槙寺は、いまだ事態を呑み込めていなかった。酒井巡査の帰還が遅いことを不審に思った彼はさらに二名の巡査を浸水営駐在所に派遣する。しかし、近隣の同盟集落と合流したリキリキ社の狩猟隊の数はすでに百五十人を超え、十分な装備ももたなかった巡査たちは細い古道で逃げ場もなく、悲鳴を上げる間もなく首を刎ねられた。

突如周囲から鬨の声に似た歓声が上がった。

槙寺が駐在所の外へと目をやると、山道から武装したリキリキ社の戦士たちが駆け下りてくるのが見えた。駐在所には数名の警官しかおらず、とても応援が来るまで持ちこたえられそうになかった。逃げ出すべきかどうかと迷っていると、駐在所で下働きをしていたパイワン族の警丁（警察の下部組織）らがまるで事前に打ち合わせていたように次々と制服を脱ぎ捨て、槙寺たち日本人を玄関口に押し出した。

槙寺は目を細めた。山あいを吹き抜ける風に霧は千切れた綿菓子のように吹き散らかされ、翠緑の山肌には陽光がまだらに降り注いでいた。

百名を超える戦士たちの先頭には、浸水営駐在所で奪った小銃を担いだ大頭目アヴアヴが太陽を背負うようにして立っていた。大頭目が軽く頷くと、若い戦士たちが実に手際よく駐在所に残っていた警官とその家族たちの首を落としていった。別れの言葉をかける暇もなく落とされた妻子の首を見た槙寺は、冷え切った肉体とは逆に己の脳みそが熱く沸騰しているのを感じた。果たしてそれが憤怒なのか恐怖なのかは分からなかったが、数秒後に確実に訪れるであろう己の運命だけははっきりと分かっていた。

――なら、丙さんはどうやってこの山地で身を守ってきたんですか？

ぐつぐつと煮えたぎる脳裏で、彼は数年前に放った己の声を聴いたような気がした。隣にいた戦士に小銃を預けたアヴアヴが、腰に下げた蕃刀を抜いて歩みを進めた。その両目はこれから人を殺める者のそれとは思えぬほどに澄んでいた。槙寺は握りしめていた護身用の銃を地面に捨てた。次の瞬間、急流で知られるリキリキ渓に飛び込むときのように大きく頬をふくらませたアヴアヴが、槙寺の首元に向けて先祖伝来の蕃刀を水平に薙ぎ払った。黒鉄《くろがね》の切っ先が己の頸椎を断ち切る鈍い音を聞いた槙寺の意識は、そのまま転がるように闇の奥へと沈んでいった。

ギャ　ギャ　ギャ

遠くにキョンの鳴き声が聞こえた。まるで断末魔のようなその鳴き声はいつ聞いてもひどく不吉だ。ぼくは山道を覆う枝を払いながら進んだ。無限に繰り返す「乙」字型の山道は遠慮を知らない植物たちによって半ば獣道へと変わってしまい、もうずいぶんと長い間人が足を踏み入れた形跡はなかった。かつてアヴアヴや槙寺たちが暮らしていた旧リキリキ社は、浸水営古道の手前にある大漢林道を北に下った場所にあった。

パイワン族の習俗を理解していた槙寺は、きっと自分や家族の首が丁重に葬られるものと信じていたに違いない。森丑之助の言葉を借りれば、出草とは「神の審判に依る裁決」であって、「神聖なる行為」でもあった。蕃刀が降り下ろされたその瞬間、槙寺佐市の網膜にはいったい何が映っていたのか。空を見上げれば、彼方に見える南大武山の深山まで燦々と輝く陽光が降り注いでいた。獣道となった山道が尽きるまで歩き続けたぼくは水筒に残っていた水を地面に撒くと、その場で軽く手を合わせて再び同じ道

浸水営古道に残るパイワン族の伝統家屋石板屋の跡。

を引き返した。

浸水営事件、あるいは南蕃事件とも呼ばれたこの騒動は、やがて五か月に亘る騒乱へと発展した。戦火は瞬く間に恒春半島全域に拡大し、日本側は台湾全土から二千名近い武装警官を動員して「反乱」を鎮圧した。最終的には、帝国海軍の駆逐艦を動員して反乱に参加した「凶族」を海と陸から牽制したのだった。鎮圧にあたって、日本側は百七名もの死者を出したが、パイワン族側の死傷者に関してははっきりと記録されていない。本来の目的であった銃器の押収も着々と進められ、計八千百八丁の銃と二千二百六十八丁の故障銃が没収された。当時のパイワン族の人口を考えれば、成人男性のほぼ全員が銃を保持していた計算になる。

山地原住民族の蜂起事件といえば、昭和五（一九三〇）年にセデック族が起こした霧社事件が日本でもよく知られている。しかしその規模と死者数から見て、浸水営事件もまたそれに比類するものでありながら、現在では日本人・台湾人を問わず事件そのものを知る者が少ない。騒乱後、台湾総督府は「反乱」を起こしたリキリキ社の人々を平地に近い帰化門社などに分散移住させた。オランダ時代から常に為政者に反抗してきたリキリキ社はこうして急速にその力を落としてゆき、以降は「良蕃」として総督府の理蕃政策に従うようになった。

では、大正三(一九一四)年に書かれた回想録『生蕃行脚』において、槙寺佐市警部補を「私の友人」と呼んでいた人類学者・森丑之助はその後どうなったのか。

誠意さえあれば、身に寸鉄を携えずとも山地の蕃人とも分かり合うことができると述べていた森は、総督府の武断的理蕃政策に加え、関東大震災で己の研究成果の多くが灰燼に帰したことも加わって、鬱々とした日々を過ごしていた。大正一五(一九二六)年七月、台湾の深山に「蕃人の楽園」を作りたいと願っていた森は、基隆港から内地に向けて出発した笠戸丸船上で入水自殺した。山で傷ひとつ負わなかった人類学者は、皮肉にも海の上でその生命を断ったのである。以降、二〇〇〇年代にその研究成果が楊南郡ら台湾の研究者によって発掘されるまで、彼の存在もまた浸水営古道で起こった惨劇と同様、長く日台両国の人々から忘れられることになった。

浸水営古道を離れたぼくは、相棒に跨って細い獣道のような大漢林道を西へと下っていった。対向車両を心配していたが、人煙の絶えた山道ではまったくの杞憂だった。やがて屛東平原を西の大海に向かって流れるリキリキ渓が見え、山裾に広がる小さなパイワン族の集落を抜けてから、枋寮の町に降り立った。古道での静寂が信じられないほどに、平地ではバイクと自動車のエンジン音がかしましかった。

交差点で信号待ちをしていると、緑の制服に身を包んだ中華郵便の配達員がぼくの隣に止まった。緑のバイクに跨る郵便配達員の皮膚は浅黒く、濃い眉毛の下には意志の強そうな瞳が輝いていた。ふと、映画『海角七号』に主演していたアミ族の俳優で歌手でもある范逸臣《ヴァン・ファン》を思い出した。信号が赤から青に変わると、件の范逸臣は猛スピードでバイクを走らせていった。ぼくは先行する彼の相棒が三度エンジン音を立てるのを聞いてからアクセルを回したが、屏東平原を東奔西走する駿馬はぼくの相棒をあっという間に引き離してしまった。

弓手《ゆんで》には紺碧の大海原が横臥し、馬手《めて》に切り立つ山々は又候《またぞろ》白霧を吐き出していた。

祖霊の声

お、何だ。もう引き返して来たのか？　結局集落跡には入れなかったのか。ああ、確かにあそこはまだ草が生い茂ってるからな。整理が終わってないんだよ。ハハ、あんたのなりを見りゃ分かるさ。で、頭骨架は見れたか？　当時のまま骨まで残ってたって？　まさか。骨はケンキューシャが全部持ってたんじゃなかったかな。……うん、こいつは確かに頭蓋っぽいな。見たことないか？　ないない。俺はボガリ社《こ》の人間じゃないんだ。ただこうして山道を整備してるだけさ。ああ、××村の方から来たんだ。ひとりでこんな山道にいて怖くないかって？　笑かすなよ。ガキじゃあるまいし。

でもよ、俺は昔っからよく見える性質《たち》なんだ。平地の漢人《パイラン》が言う「陰陽眼」ってやつさ。ばあちゃんが巫師だったんだ。ああ、巫師《シャーマン》だよ。俺？　俺は普通の人間さ。結局かあちゃんもばあちゃんの仕事を引き継がなかったから、俺も何の技術も受け継げなかったんだ。

見えるってのはさ、たまに祖霊が見えるんだ。こんな小さな時分からだよ。顔や身体は見えないんだけど、下半身だけはこうぼんやりと浮かんで見えるんだ。なんで分かるかっていうと、下半身は伝統的な衣装を身につけててさ、番刀を握った腕だって見えるんだぜ。フツー幽霊は下半身が見えないんじゃないかって？　そんなこと言われても見えるものは見えるんだから仕方ねえだろ。

　現れるきっかけ？　そうだな、ある日昔集落があったあたりに狩りに出かけたときのことなんだけど、日が沈みかけた時分薄明かりから声がしたんだ。おい！　ここは危ないぞ。早くお前たちの新しい集落に戻れって。思わず顔を上げたよ。だってそれは国語でも台湾語でもなく、パイワン族《おれたち》の言葉だったんだ。だから、他所の人間がおいそれと話せるはずがないんだ。あんたはずいぶん国語が流暢なようだけど、俺たちの言葉が少しでも分かるか？　××？　×××、×××？　ハハ、ちっとも分かんねえだろ。

　そのときに薄明かりに浮かんでいたのは小さな光の玉だったんだ。このくらいの光の玉だ。よく見ろ、このくらいだ。だから怖いなんてことはないんだって。祖霊に守られてるとでも言えばいいのかな。ただ彼らはそこにいるだけで……いま？　何も見えやしねえよ。まったく、わざわざこんな山奥までひとさまのしゃれこうべを見に来る人間が何を怖がるってんだ？

　ああ、気をつけて帰れよ。時間があれば今度はうちの集落にも遊びにこい。こんなとこまで来たんだ。遠いなんて言わせねえぞ。

8

亡霊たちの眠る町

タイワンザルと博物学者

故郷を思うとき、ぼくはよく汽笛の聞こえる港町まで足を運ぶ。

この島にある他の都市と同様、高雄という港湾都市は常に異なる人種や民族によって統治されてきた。その上、国際的な港湾都市として駆け足の発展を続けてきたために、どこを切り取ってみても新しく生まれた光景と朽ちてゆく光景がグラデーション状に同じフレームの内で収まってしまう仕組みになっている。

だからなのかもしれない。いつからかこの街に潜む生と死が混然一体となったそうした気息の中に、ぼくは自身の行き場のない郷愁を浸しては染師よろしくその染まり具合を観察するようになっていた。おそらくそうすることでときおり訳もなく滲み出す郷愁を相対化し、異郷でのひとり暮らしに折り合いをつけてきたのかもしれない。

近代以降発展した東アジアの湾岸都市は多かれ少なかれみな欧米列強や日本による帝国主義政策の影響を受けているが、この都市の港にも実に様々な亡霊たちが漂っている。民国一七（一九二八）年、当時中華民国の首都南京に生まれ、戦後台湾文学にも大きな影響を与えた詩人・余光中《よこうちゅう》は、終の棲家として西子湾を望む高雄の港町を選んだが、浅学非才なぼくにも郷愁詩人と呼ばれたこの偉大な詩人の気持ちが分かるような気がする。高雄《このまち》を文化砂漠と揶揄する北部の文化人たちからみれば、きっとその行動は理解に苦しむものであったはずだが、すでに喪われた事象としての故郷を求める者たちにとって、亡霊たちが徘徊する港町ほど心地よい場所もないのだ。

故郷とは畢竟亡霊のようなもので、それを思う者もまた知らず知らずのうちに果てのない冥界めぐりに足を踏み入れてしまっているのかもしれない。

ある日、高雄港を望む哨船頭《しょうせんとう》山の山裾を東に向かって歩いていたぼくは、登山街六十巷と呼ばれる小さな路地にふいに吸い込まれた。清代に整備された山道にはまるでそれらを上書きするように、日本時代に建てられた高雄築港出張所の官舎や湾岸防衛のために建てられたトーチカの跡などが点在していた。勾配のきつい坂道を登れば、大正一二（一九二三）年に皇太子裕仁が台湾行啓の際に宿泊した寿山館があったらしいが、いまとなってはその痕跡すら残されていなかった。徳島県祖谷の村落のように急斜面に拓かれた集落跡には、戦後浙江省や大陳島などからやってきた外省人の退役軍人たちが根を下ろしたこともあったそうだがそれも今は昔、彼らの多くもすでにこの地を離れてしまっていた。

集落を包み込む山から蟬の鳴き声が聞こえた。暦の上ではとうに晩秋と呼ばれる季節になっていたが、この街の空気は依然陽炎が立ちのぼりそうなほどに暑かった。麓に広がる集落の狭い路地から蜂の羽音のような生活音が漏れ出し、一瞬時間の止まった小さな箱の中に閉じ込められているような錯覚に陥った。ある民家の軒先に足を踏み入れると、そこには真っ黒なゴミ袋と洗濯物の影に十字架の入った墓碑が一基、寂しげに佇んでいた。

同治九（一八七〇）年、かつて潟湖《せきこ》が広がっていたこの場所に欧米人の遺骨を埋葬する墓園が築かれた。旧打狗《たかお》外国人墓地。

異邦人の墓碑が保存されることなく、かといって取り壊されるわけでもなくただひたすら生活空間の中へと呑み込まれていく様子はこの街ではありふれた光景でもある。しかしこうした生と死が交錯した路地の中に、ぼくは丁寧に管理された公共墓地には見出せない、何やら慰めに近いようなものを感じて

民家の中に埋もれてしまった旧打狗外国人墓地。

きた。

網戸の内側から台湾語のニュース番組の音が聞こえてくる。どうやら次の総統選挙の候補者について話しているようだった。この墓に眠る住人たちは、彼らの言葉を聞き取れるようになったのであろうか。ぼくは「ウィリアム・ホプキンス」と書かれた墓石に手をあてながら、彼に語りかけてみた。

――ウィリアム。彼らの言葉はもうずいぶん聞き取れるようになったかい?

――さすがに百五十年もあれば、いやでも覚えちまうよ。

いずれこの島のどこかに埋められた自分の墓を見にやって来る物好きの姿を想像しながら、ぼくは南台湾の毒々しい日差しに焼かれたウィリアムの背をそっと触れた。資料によれば、北アイルランド出身のこの水夫は小舟で打狗港に入ろうとした際、海に落ちて溺れて死んでしまったらしい。なんとも間抜けな最期であるが、人生とは得てしてそのようなものなのかもしれない。もう一本の路地裏には、同じくロンドン生まれのマリー・ウォーレンにイングランド西部シュロップシャー生まれのコンウェイ・フレッチャーの墓が残っていた。ところが、コンウェイの墓は液化石油ガスのボンベの支柱に、マリーのそれは鉢植えの土台に変わってしまっていた。

狭い民家の屋根がギシギシと軋んだ。見上げれば、集落の背後にある寿山から下りてきた数匹のタイワンザルたちが、屋根と屋根の隙間からこちらをジッと窺っていた。ぼくに気付かれていることに気付いたタイワンザルは、俺のあとについて来いとばかりにそのまま路地の奥へと消えていった。

鉢植えの土台になってしまったマリーの墓碑に躓いてしまわないように注意を払いながら、ぼくは彼らのあとを追った。そう言えば、この墓園を作ったあの男はタイワンザルたちの名付け親でもあったのだ。そう考えると、めずらしく集落まで下りてきたサルたちが冥界めぐりの水先案内人であったような気がしてきた。

男の名はロバート・スウィンホー。

台湾の博物学史について語る際に、その名を避けて通ることはできない。高雄の寿山に暮らすタイワンザルに *Macaca cyclopis* という学名を与え、タイワン・ロックモンキーという通名をつけた彼は、大英帝国の外交官で博物学者でもあった。彼によって直接・間接的に命名された台湾の生物品種は鳥類二百二十七種、植物二百四十六種、昆虫四百種、哺乳類四十種近くと、まさに台湾博物学の草分け的存在であった。タイワンジカにウンピョウ、ジャコウネコにタイワンツキノワグマなど、現在絶滅に瀕している台湾固有種の多くはスウィンホーによって標本にされ、また詳細にその生態が記録されてきた。とりわけ台湾に暮らす鳥類の三割は彼の発見によるものとされ、この島の大空で羽ばたく鳥類の多くがスウィンホーの名を冠している。

標高二十五メートルほどしかない哨船頭山にはスウィンホーの肖像が掲げられた打狗英国領事館が建ち、山上からは高雄港と台湾海峡が一望できた。高雄八景のひとつにも数えられる西子湾を背景に、遠くアモイから運ばれてきた赤レンガを積んで作られた領事官邸はルネッサンス建築の意匠を用いた瀟洒な洋館で、現在は団体観光客や若いカップルたちで溢れている。咸豊八（一八五八）年に結ばれた天津条約によって、台湾では安平《あんぺい》（台南）、滬尾《こび》（淡水）、鶏籠《けいろう》（基隆）、打狗《たかお》（高雄）の四港が順次開港されていったが、この中で最も大きな発展を遂げることになったのが最後に開港された打狗港であった。

大陸との往来のみが許されていた時代、左営旧城や鳳山新城のような城塞都市は貿易の利便性を考慮する必要はなく、むしろ外敵の存在をいかに防ぐかに重点が置かれていた。ところが十九世紀中葉に台湾西部の湾岸都市が開港されると、大航海時代以降閉ざされ続けてきた台湾経済が再び世界経済の中に位置づけられるようになった。天然の良港を有する打狗港はまさに各国の垂涎の的でもあった。

しかし、彼が英国総領事として高雄に赴任していた時期に領事館はまだ完成しておらず、湾内潟湖に浮かぶターネイト号上に臨時の領事館を設置して業務に励んでいた。船上で半年近い歳月を過ごしたスウィンホーは、当初哨船頭山の麓に新たな土地を購入して正式な領事館を建設することに決めた。ところがその場所は領事館としてはどうにも見てくれが悪く、また潟湖の広がる地形から交通の便も悪かった。やがて、打狗港を訪れた清国駐在公使で幕末日本に関する見聞録『大君の都』を執筆したラザフォード・オールコックの建議を受けて、当地は外国人墓地に作り変えられることになった。

ウィリアム・ホプキンスにマリー・ウォーレン、それからコンウェイ・フレッチャーらは、こうして登山街六十巷の住人となったのであった。

――紅毛人の船にめずらしい草花や生き物を届けたら、謝礼が支払われるらしいぞ。

一帯の集落は上を下への大騒ぎになっていた。船内に設えられた領事館には麻袋に詰め込んだスウィンホーハナサキガエルやタイワントゲネズミ、サンケイやベニサンショウクイなど、西洋ではいまだ存在が知られていなかった鳥類や哺乳類が次々と運び込まれていた。打狗港に暮らす住民らはこの奇妙な「鼻高人《アットガ》」が毒にも薬にもならない昆虫や動植物を丁寧にスケッチし、わざわざそれらを標本にして遠くロンドンにまで送っていたとは思いもしなかったはずだ。

もちろん、スウィンホーの博物知への情熱は彼個人の趣味嗜好などではなく、植物帝国主義とも呼ばれた大英帝国の熱帯植物への欲望と大きく重なり合っている。十九世紀に英国で注目されはじめた博物学は、急速な植民地拡大とともに獲得された茶やコーヒー、バナナや砂糖、カカオやタバコといった植物資源をいかに宗主国の国庫へと還元していくべきかといった帝国主義的欲望に支えられてきた。その点において、当時の外交と博物学は表裏一体のものでもあった。

実際、外交官としてのスウィンホーは台湾輸出産業の目玉となる台湾茶に関する報告書をまとめて、茶葉のサンプルを英国にいる専門家のもとまで送ったりもしている。この報告書を読み、台湾茶の可能性に気付いた英国商人ジョン・トッドは、後に特製フォルモサ・ウーロン・ティーを欧米に輸出して、台湾烏龍茶の父とまで呼ばれることになる。

スウィンホーによって命名されたタイワンザル。
高雄市内に現在も多数く生息している。

スウィンホーの情熱が帝国主義に支えられていたものであったとしても、ぼくは彼が台湾の生物全般に抱いた愛情までが偽りであったとは思わない。思わないからこそ、その運命にある種の皮肉を感じる。スウィンホーが台湾にまでやって来られたのは大英帝国の力があってこそであったが、同時にその同じ力によって、わずか六年ほどで彼は台湾から引き離されてしまうことになったからだ。

路地裏に消えた水先案内人を追って、ぼくは哨船頭山の背後に広がる寿山へ足を向けた。寿山は高雄西部の海岸線に沿ってそびえ立つ海抜三百五十六メートルの低山だ。弓なりの山が隆起した珊瑚石によって形作られ、それらが巨大な菩薩の掌のように高雄港全体を優しく包み込むことで、類まれな天然の良港を生み出しきた。豊かな自然環境が残る寿山において、タイワンザルはその顔役的な存在でもある。一八八五年に英国人が作成した南台湾の地図で寿山はApe Hillと記され、大正九（一九二〇）年に高雄を訪れた作家・佐藤春夫も、寿山のタイワンザルを指して「旦暮、群をなして峰から峰を渡って歩く、その長い行列が四五丁もつづいている時もある」と述べている。

日はすでに暮れはじめていた。

海峡が一望できる山頂付近まで登ると、柑橘色に染まった台湾海峡に浮かぶ外つ国《と》の貨物船を哲学的なまなざしで眺めるタイワンザルの群れがいた。果たしてこの群れの中に麓で出逢ったサルがいるのか、どうにも判別のつけようがなかった。

不愛想な案内人の隣に座って夕焼けを眺めていると、再びどこからともなく形容しがたい郷愁が滾々と湧き上がってきた。夕暮れの帳の裏でさえずるアカハラシキチョウの声に耳を澄ませながら、ぼくはガジュマルの樹が首を垂れたこの場所から台湾海峡を見下ろしていたスウィンホーの姿を想像した。


彼の隣には、英国長老教会宣教師で医師でもあったジェームズ・マックスウェルが腰を下ろしていた。一八六五年、台南で医療伝道を行っていたマックスウェルは、漢方医らの讒言によって古都を追われ、打狗港対岸に浮かぶ旗津の街に逃れてきていた。スウィンホーとマックスウェルは奇しくも同い年で、両者はともに未知の土地へと足を踏み入れる剛毅さと知性を兼ね備えていた。

――ジェームズ。近頃君はミスター・ピッカリングについて、左鎮の方まで足を延ばしたそうだね。実に羨ましいことだ。わたしも冬頃には公務を片付けて、荖濃渓沿いを旅をしてみようと思っているんだ。

夕焼けに染まる台湾海峡を眺めながら、スウィンホーが口を開いた。ピッカリングとは華南各地の言語を自在に操る英国ノッティンガム出身の探検家ウィリアム・ピッカリングのことで、この時期南台湾各地を積極的に巡っていた。総領事である彼の頭の中には、台湾で活動する欧米人の名前が一通り入っていた。

――閣下。布教は郊外に暮らす平地原住民相手の方が期待がもてそうです。

当時台南にあったマックスウェルの診療所兼礼拝堂は、「紅毛人は患者の目玉を刳り貫いて薬を作る」

ロバート・スウィンホー

という流言を信じた民衆によって打ち壊されてしまっていた。日本でも幕末攘夷運動の激しい時分、そのほんの数年前には米駐日公使通訳官であったヘンリー・ヒュースケンが攘夷派志士によって暗殺され、御殿山で完成間近だった英国公使館も高杉晋作ら過激派長州人によって焼き討ちにされていた。しかし、後に台湾史に大きな影響を与える台湾基督長老教会の基礎を作ることになったこの若き宣教師のこころはその程度の迫害で挫けることはなく、漢人に生活の拠点を奪われていた平地原住民族に向けて積極的な布教を続けていた。

——ふたりのときはロバートでいい。ところで、きみは山でサンケイを見たか？　懇意にしている猟師の話によると、サンケイは全身を美しい藍色の羽根で覆われているらしい。この島を離れる前にどうしてもこの目で見ておきたいんだ。

——ご帰還の命令が出ておられるのでしょうか？

スウィンホーはそれに答えることはなく、軽く目を細めた。海峡に沈む夕日が水平線上に一本の赤い線を引き、昼間はひとつであった海と空とを切り分けようとしていた。

——沿岸に住む中国の漁民は浅瀬にあがったウミガメは捕まえないんだ。浅瀬にいるウミガメは災難の到来を意味すると信じられているからね。地元の商人たちはわざわざウミガメを買い取って、その甲羅に「永遠自由《エターナル・フリーダム》」なんて言葉を書いて、放生しては功徳を積む。だが、放たれたウミガメは本当に自由なのか？　結局はまた浅瀬に打ち上げられて、別の商人に捕まるだけじゃないか。

マックスウェル牧師は、二十代の若さで台湾《フォルモサ》の総領事にまで昇りつめたこの英才が博物学者と大英帝国官僚の身分のはざまで揺れているのだと感じた。どれだけ自由に見えても、結局のところ彼が行使できる自由とは帝国の手綱が届く範囲でしかないのだ。英領インドのカルカッタに生まれたスウィンホーにとって、原色に満ちたこの島に根付く独特の自然体系は彼の記憶にある原風景に最も近いものであったのかもしれない。幼くして両親を亡くしたスウィンホーは九歳から十八歳までロンドンで勉学に励んだが、四十度を超える灼熱の街で育った少年にとって、霧の都ロンドンは偉大な故国ではあっても故郷とは呼べなかったはずだ。

――一年、いやせめてあと半年もあれば……ああ、ジェームズ。この島で君の布教活動が実を結ぶことをこころから祈っているよ。

薄い夜の帳が降りはじめた海峡を見つめるスウィンホーの瞳は、すでに次の赴任地であるアモイへと向かっていた。ところがアモイ代理領事に就任した彼は、そのわずか十年後に脳溢血でこの世を去ることになる。享年四十一歳、その遺体は故国ロンドンに埋葬された。

仮にスウィンホーがその十年の余生を台湾で過ごしていれば、彼の人生、そして台湾の博物学の歴史はどんなふうに変わっていたのだろう。あるいは、台湾の山地深くに生きたサンケイやウンピョウをその目で見ることができたのかもしれないし、その遺骨は打狗外国人墓地に埋葬され、件のウィリアム・ホプキンスの隣で、一世紀半に亘って台湾語の政治談議を聞く羽目になったのかもしれない。

陽はすでに落ちていた。

闇に沈んだ山道では、スウィンホーの名を冠した生物たちがそれぞれ異なる鳴き声を響かせていた。亡霊のささやきにも似たその声は冥界めぐりにやって来た異邦人をあざ笑っているようでもあったし、冥府の底に引き留めようとしているようでもあった。宵闇が山道を覆ってしまわないうちに山をおりる必要があった。信じがたいことに、市街地からほど近いこの山ではいまでも神隠しに遭う登山客が後を断たなかった。

闇夜が吐き出す墨汁のような気息には、亡霊たちの思念が溶けやすい。

エレベーター前に立つ女鬼

高雄の怖い話ですか？　そりゃありますよ。台南ほどじゃないにしろ、ここ港都だってずいぶん古い街ですから。

Ｚ大学。センセイも行ったことあるでしょ？　日本時代には海水浴場もあって、キャンパス全体が西子湾に面した風光明媚な景勝地で。ええ、巨大なタンカーが熟れた愛文芒果《マンゴー》みたいに真っ赤に染まった台湾海峡に浮かんでいる光景は絶景ですよ。ただね、地元の人間はあまり海には近寄らないんです。海に入るのはそこで生業を得ている者か観光客くらいで。なぜって、場所が場所だけにあれが出やすいんです。

めずらしく風が冷たい日の夜、Ｚ大の若い警備員が監視カメラのモニターを覗いてみると、髪の長い女性が全身びしょ濡れでエレベーター前にうずくまっていたんです。海難事故の多い場所だから警備員もすわ一大事と駆けつけたんですが、現場には人影ひとつない。しばらくあたりを見渡していたんですが、真っ暗な海から時おり響く汽笛の音が耳の奥に響くだけで何事もなかったんです。警備室に戻った彼は気が緩んだせいか、いつの間にか椅子の上で舟を漕ぐように眠ってしまいました。

しばらくして目を覚ました彼は、何気なくモニターに目をやって愕然としました。眠りに落ちる前に見た女性が全く同じ姿でエレベーター前にうずくまっていたんです。そこで、彼は監視カメラの映像を巻き戻すことにしました。

一時間、二時間、三時間……、五時間前まで映像を巻き戻した彼は息を呑みました。モニターには彼自身の姿が映っていました。

女性？　もちろん同じ場所にいました。二人の距離は軽く手を伸ばせば届くほどしか離れていなかったそうで。彼は震える手でモニターの映像を再生しました。過去の自分に願でもかけるように、その目は画面に釘付けになっていました。数時間前の彼がモニターに映し出された瞬間、それまで微動だにせずうずくまっていた女性がふっと顔を上げました。くらい、くらい顔。まるで何十年も独り波間を漂っていたような表情とでも言えばいいのか。女性はゆっくりと立ち上がりました。長い髪に覆われた顔が息のかかる距離まで近づいた刹那、彼は慌ててモニターの画面を停止させました。

水鬼。

聞いたことあるでしょ？　水辺で溺れ死んだ人間は身代わりを探すってあれですよ。特に鬼門の開く旧暦七月には水辺に近づかないことです。

警備員？　さあどうなったか。ただ三畳ほどの警備員室には、いつからか魔除けのお札が貼られるようになったそうです。

9

茎濃渓サバイバル

帰ってきた紅毛の親戚と合従連衡するマイノリティ

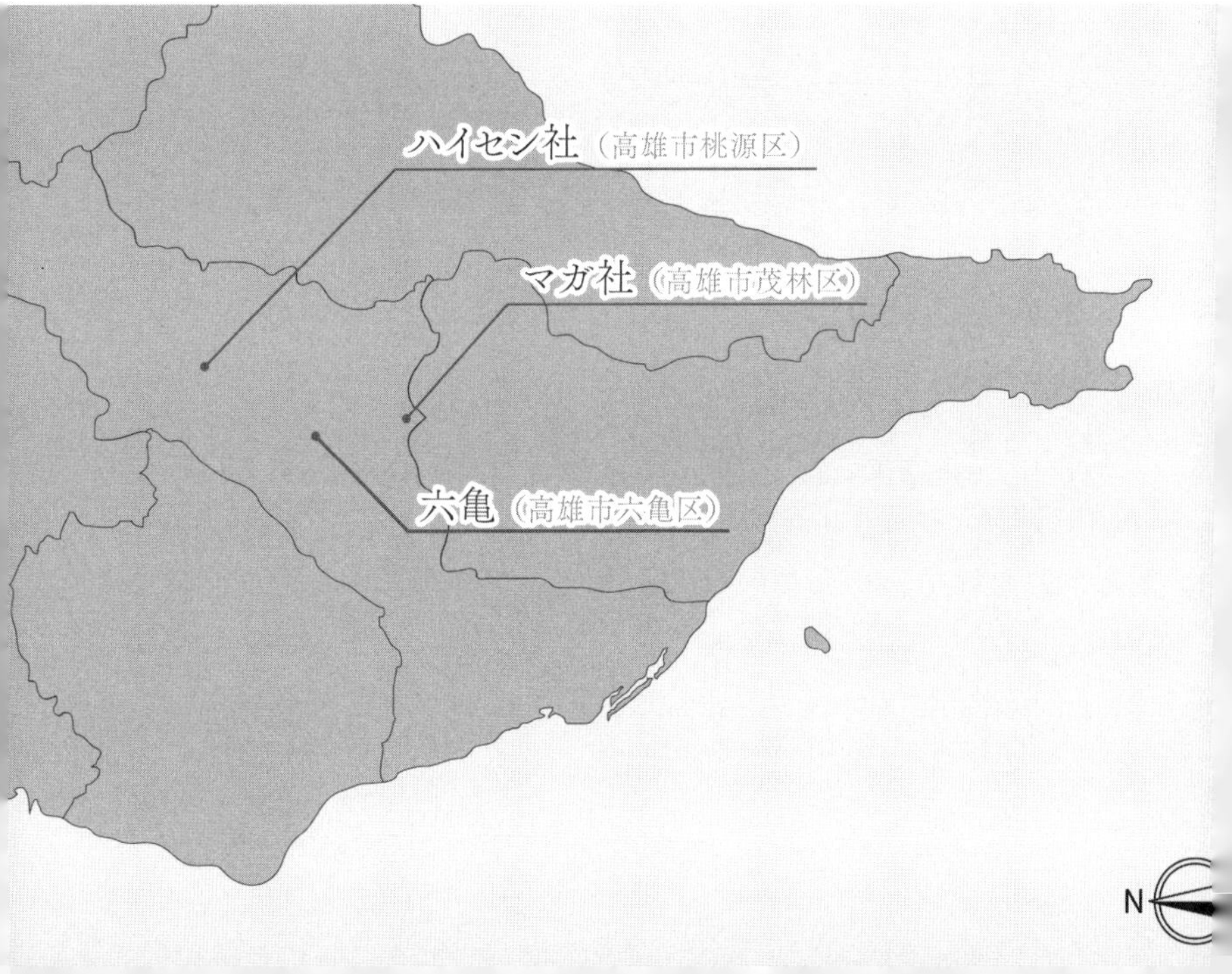

一羽の大冠鷲《おおかんむりわし》になった自分を想像してほしい。

限りなく黒に近い茶褐色の色合いを帯びたあなたの身体は、全長五十五センチから七十五センチほど、翼を広げれば鮮やかな白と黒のストライプが否が応でも人目を惹く。翼の両翼は成人男性を十分に包み込めるほどに広く、黄色い両目は常に好物の蛇を探し求めている。地上を往く人間たちはあなたを「食蛇《へび》鵰《ぐいわし》」と呼んだりもするが、山地に暮らす原住民たちはその美しい羽根を集落の勇士たちの頭に飾ったりする。

あなたは左右一対となった高雄市と屏東県を南北に切り裂く高屏渓《こうへいけい》を真っすぐに北上していく。かつて下淡水渓と呼ばれた河川の西岸には、曹公圳《そうこうしん》と呼ばれる灌漑路が血管のように延びていて、周囲一帯にはバナナやパイナップル、サトウキビ畑が広がっている。東岸に目を転じれば、六堆《ろくたい》と呼ばれる客家人の集落が点在している。

やがて川は二股に分かれる。北上を続ければ、高屏渓は玉山山脈と阿里山山脈の間を流れる旗山渓へと変わって上流に暮らすカナカナブ族の集落へと至る。確か、日本時代には楠梓仙渓《なんしせんけい》と呼ばれていたはずだ。高屏渓の北端でしばらく旋回を続けていたあなたは、やがて身体の中心を軽く右側に寄せて旗山渓に背を向けた。東へ折れた高屏渓は六堆客家の「右堆」にあたる高雄市美濃区に沿って北上し、玉山山脈と中央山脈の間を流れる荖濃渓へと変わっていく。

美濃区から六亀区へと至る山道には、十八羅漢山と呼ばれる険しく反り立った峰々が続く。二十世紀初頭、樟脳の一大生産地であった六亀の町には、北部からやって来た客家人らが「樟脳師」として生計《たつき》を立てていた。昭和一二（一九三七）年には、伐採した大量の楠を輸送するために六亀隧道と呼ばれるトンネルが開通したが、現在はすでに封鎖されてしまっていた。あなたは進入禁止の警告板を無視して、暗いトンネルを突き抜けた。寝ぼけ眼のコウモリたちがキィキィと非難がましい鳴き声を上げたが、あなたはそんなものはどこ吹く風とただ真っすぐに茇濃渓の上空を翔け抜けていく。川沿いの省道を切り開いたのは、戦後国民党とともに大陸各地からやって来た外省人老兵たちで、日本軍や共産党軍と死闘を繰り広げた彼らの多くもすでに鬼籍に入っていた。

ブヌン語で「獰猛で安定しない川《ラクラク》」と呼ばれる茇濃渓は、その中流に位置する六亀の町を経て「四社生番」と呼ばれたラアロア族の暮らす高雄市桃源区へと至る。茇濃の集落上空までやって来ると、心持ち川幅も広くなったように感じた。空腹を覚えたあなたは、川沿いの断崖に生い茂る木々の隙間をジッと見つめていた。以前ここで黄色い頭部に黒っぽいまだら模様をした黒眉錦蛇《スジオナメラ》を仕留めたことがあったのだ。全長二メートルに及ぶ黒眉錦蛇は毒もなく、今晩の主菜として悪くなかった。

ふと、あなたは川沿いに見慣れない人影があることに気付いた。巨大な荷物を背負った辮髪の苦力《クーリー》に、台南の府城からやって来たシラヤ族はこれまで何度か目にしたことがあった。あなたの目を引いたのは、彼らの傍らに立つ奇妙な出で立ちをした二人の紅毛人たちだった。

年の頃は二十代半ばだろうか。ひとりは黒いスーツを身に着けて、きれいに撫でつけられた髪と口元に蓄えられた髭から、社会階層の高い人物であることが見て取れた。おそらく、ここ最近増えた宣教師の類に違いない。

問題はもう一人の男だった。男はスコットランドのキルトを履き、汚れた外套の肩には最新式のスペンサー銃を掛けていた。よくよく見れば、腰元にはこの島ではほとんど見ないリボルバー拳銃までぶら下げていて、警戒心に満ちたその青い眼孔はあなたが獲物を捕らえる瞬間に見せる鋭さをたたえていた。すぐにこの場を離れるべきだと感じたあなたは、大きく旋回して再び六亀の方角に向かって羽根を広げようとした。

その瞬間

パンッ！

と、乾いた銃声が荖濃渓沿いにこだました。振り返ると、さきほどの男が煙を吐くスペンサー銃を片手に、隣にいたシラヤ族の案内人に何やら大声で話をしていた。胸にどすんと鈍い痛みを感じたあなたは何とか飛び続けようと両翼を羽ばたかせたが、天地は上下左右と目まぐるしく逆転と反転を繰り返し、気付けば目の前には堅く冷たい荖濃渓の水面が迫っていた。

——どうにもしくじった。これじゃ、獲物をみすみす川下のやつらにプレゼントしたようなもんじゃないか。

下流へと流れていく大冠鷲を眺めながら、男は流暢なシラヤ語でそばにいた男に話しかけた。しかしそれを聞いていた年嵩の案内人は、自身が持つ旧式の火縄銃と男のスペンサー銃を見比べては、ただ舌を鳴らしてその性能を褒めそやした。

——ピッカリングさん。紅毛人は皆こんな高性能の銃を持っておるんですか？

——こいつは新大陸《ニュー・コンチネント》で新しく開発された銃だから、まだ一般には行き渡ってないんじゃないかな。

——新大陸？

――海の向こうさ。漢人たちがやって来た唐山《ちゅうごく》は旧大陸で、新大陸はあのモリソン山の背後に広がる太平洋を渡った所にある。

ピッカリングと呼ばれた男は、撃ち終わったスペンサー銃を肩に掛けなおすと、茎濃渓の東側に広がる峰々を指さしながら答えた。紅毛人たちが玉山をモリソン山と呼んでいることは知っていた。しかし、生来この川沿いの小さな集落で彼らの縄張りを侵す客家人や山地原住民たちと争って生きてきた案内人にとって、男の発する言葉は聞き取れる取れない以前にどこまでも理解の際《きわ》にあった。

――川下には四社熟番の集落があったはずです。獲物は彼らに贈ることにいたしましょう。

口ひげを蓄えた男が口を開いた。四社熟番とは、川下の六亀に暮らすタイボアン族を指し、熟番とは漢化した平地原住民族を意味している。六亀に暮らすタイボアン族の勢力はシラヤ族のそれよりも更に小さく、彼らの多くは山地にほど近い渓谷近くに集落を作っていた。

――マックスウェル牧師は六亀の熟番にまで福音を伝えるおつもりですか？

シラヤ族の案内人が驚いたように口を開いた。すると案内人が肩にかけていた火縄銃をめずらしそうに眺めていたピッカリングがやや芝居がかった口調で言った。

――打狗《たかお》の東部はスペインの坊主たちにもっていかれてたからな。信者を獲得したいなら、府城からモリソン山にいたるこの場所しかないんだ。

台湾の開港以降、この島に最初の福音を伝えたのはスペイン領フィリピンのドミニコ会であった。咸豊九（一八五九）年には、フェルナンド・サインツ神父によって、打狗港にほど近い高雄市前金区に茅葺の伝道所が建てられた。伝道所は後に玫瑰《ローズ》聖母聖殿に改築され、台湾における近代カトリック教会発祥の地となった。サインツ神父は更に打狗港から屏東平原を横断する形で布教を行い、その教えは大武山の麓に暮らす平地原住民マカタオ族にまで広がっていった。屏東平原の東端にある万金村には今でも玫瑰聖母聖殿と双璧をなす万金聖母聖殿が当時の姿のまま残っていて、毎年十二月に聖母マリアの神輿を担いだ盛大な巡行イベントが行われている。

翻って、一歩遅れる形で南台湾に上陸したプロテスタント系の英国長老教会は、台南にある府城から木柵（現在の高雄市内門区）を経て、芎蕉脚《きゅうしょうきゃく》（同市甲仙区）、そして六亀へと至る山道を布教先として選んだ。実際、かつて鴨母王が明朝再興を掲げて挙兵した羅漢門北部には、現在もマックスウェルの福音を聞いた信徒らによって建てられた教会が残っている。いわば、当時の南台湾には二つの巡礼路があったわけだ。

マックスウェルと呼ばれた牧師は口元に笑みを浮かべながら語った。

――聖書の教えを望む者があれば、我々はただそこに向かうだけです。マカタオ族にもシラヤ族にも等しく神のご加護があらんことを。

牧師の言葉に、案内人の付き人であった数人のシラヤ族も祈るように軽く目を閉じた。

同治四（一八六五）年十一月、英国の探検家ウィリアム・ピッカリングは、ジョージ・マックスウェル牧師を連れて荖濃渓沿いを調査していた。

ピッカリングが青史にその名を残すことになったのは、山師的な性格もさることながら何よりも驚異的な語学能力にあった。北京官話はもちろん、閩南語や客家語、広東語に原住民諸言語にまで精通していたピッカリングは、台湾島内で多くの騒乱を引き起こした後に、海峡植民地（マレーシア及びシンガポール）で華民護衛司の職に就くなど、一介の水夫としては異例の出世を遂げている。自らを好んで虎穴にねじ込もうとする彼はさながら一本の導火線のような存在で、そこに着火した火種は容易に大英帝国という巨大な火薬庫まで飛び火した。残されたその著作からは彼の大言壮語ぶりと帝国的野心が感じられるが、見方によってはそれがある種の魅力に転じたのかもしれない。

台南の府城を発った二人は、かつてキリスト教伝道の中心地であった新港社（現在の台南市新市区）でシラヤ族の頭目に面会し、山地探索の案内を乞うた。長年オランダ人と協力関係を築いていた新港社はオランダ統治の影響を色濃く受けてきた土地柄として知られ、嘉南平原におけるその権勢は決して小さくはなかった。ところが、十七世紀から十九世紀にかけて、福建南部から数多の漢人が台湾西部に渡って来た結果、平地原住民族の多くは急速に漢人社会に同化してゆき、それを拒む者たちは東部に広がる山岳地帯へと散っていくしかなかった。

ウィリアム・ピッカリング

しかし彼らが逃れたその先には、当然ルカイ族やラアロア族など、別の山地原住民族が暮らしていた。さらに東部から新たな勢力として勇猛果敢で名を馳せたブヌン族が現れ、その上打狗港からは二百年ぶりに紅毛人たちが上陸してきていたのだ。十九世紀後半における荖濃渓は、さながら異なる民族が縦糸横糸と駆け抜けることで編まれた長大な布帛《ふはく》の様相を呈していた。

――紅毛の親戚よ。あんたの銃の威力はすさまじい。こいつさえあれば、府城でふんぞり返っている漢人も出草《くびかり》にやって来る「生番《やばんじん》」もまとめてぶち殺すことができるぞ。

年嵩の案内人はひどく興奮した口調で言った。ピッカリングの記録によれば、シラヤ族の多くは彼ら白人を「紅毛の親戚」と呼んで歓迎したとされる。かつてオランダ人と同盟を組んでいたシラヤ族の中には、二世紀前鄭成功の軍隊に追い払われてしまった白人を懐かしむ者すらもおり、とりわけ漢人に土地や言語まで奪われてしまったシラヤ族にはそうした気持ちが強かったのかもしれない。

芎蕉脚から荖濃の集落へと辿り着いたピッカリングらは、久々に訪ねてきた「紅毛の親戚」として大いに歓迎を受けた。彼らが到着したその日、図らずもラアロア族とブヌン族も交易のために集落を訪れていた。双方から武器を預かった荖濃シラヤの頭目は、交易の期間中は面倒事を起こさないようにときつく言い含めた。

普段は対立関係にあった三者も、交易の場では矛を

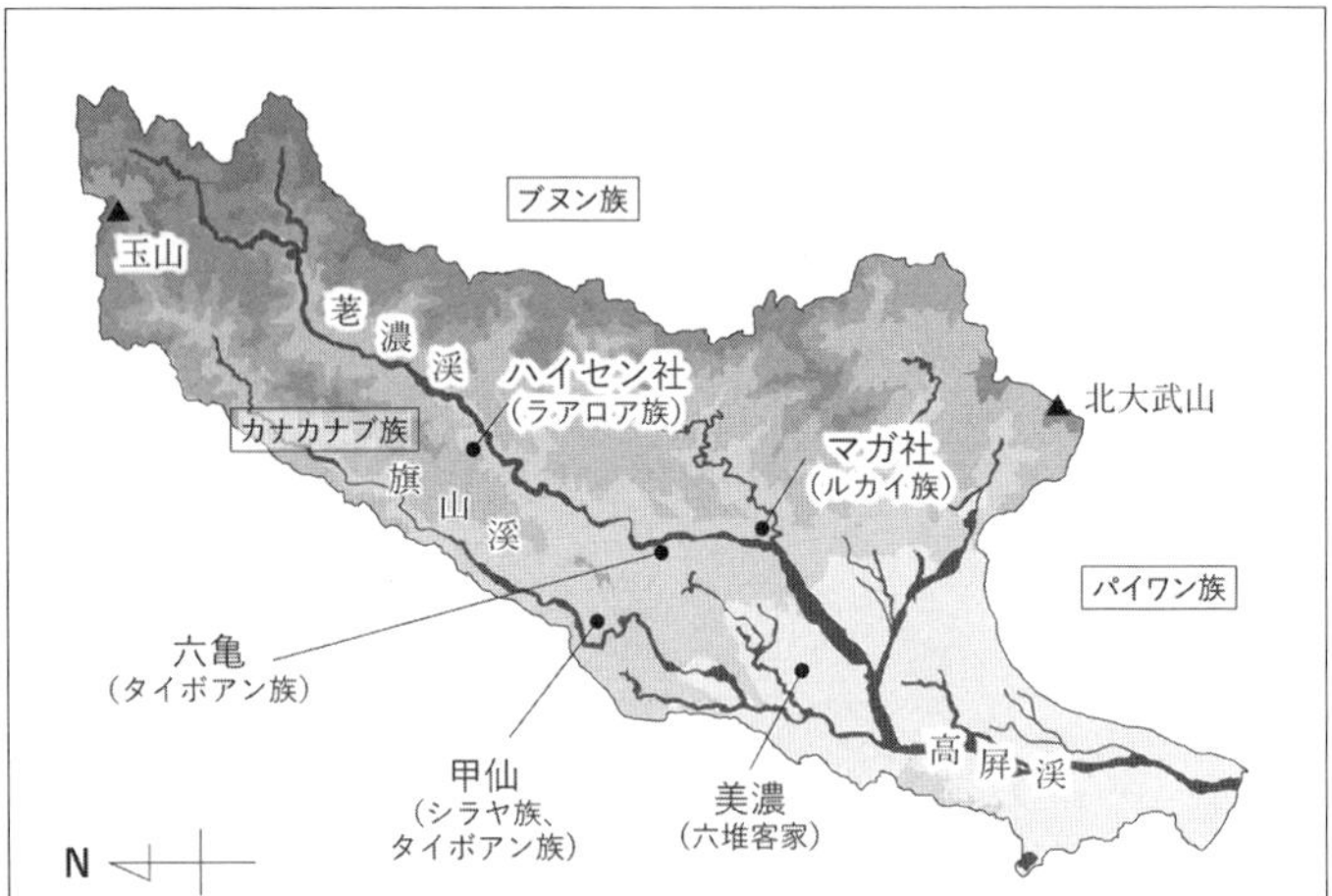

19世紀末における荖濃渓沿いの民族分布図

収めて酒を酌み交わした。酩酊したブヌン族の族長はこれまで二、三十人の人間を馘首したと言い、ラアロア族の頭目もそれに負けじと己の勇気と武勇を語った。饗宴は明け方まで続き、シラヤ族の頭目は彼らに浴びるほど酒をふるまった。彼らが酔えば酔うほど、交渉はシラヤ人側に有利に運ぶはずだった。かつて平地の漢人から受けた仕打ちを、彼らはそのまま山地の原住民族に向けて意趣返ししていたのだ。

翌日、宿酔する集落にハイセン社からの使者が訪れた。

ハイセン社は荖濃渓上流にあるラアロア族の集落で、聞けば当地の頭目がひどいリウマチを患い、治療に来てほしいという知らせだった。当時台湾を訪れた宣教師たちの仕事は伝道、医療、教育の三本柱で成り立っていたが、中でも医療のニーズは高く、牧師の神医ぶりを聞いた人々はこぞって彼の下を訪れていた。府城の布教に失敗していたマックスウェルは使者の誘いを一も二もなく了承した。

ラアロア族は四百人ほどしかいないごく小さな部族で、かつてはツォウ族の支族とされていたが、民国一〇三（二〇一四）年にその独自の文化と言語が認められて新たに原住民族として認定された。

言葉も文化も異なる山地原住民族の間にはある共通した伝説がある。それは浅黒い肌をした小人族が原住民に様々な知識を教えて、その暮らしを豊かにしてくれたといった伝承である。ラアロア族もその昔、彼らの先祖が「太陽が昇る地」で小人族たちと暮らしていたが、やがて増えすぎた人口が小人族の生活を妨げることになると考えて当地を離れることを決めた。その際に偉大な小人族は神々が宿る十二個の「聖なる貝」をラアロア族に授けたとされる。現在年に一度行われる「聖貝祭」は、ラアロア族を守るそれらの聖貝に感謝の気持ちを込めて行う宗教行事である。

この聖貝祭の儀式を一目見るために、ぼくは市内から九十キロほど離れた高雄市桃源区にある美蘭集落までバイクを走らせたことがあった。濃い霧に包まれた山間の集落では、伝統衣装に身を包んだラアロア族の人々が互いに腕を組んで美しい歌声を響かせていた。キョンの皮で作られたどんぐり型の帽子には白い貝殻が埋め込まれて、タカやミカドキジの羽根が差されていた。集会所では聖貝をめぐる儀式が粛々と執り行われていたが、儀式の合間に先祖伝来の番刀を披露してくれる者もいて、ぼくは興奮してカメラのシャッターを押していた。

ところが茎濃渓を南下して、ネオン輝く高雄市内に戻ってくると、ほんの四、五時間前まで耳にしていたラアロア族の歌声がまるで幻であったかのような感覚に捉われてしまった。しかもそこで撮影された写真や動画は、主催者の許可なくネットなどにアップロードすることが禁止されていたために、まだ許可を取っていなかった当時は、それらを気軽に他人とシェアすることもできなかった。

問ふ。「今は是れ何の世ぞ。」

陶淵明の『桃花源記』の一節が頭をよぎった。もちろん、高雄の山中深くに眠る実際の「桃源郷」は、時代によって異なる政権が寝返りを打つ度に何度も傷ついてきた歴史を持ち、民族衣装に身を包んで儀式に参加する者たちもナイキやアディダスのシューズを履き、若者たちの中で先祖の言葉を覚えている者も少なく、話しかければ必ず流暢な中国語が返ってきた。

日が暮れてほこりだらけになって帰ってきたぼくを見た隣人が、半ば呆れた顔つきで今度はまたどこに行っていたのだと尋ねてきた。

——桃源《タオイエン》にラアロア族の祭りを見に行ってたんだ。

――ラア……なんだって？

――ラアロア族。原住民だよ。

――へえ、桃園《タオイエン》にも原住民がいたんだ。

ラアロア族の暮らす「桃源」は、国際空港がある北部の大都市「桃園」と同じ発音であるためにしばしば勘違いされる。ぼくはカメラに収めた儀式の様子を彼に見せてやろうかと思ったが、飛ぶ鳥を落とす勢いの半導体企業に勤めて毎晩遅くに帰宅してくる彼にはきっと興味がないと思い、そのまま別れを告げた。

此の中の人語りて云ふ。「外人の為に道《い》ふに足《た》らざるなり」と。

葦で編まれたハイセン社の集会所の壁には十八本の辮髪が掛けられていた。ピッカリングは興味深そうにそれを手に取って眺めていたが、そこに同胞の遺髪があるかもしれないと思ったシラヤ族の者たちはただ遠巻きにその様子を眺めていた。彼らはこの「紅毛の親戚」が訪ねてきたことが、果たして吉と出るのか凶と出るのかはかりかねているようだった。一方、医療品と聖書を携えてやって来たマックスウェルはどこに行っても歓迎され、そのまま川向いのビラン社まで足を延ばすことになった。

ところがシラヤ族の老案内人は、すぐこの場を立ち去るべきだと告げた。

――マガ社の者がこちらに向かっているのです。

マガ社とは現在の高雄市茂林区にあるルカイ族の集落で、荖濃渓沿いのシラヤ族とは敵対関係にあった。中央山脈から勢力を伸ばしてきたブヌン族と対抗するために、荖濃渓南部に暮らすルカイ族は、北部にいるラアロア族と同盟関係を結んでその進出に抵抗していた。勢力が小さく完全に自立できないラアロア族は、府城の漢人と交流のあるシラヤ族から火薬や食料、武器などを手に入れる必要があったが、マガ社のルカイ族はむしろそのシラヤ族に土地を追われたタイボアン族と良好な関係を結んでいた。

——とにかく、マガ社の人間とかち合うのはまずいのです。

事情を知らぬピッカリングらに当地の複雑な勢力図を理解する時間を与える暇はなかった。案内人は急いで苦力たちに荷物をまとめさせるると、早々に荖濃渓沿いに南下をはじめた。ところが数キロもいかないうちに、折り合い悪く北上してくるマガ社の人間と遭遇してしまった。

男が四人、女が三人。

老案内人は胸に抱えていた火縄銃の用心金にそっと人差し指を滑り込ませた。人数は互角だが、こちらには紅毛人《チンラン》の新式銃がある。

——身内だ！

次の瞬間、張り詰めた氷のような緊張を叩き壊すようにピッカリングが閩南語で叫んだ。両手を頭上に掲げ、抵抗の意思がないことを全身で示していたが、そのあまりにあけすけな様子に、マガ社の者たちも思わず声をあげて笑った。「訳者は役者に通ず」と言われるが、その点この男は一流の役者でもあった。腹の底にどれだけ帝国主義的な野心を秘めていても、現地住民の前ではそれをおくびにも出さずに相手と固い抱擁を交わすことができたのだ。

チャウポーと呼ばれる戦士が歩み寄ると、腰に下げたキセルを差し出した。ピッカリングはそれを旨そうに呑むと、ポケットに詰め込んでいた火薬やらガラクタの類をチャウポーに手渡して友誼を示した。

それから自分とマックスウェルを指さして、何度も自己紹介を繰り返した。シラヤ族の随行者たちは少し距離をとった場所で両者の交流を眺めていたが、やがて案内人が恐る恐る進み出てピッカリングの耳元でささやいた。

——彼らにいつ、どの道を通ってマガ社に戻るのか尋ねてもらえませんか？　我らとしても、後日彼らと予期せぬ遭遇をすることは避けたいのです。

ピッカリングは老案内人の疑問をそのままチャウポーらに伝えた。平地の言葉が分かる女性が間に立ち、辛抱強く彼の疑問に答えてくれた。両者は再びビラン社まで戻ってそこで一夜を過した。翌朝、ピッカリング一行はビラン社を離れて、茎濃の集落へと戻っていった。

集落に戻った翌日、狩りに出かけていたという老案内人の息子たちが帰ってきた。銃を片手に高揚した様子の若者たちの痩せた肩には不思議とイノシシ一頭、キョン一匹担がれていなかった。

——紅毛の親戚よ。あんたのおかげだ。やはりあんたたちはこの集落に福をもたらした。

ひどく上機嫌な老案内人の言葉にピッカリングは首を傾げた。

——はて、彼らは手ぶらで帰ってきたようだが。

——熟番《われら》は生番《やつら》と違って、人さまの首を誇らしげに飾るような習慣はないのですよ。

案内人の言葉に、ピッカリングはようやく自分が騙されていたことに気付いた。

——殺したのか！　チャウポーたちを。

——我らが生き残るためです。

ピッカリングの狼狽ぶりに案内人は声をあげて笑ったが、怜悧老獪なその両目はどこか彼らが忌み嫌う平地の漢人たちのそれによく似ていた。

はたして嘉南平原の故郷を追われ、荖濃渓で生存競争にさらされていたシラヤ族の者たちはこうして束の間の平穏を得た。翌年、山地資源の調査に再びマガ社を訪れたピッカリングはそこで難を逃れたチャウポーと奇蹟的な再会を果たしたが、他の六人がどうなったのかについては記されていない。


山道には、「當心蝴蝶（蝶々に注意）」の標識が立てられていた。美濃区から茂林区を経て六亀区の町に入ったぼくは、肩で息をする相棒を路傍に止めて滔々と流れる清流を眺めた。ふと、紫色の羽根をしたスウィンホー・ルリマダラが鼻先を掠めていった。

チャウポーらが暮らした旧マガ社では、毎年全島から越冬するルリマダラが数十万頭単位で移動することで知られている。台風の度に真っ黒な濁流に変貌する荖濃渓の急流は、やがてシラヤ族やタイボアン族を歴史の片隅へと押し流してしまった。いまとなっては、荖濃沿いの集落では「公廨《クバ》」と呼ばれる集会所の他に彼らが生活していた痕跡を見つけることは難しい。マガ社と友好関係にあった六亀にもかつては多数のタイボアン族が暮らしていたが、漢化することで民族言語や多くの文化を失ってしまった平地原住民族はいまでも台北の政府から正式な原住民族として認められていない。

川面には透き通るような空の碧さが反射し、その表面をルリマダラの群れが滑るように舞い踊っていた。水面に大空を旋回する大冠鷲の影が浮かんだ。突き抜けるような青空を見上げたぼくは大冠鷲になった自身の姿を想像しながら、引き続きこの川を遡っていった。

スコットランド出身の写真家ジョン・トムソンが1871年に撮影した荖濃渓谷。
（游永福『尋找湯姆生』）

集落を救った少年

人口四百人にも満たない、台湾で最も規模の小さい原住民カナカナブ族が暮らす高雄市那瑪夏区を流れる旗山渓は、かつて男子仙渓と呼ばれていた。この河川は三百年ほど昔、ある少年を記念して名付けられたと言われている。

少年の名はマシャと言った。ある日、マシャが霧深い藤保山を流れる川の下流で魚を獲っていたところ、川の水がいつもよりも少なくなっていることに気付いた。おかしいと思ったマシャは、海抜二千メートルを超える藤保山を川沿いによじ登っていった。すると、上流に巨大なオオウナギが横たわっていて、マシャたちが暮らす下流の集落への流れを塞いでいることが分かった。マシャは驚きのあまりその場で気を失ってしまったが、目を覚ますとすぐさま下山して事の次第を集落の大人たちに伝えた。

マシャの話に人の力だけでは敵わないと思った長老たちは、お山にいたイノシシの王と協力してオオウナギをやっつけることにした。カナカナブ族の使者に、イノシシの王はオオウナギを倒す条件を次のように切り出した。

――今後、幼いわが子らが人間の集落の畑を荒らしてもどうか大目にみて、決してこれを射殺したりしないようにしてほしい。さすれば汝らに与力せん。

長老たちがこれを承諾すると、イノシシの王はさっそく一族を引き連れて、藤保山を駆け上がっていった。オオウナギのいる上流までやって来ると、イノシシの王は一族に号令を下した。

――オスは頭を、メスは肚を、うり坊らは尻尾を嚙みちぎれ！

オオウナギは突然の奇襲になす術なくイノシシたちに食い殺されてしまった。翻って急報を伝えて集落を救ったマシャは、その後オオウナギを目にしたショックから命を落としてしまった。カナカナブ族の人々は集落を救った少年に感謝し、オオウナギが塞いでいた川をカナカナブ語で過去を表す「ナ」に少年の名前「マシャ」を加えて、「ナマシャ渓」と呼ぶようになった。それが男子仙溪の語源となったわけだが、日本統治時代には日本語の発音に近い楠梓仙溪へと改名され、それが更に民国九二（二〇〇三）年には現在の旗山渓へと再改名されてしまった。その一方、カナカナブ族の暮らす集落は、戦後孫文の三民主義に倣った民権、民族、民生村を有する三民郷と呼ばれてきたが、民国九七（二〇〇八）年からは、集落を救った英雄マシャを記念して、高雄市那瑪夏《ナマシャ》区と呼称されるようになった。

カナカナブ族の人々は長らく男子仙溪を泳ぐオオウナギを口にしなかったらしい。日本時代に集落を訪れた日本人が滋養強壮によいと喧伝して口にする者も現れたが、十五年前に起こった水害以降は、オオウナギ自体すっかりその姿を消してしまったらしい。

（高雄第一社大自然生態社『看見那瑪夏』を参照）

10

瑯嶠八宝公主譚

カミさまとなったおひいさま

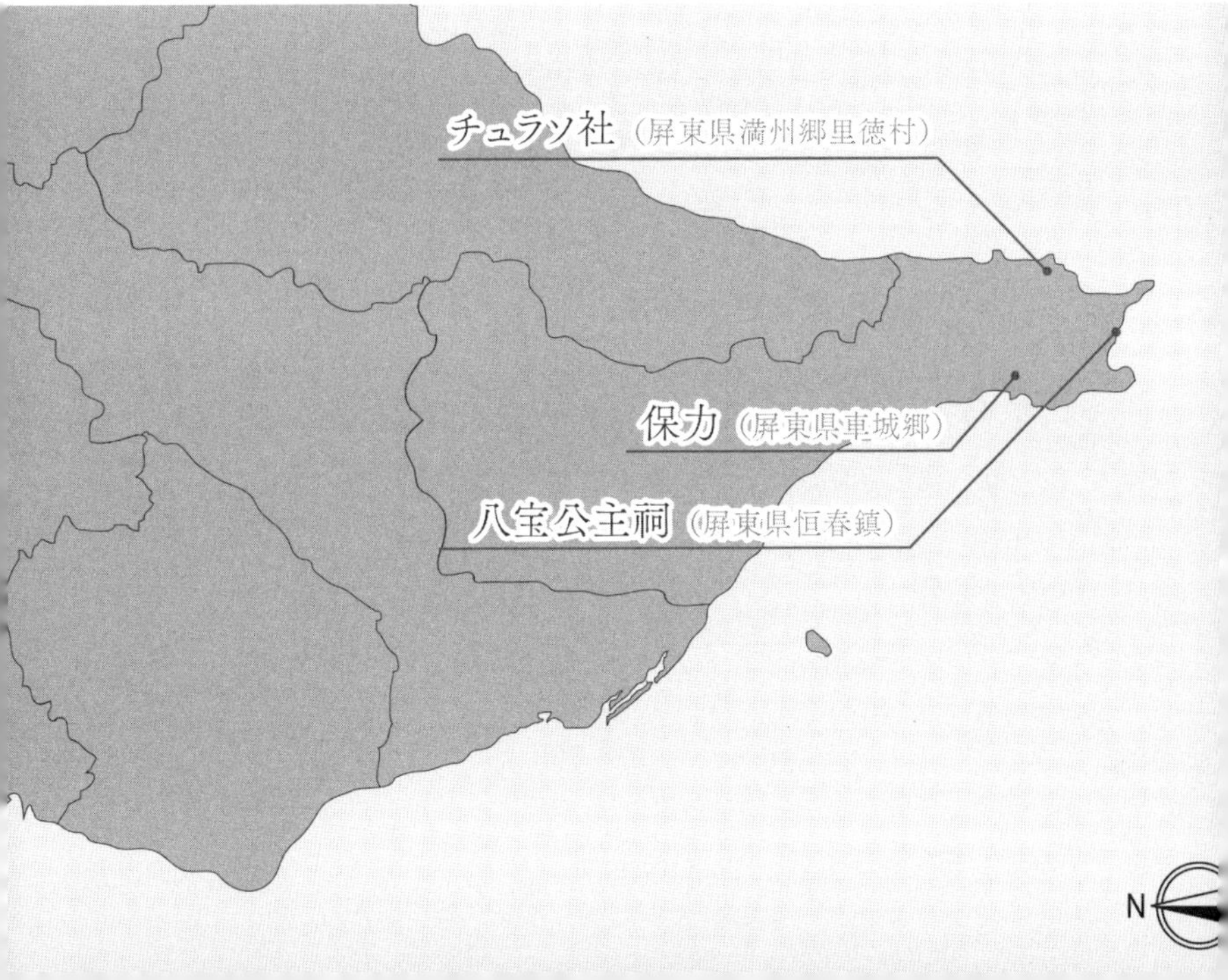

こんな奇譚がある。

十七世紀のオランダ統治時代、瑯嶠《ろうきょう》と呼ばれた現在の恒春半島の南端に一艘の難破船が流れ着いた。座礁したオランダ船の船員らは上陸して救援を求める狼煙をあげたが、それを山上から見ていたクアール社に暮らすパイワン族の戦士たちは、集落へ侵入してきた「敵」の首を無慈悲に馘していった。難破船に積まれていた貨物は悉く奪い去られ、戦士たちは戦利品を高々と掲げながら山上の集落に戻っていった。

一方、ある若い戦士は一番槍をあげられなかったどころか、目ぼしい戦利品ひとつ得ることができずに肩を落としながら坂道を歩いていた。このまま集落に戻れば仲間や家族に合わせる顔がない。そう考えた彼はこっそり隊伍を離れ、ひとり首のない遺体が転がる浜辺へと戻っていった。真っ白な南国の日差しが首のない遺体の肌をじりじり焦がし、波打ち際に浮かぶ木片は集落に暮らす雌犬の柔腹のように優しく上下に揺れ動いていた。足下に転がっていた流木を波打ち際目がけて投げつけようとした彼は、ふとそこに蠢くひとつの影を認めた。

しめた《ナムアッツゥ》、まだ獲物が残っていたぞ《サイイズワナンアサツムウル》！

腰に下げた番刀を引き抜いた彼は、梅花鹿《タイワンジカ》のごとき俊敏さで獲物へと飛び掛かった。ところが、組み臥した獲物の表情は明らかに戦士とは呼べなかった。

否。それは男ですらなかった。か弱い獲物は彼には分からない言葉で何かを叫んだ。彼は須磨の浦で平敦盛を組み伏せた熊谷直実がごとく、振り上げた番刀をどうすべきか一瞬躊躇したが、抵抗する獲物の思わぬ力強さと手ぶらで集落に帰る恥辱が一切の躊躇いを押し流した。黒鉄《くろがね》の切っ先が柔らかな胸の肉へと食い込んでいく感触が指先まで伝わってきた。やがて、獲物は波打ち際の木片同様に動かぬモノとなった。

彼はぼんやり浪の音を聞いていた。誇り高いクアールの戦士として自分はやってはいけないことをやってしまったのではないか。額を流れる汗が目頭に流れ込み、視界がぼやけて歪んだ。しばらくして、我に返った彼は急いで獲物の身体から戦利品を奪い取ると、誰もいないことを確認してから人気の消えた浜辺を離れていった。

木靴にシルクのスカーフ、真珠の首飾りに指輪、革鞄に耳飾り、羽根ペンに紙……

集落に戻った彼は、仲間たちに八つの「戦利品」を披露した。どれもクアール社にはないものばかりで、仲間たちが得た戦利品にも似たようなものは見当たらなかった。集落の人々は口々に彼の勇敢さを褒め称えたが、そのまなざしは宵闇に浮かぶ海洋《ラヴアク》のように暗く沈んでいた。

「このとき殺された女性が、現在墾丁《こんてい》に祀られている『八宝公主《はっぽう》』の由来です」

日に焼けた長い人差し指がスマホに映し出された地図の上を忙しげに舞っていた。彼は高雄市内から百キロほど南へ下った場所にある恒春半島出身の学生で、八宝公主について知りたいというぼくの願いに応えてくれていたのだ。恒春半島の南端には現在墾丁と呼ばれるリゾートエリアが広がり、真っ白な砂浜と紺碧の海が相まった光景から長らく「台湾のハワイ」と呼ばれてきた。

「八宝公主はオランダ王国に暮らしていた『公主《おひいさま》』と言われていて、当時アジアに赴任していた恋人に逢うためにわざわざ台湾までやって来たんです。そこで船が難破してしまい、原住民の『出草《くびかり》』に遭ったわけです」

　学生はいかにも可哀そうな話だと言わんばかりに口元を歪めて見せた。大湾と呼ばれる砂浜のあたりを示す学生の指の下には、第二次大戦中に「輸送船の墓場」と呼ばれたバシー海峡が広がっていた。ぼくはふとわずか十七歳で油送船帝洋丸に乗船して、軍属として南シナ海で戦死したとされる大叔父のことを思い出した。「桜の樹の下には屍体が埋まっている」というわけでもないが、どこか現実離れしたほど澄み切った墾丁の滄海には得体の知れない死の匂いが付きまとっている気がした。

「公主の名はマルガリータ。恋人はＶＯＣから台湾に派遣されていた理容外科医だったそうですよ」

　ぼくは彼の話す物語のディテールにいくつもの矛盾や錯誤があることに気付いたが、そこには触れずに話の続きを促した。

「恋人に一目逢うことも叶わず、異郷の地で無念にも命を落としたわけです。マルガリータが亡くなったあたりは昔から海難事故が多いので、元々孤魂野鬼《むえんぼとけ》を祀る『万応公祠』があったんですよ。ある年墾丁一帯で不幸が続いたので霊媒師《タンキー》に尋ねたところ、その霊媒師がなんと英語で話し出したんです。もちろん、彼は英語なんてできないですよ。そこで英語の分かる人間を呼んできて翻訳してもらったところ、自分は数百年前にこの地で殺された紅毛人公主であるが、船がなく故国に帰れないので荒魂となってこの地に災禍を呼んだのだと語ったんですよ。そこで地元住民たちは『紙船』を燃やしてその魂を送り返してやったんです」

「八宝公主は無事オランダに帰れた？」

　学生は何かを思い出すようにしばらくの間黙ってスマホの画面を見つめていた。長らくホコリのかぶ

墾丁大湾万応公祠。祠の左側には八宝公主を祀った八宝宮が併設されている。

った物語を、頭の片隅から取り出していたのかもしれない。

「確か『紙船』はオランダまで辿り着くことが出来ずに、墾丁に祀ることになったはずです。センセイも見たでしょ？　万応公祠にある八宝公主の神像を」

ああ見たよとぼくは頷いた。観音菩薩のような表情をした神像には幾重にも首飾りが巻かれ、その手前にはワインやオランダの木靴などが供えられていた。神像の背後には地元の絵師が描いたとされる白人女性らしき肖像まで貼られてあった。

「八宝公主が英語を話した理由は？　それにどうして台湾に残ったのかな？」

ぼくの質問に、学生は野暮を言うなといった表情を浮かべた。

「さあ？　何にせよ守り神としてこの国に居てくれるならいいことじゃないですか」

地元郷土誌などの資料によれば、八宝公主伝説は少なくとも一九三〇年代には墾丁地方に広がっていたとされる。昭和六（一九三一）年、墾丁の地元民が浜辺である無縁仏の遺骨を見つけてそれを骨壺に入れて万応公祠に安置したところ、付近一帯で立て続けに不幸が続いた。そこで霊媒師《タンキー》を呼んで事情を聴いたところ、まさに学生が語ったように霊媒師が突然英語でその来歴を語ったことで「オランダ公主伝説」が生まれ、万応公祠にその神像が祀られることになった。ちなみに、霊媒師の英語を通訳したのは、光緒九（一八八三）年に西洋人が建てた鵝鑾鼻《がらんび》灯台の建設に従事した地元の労働者であったらしい。

民国五〇（一九六一）年、車城に暮らしていた男が膝の怪我が治らずに、試しに符水（呪文の書かれたお札を水に溶かしたもの）を呑んでみたところ、無事回復することができた。男は神さまの指示に従って万応公祠を再建すると、その側に紅毛公主の祠を建てた。ところがしばらくして社頂に暮らす女性霊媒師が降霊術を行い、自らを八宝公主と名乗ったことで、オランダ公主は「八宝公主」と呼ばれるようになった。それまであったオランダ公主に新たな物語が接ぎ木される形で、八宝公主は再び万応公祠の境内に祀られることになったのだ。このときに八宝公主を名乗った女性霊媒師の暮らす社頂とは、物語でオランダ公主の首を馘した旧クアール社を指している。

図書館で恒春半島の地方誌をめくっていたぼくはＧｏｏｇｌｅマップを開き、物語の背景となる位置関係を確認していった。この伝説にはいくつもの真偽が交じり合っていた。そもそも両国の資料には、オランダ公主が台湾にやって来たといった記録は残されていない。しかし、公主マルガリータの恋人とされたＶＯＣの理容外科医マールテン・ウェッセリングなる人物は実在する。ＶＯＣで働いていたウェッセリングは一六三五年に日本で医者として活動し、翌年下級商務員として台湾に赴任している。一六三八年、ヨハン・フォン・リンガ大尉率いる黄金探索隊が伝説の黄金郷を探して瑯嶠に上陸すると、反抗する原住民族の集落を徹底的に鎮圧しながら陸路後山を目指した。後にウェッセリングはプユマ族の暮らす卑南に駐留して黄金郷に関する情報を集めたが、数年後には現地の原住民族に殺害されてしまう。

翻ってマルガリータの海難事故に関しては、光緒二〇（一八九四）年に書かれた清国朝廷の地方史誌『恒春県誌』に似たような記事が記載されている。同治年間（一八六二―一八七四年）、一艘の外国船が暴風雨で鵝鑾鼻に漂流し、多数の船員とともにある「番女」が上陸した。上陸した船員たちは皆クアール社の原住民に殺されたが、殺害された「番女」はある国の公主と呼ばれ……。

台湾史に詳しい人間ならば、これが同治六（一八六七）年に恒春半島で起こったローバー号事件を指していることが分かるはずだ。日本列島で八百年近く続いた武家政権が終わりを迎え、徳川将軍家から天皇家へと大政が奉還されようとしていた頃、恒春半島に一艘の外国船が漂着する。米船ローバー号は広東省汕頭《スワトウ》から遼寧省牛荘《ぎゅうそう》に向かおうとしていたところを暴風雨に見舞われ、はるか台湾南部にまで押し流された挙句に多くの沈没船が眠る墾丁南部で座礁した。ジョセフ・ハント船長とその夫人ら十四名の船員はカッターボートに分乗してそれぞれ墾丁に上陸したが、それを集落への「侵略」だとみなしたクアール社のパイワン族によって殺害される。このとき唯一生き残った広東籍の船員は命からがら打狗まで逃れると、原住民による紅毛人殺害の急報を打狗英国領事館に届け出たのであった。

パイワン族から聖なる山と崇められる大尖山を横目に、ぼくは海沿いの公道を駆け抜けていた。枋寮以南は中央山脈と台湾海峡が背を預け合うような峻険な地形をしているために、旅行者はへその緒のよ

ハント夫人らが漂着した墾丁の海岸。
当時多くの欧米船が付近の海域で難破していた。

うな細長い一本道をただひたすら南下していくしかない。その上、晩秋から春頃にかけては「落山風」と呼ばれる滑降風が吹き荒れるために、沿岸地域では常に小型の台風ほどの強風が吹き荒れて、船舶による航海も困難となる。戦後、屏鵝《へいが》公路と呼ばれる省道二十六号線が開通するまで、冬の恒春半島南部は長らく陸の孤島でもあったのだ。

恒春半島の西側には、北から楓港、車城、恒春鎮といった集落が視界に現れては消えてゆき、恒春県城を超えて更に南へと向かうと、現在台湾で唯一稼働している第三原発が見えてくる。現在国立公園に指定されている恒春半島南部には無数のリゾート施設が立ち並び、海岸沿いに延びる公道では若い水着姿の男女がホテルでレンタルしたスクーターを楽しげに走らせていた。彼らのあとを追うように、紺碧に輝く南シナ海を尻目に十数分ほどバイクを走らせると、ようやく八宝公主の祠が建てられた大湾の砂浜へと出た。

ぼくは目の前の大海原を眺めてゆっくりと背後の

山々を振り返った。カッターボートで上陸したハント夫人はこの浜辺でクアール社の女性と出逢い、そこで救助を呼ぶように伝えたとされる。ところがクアール社の女性が連れてきたのは武装した集落の戦士たちで、彼らは問答無用でローバー号の船員に襲い掛かってきた。ハント氏らは反撃する暇もなく、次々とその場で首を馘された。その際、ハント夫人を敵の「戦士」だと勘違いしたクアール社の戦士によって、夫人の首まで斬り落とされてしまったのだ。即ち八宝公主のモデルとなったのは、悲恋のオランダ人公主などではなく、難破したアメリカ人の船長夫人であったのだ。

瑯嶠の「野蛮人《バーバリアン》」による米人襲撃を聞いた打狗英国領事館は、打狗港に停泊していた英国軍艦コーモラント号を現地に派遣して行方不明者を捜索しようとしたが、クアール社の激しい反撃にあって上陸を断念する。やがて、米国人殺害の報は駐アモイ米国領事チャールズ・ルジャンドルの元へ届くことになる。

フランス生まれのこの外交官は、結婚後アメリカ国籍を取得すると、南北戦争に参加して赫々たる武勲をあげていった。やがて准将として名誉除隊すると、駐アモイ米国領事に任命されたが、幸か不幸か赴任直後にローバー号事件が起こったのだった。軍人としての来歴に幕を閉じ、新たに外交官として自らの力量を証明したいと考えていたルジャンドルは、清国に生存者の救助と殺害者の厳罰を要求したが、朝廷の動きは緩慢で彼の期待に沿うものではなかった。

これに業を煮やした初代アジア艦隊司令ヘンリー・ベル少将は、日本から二隻の軍艦と百八十一名の海軍兵士を引き連れて墾丁海岸からクアール社に向けて軍を進めた。ところが平地での軍団決戦ならいざ知らず、山岳地帯における遊撃戦で米海軍がパイワン族の戦士に勝てるわけもなく、彼らは山中で散々鼻っ柱を摑まれて引きずり回された挙句、指揮官のマッケンジー中佐が銃撃されて全面撤退する羽目になった。マッケンジー中佐の遺体は、台湾で名誉ある戦死を遂げた初の米国軍人として打狗外国人墓地に埋葬され、後にその遺骨は米本土に送還された。

クアール社の支配地域は虎口のような墾丁の海辺を一望できる山々を有し、その集落は峻険で複雑な地形の中にあった。ぼくは熱中症で次々と倒れていく米軍兵士たちを尻目に、一撃離脱戦法《ヒットアンドラン》を繰り返すクアールの戦士の背中を追うようにして、迷路のような社頂山道を駆け抜けていた。台湾原住民族が米軍と矛を交えたのは、何も第二次世界大戦の高砂義勇隊がその嚆矢ではなかったのだ。墾丁国立森林遊楽エリアとなっている社頂山上からは大尖山がその神々しい山影を見せつけていた。

片や敗軍の将となったヘンリー・ベル少将は、クアール社の戦術性の高さと勇敢さを称して「北アメリカのインディアンに匹敵する」と述べた。国内のネイティブ・アメリカンを征服してアジア太平洋に進出してきたアメリカ人が、巨大な太平洋の底にへばり付いていた島国で「インディアン」の悪夢を見たことは示唆に富むが、とにかく米国政府を代表するルジャンドルの手元からは軍事的懲罰による解決のカードが失われてしまったわけだ。

ルジャンドルは幾度も清国朝廷に事件の解決を求めたが、清国側は事件の発生地が朝廷の関与しない「化外の地」であったとしてその責任を回避した。清国は事件の犯人を中国人として朝廷に事件の解決を求めていたルジャンドルをいなしたわけだが、むしろルジャンドルは第三国による恒春半島／「無主の地《テラ・ヌリウス》」の植民地化を示唆することで朝廷に圧力をかけ続けた。そうしてようやく重い腰をあげた

中央で左目を包帯で覆っているのがチャールズ・ルジャンドル。
その右手には台湾烏龍茶の父と呼ばれるジョン・トッドがいる。
（*Notes of Travel in Formosa* より）

朝廷は、瑯嶠の「凶番」討伐の遠征軍を興すことを決定した。

枋寮。

ここは恒春半島の付け根に位置し、清朝が統治していた領土の最南端でもあった。ルジャンドルと遠征軍の指揮官で台湾鎮総兵でもあった劉明燈《りゅうめいとう》将軍は、太平天国の乱を鎮圧した子飼いの湘軍《しょうぐん》兵士五百名を引き連れてこの地に進駐した。一方、遠征軍が瑯嶠へ南下しているという報せを聞いた瑯嶠の人々は大いに動揺した。

当時の瑯嶠には大きく分けて四つの勢力がひしめき合っていた。

第一に、柴城の平地集落に暮らす閩南人で、彼らの多くは官軍侵攻によって第三者である自分たちが最大の被害者となることを恐れていた。官軍は蝗《いなご》のように庶民の財産を食い荒らしてしまうが、彼らが去っていった頃には今度は官軍に協力したかどによって土地を貸与してくれている山地原住民から報復を受けることは目に見えていた。

第二に、射寮の平地集落に暮らす「土生仔《トセア》」と呼ばれる閩南人と平地原住民マカタオ族の混血の人々で、普段は柴城の人々と争っている彼らの立場もまた官軍による二次被害と戦後の報復を恐れていた。

そして第三に、保力など山地集落に暮らす客家人たちだった。彼らは山地原住民と積極的に交流し、柴城や射寮の者たちと衝突することもしばしばであった。保力の客家は武器の製造にも長けていたために、当初は今回の擾乱を勢力を拡大する商機と見ていたが、事態が大きくなるにつれて衝突を回避しようと努めるようになっていった。

――そして四つの目の勢力が、言わずと知れた大頭目トキトク率いるスカロ族です。

スコットランド・キルトを履いたその男は、憂鬱げな表情を浮かべるルジャンドルに向かって長年蓄積してきた自身の研究成果を饒舌に語った。

――瑯嶠下十八社には本来パイワン族を中心に様々な民族が暮らしていたのですが、これを現在のような酋長制国家へと発展させたのが、トキトクらスカロ族です。彼らは元々卑南に暮らすプユマ族でしたが、それが強力な巫術を持つ巫女と精強な戦士たちを引き連れて瑯嶠まで南下し、パイワン族やマカタオ族、アミ族などを従えて瑯嶠下十八社の長となったのです。スカロとはパイワン語で「担がれる者」を意味します。今回の事件の主犯であるクアール社も大頭目トキトクが統治する瑯嶠下十八社のひとつで、もしも将軍閣下が外交的勝利を得たいとすれば……

――ミスター・ピッカリング。

ルジャンドルは左目に巻かれた包帯に手を当てながら口を開いた。

――軍人としての私はすでにここにはいない。将軍と呼ぶのはよしてくれまいか。

ルジャンドルの左目には硝子の義眼が埋め込まれていた。一八六四年、ヴァージニアで起こった「荒野の戦い」において、後に第十八代大統領となるユリシーズ・グラント将軍の率いる北軍の大佐として参戦したルジャンドルは、この激しい戦闘で左目を失った。軍人としての己のキャリアはこの瞬間砕け散ったのだと彼は思っていた。

――柴城の閩南人も保力の客家人も戦いは望んでいないと？

――まさに。彼らは何よりも官軍の南下を恐れています。

この時期、瑯嶠一帯で活動していたピッカリングは、ローバー号事件が起こると米海軍と行動をともにしていた。米海軍がクアール社に敗れてからは瑯嶠に残って情報収集を行いつつ、ハント夫人の親友であったジェームズ・ホーンと共に彼女の遺骨の捜索を続けていた。四散したハント夫人の遺骨はクアール社の隣にある龍鑾社に留め置かれた。ピッカリングはそれを多額の身代金を支払うことで取り返しているが、おそらくこの辺りの事情が八宝公主伝説へと変わっていったのかもしれない。

――なるほど、解決すべき問題は二つということか。

フレンチ・アクセントの残るルジャンドルの英語にピッカリングは大きく頷いた。この軍人上がりの外交官は思ったよりも利口なのかもしれない。少なくとも、地元の漢人を先に籠絡してから攻撃を行うべきだとした彼の建議を退けて上陸を敢行したベル少将などよりも、はるかに切れる人物なのは確かだった。ピッカリングは手元の地図を指さしながら話を続けた。

――ご明察の通りです。第一に、スカロ自身が和平を望んでいるのか否か。これに関しては問題ないはずです。いくら武勇に優れたスカロ族でも食料や銃火器なしでは戦はできません。そしてそれらを提供している柴城や保力は官軍への恐れから戦いを拒んでいる。彼ら平地の漢人たちとはすでに話を進めています。

ルジャンドルは無言で頷いた。問題は二つ目の課題だった。

——大頭目トキトクは清朝官吏との会談は拒否するでしょう。スカロは中国人、特に台湾府の役人を唾棄しており、交渉の相手として認めません。しかし、清朝軍《かれら》を奇貨として利用しつつ、「紅毛人」である閣下自身が交渉に赴けば事態は大きく変わるはずです。

——トキトクは出てくるか？

——やってみましょう。

こうして、瑯嶠下十八社を統べるスカロの大頭目トキトクとチャールズ・ルジャンドルの間で、和平会談の場がもたれることになった。

枋寮から柴城まで南進した官軍は、そこで一旦進軍を止

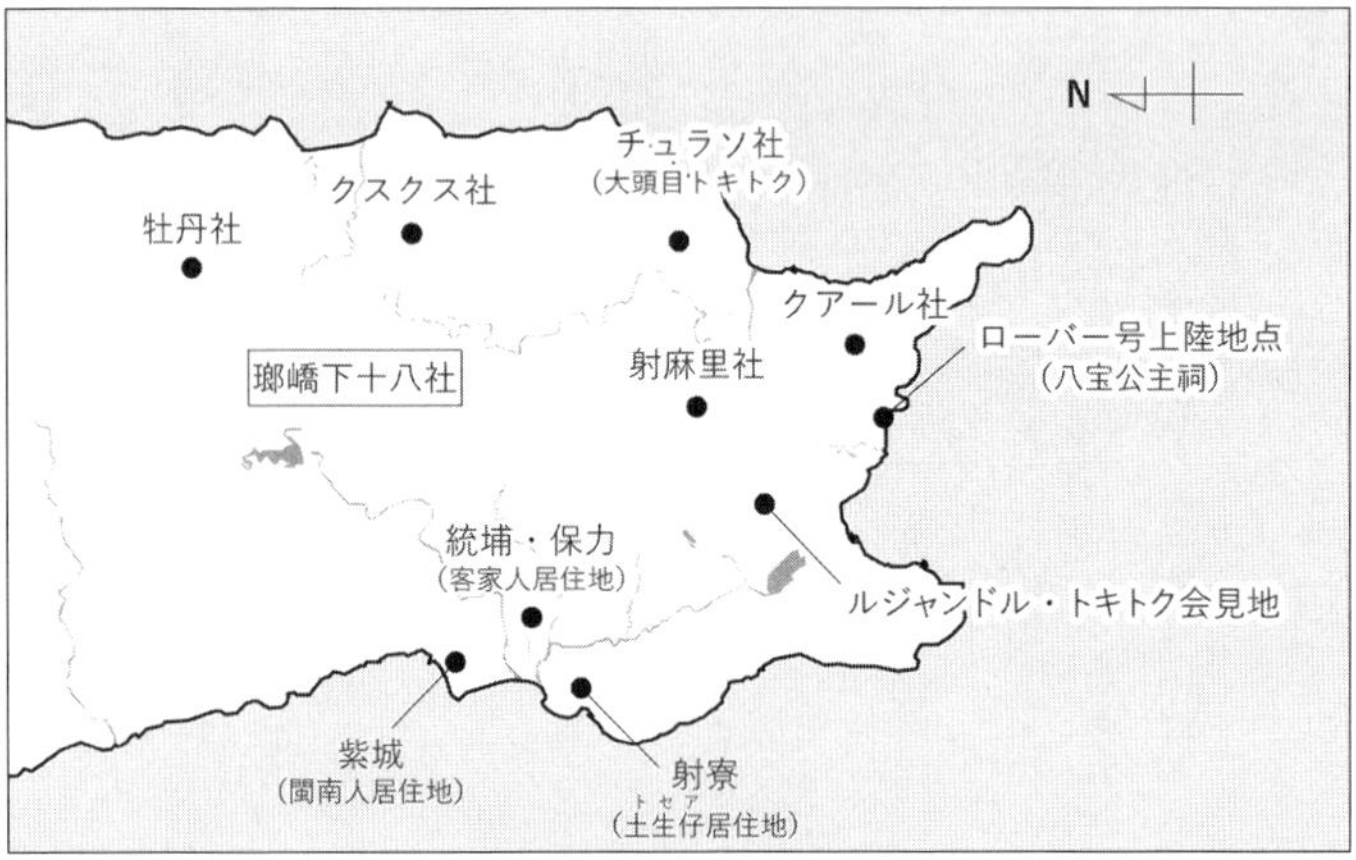

ローバー号事件関連地図

めた。劉明燈将軍はあくまでクアール社殲滅を主張したが、同時に慣れない土地で多くの湘軍兵士らが病死していたこともあって、しぶしぶルジャンドルの単独会見による和平工作案を呑むことにした。

劉明燈は護衛をつけて行くように言ったが、ルジャンドルはそれを拒否して、二名の通訳と漢人の案内役一名だけを連れて「火山」と呼ばれる場所へと向かった。ちょうど現在の恒春鎮出火に当たり、当時から天然ガスが地中から吹き出してオレンジ色の炎が燃え上がる奇観が広がる地として知られている場所だった。

「火山」には二百名近い戦士たちが待ち構えていた。地べたに中腰になった戦士たちはそれぞれ左右の膝の間に旧式銃を挟み込み、たった数名でやって来た紅毛人らの一挙手一投足に注目していた。スカロ族は勇者を貴びます。決して怯えた様子を見せてはいけません。ピッカリングの言葉を思い出したルジャンドルは、さながら燃え上がる炎を愛でるようにゆっくりと戦士たちの環に近づいていった。

通訳として随行したピッカリングはその壮観に思わず息を呑んだ。大頭目トキトクだけでなく、現場にはクアール社のバヤリン頭目や射麻里社のイサ頭目、牡丹社のアルク頭目など、瑯嶠下十八社の主たる頭目が勢ぞろいしていた。環の中心には瑯嶠下十八社を統べる大頭目トキトク、そしてその隣に座る若い二人の戦士はおそらく彼の甥で養子であった朱雷《ツジュイ》と潘文杰《ブンキッ》だ。

——我ガ国人ヲ殺害セル事情ハ如何ニ?

腰を下ろしたルジャンドルは単刀直入に尋ねた。その言葉はピッカリングらによって平地の言葉に翻訳《なお》され、それをまたスカロ側で平地の言葉が分かる人間によってトキトクへと伝えられた。

——往昔《おうせき》白人種来リテ、コアルツ人種ヲ鏖滅《おうめつ》シ、僅カニ三名ヲ残セリ。此者共ノ子孫復讐ノ情願《じょうがん》ヲ今ニ遺伝セリ。

　トキトクが重い口を開いた。ルジャンドルが残した『台湾紀行』によれば、トキトクは齢五十ほど、その言葉は簡潔で耳に心地よく、背は低いが肩幅は広く、がっしりとした体格であったらしい。優しさに剛毅さが混在した表情の上には辮髪が蓄えられていたが、身なりは完全に原住民のそれであった。そばでトキトクの話を聞いていたピッカリングは、クアール社の先祖を「鏖滅《みなごろし》」にした紅毛人が、二百年前に黄金郷を求めて瑯嶠から北上したVOCの兵士であるのだと想像した。どうりで彼らは部外者、とりわけ白人に敵意を持つわけだ。クアール社にとって、それはある種の自衛的復讐劇であったのだ。

　――予思フニ、斯ノ如キ復讐ヲ為サハ、恐ラクハ無辜ノ人ヲ殺サン。

　ルジャンドルの言葉にトキトクは何かをつぶやいた。側にいた従者がその口元に己の耳を近付けてから、平地の言葉でその内容を語った。

　――之レ予カ欲スル所ニ非ス、故ニ予ハポリヤクニテ、君ニ相見《あいみ》シテ、遺憾ノ情ヲ伸ヘントセリ。

分かっている。今回のことは我らが間違っていた。だからこそ、この私がわざわざ客家人《ナイナイ》らが暮らすここ保力《ポリヤク》までやって来たのだ。

　――后来《こうらい》ノ事、汝如何所置スヘキヤ？

　――足下《そっか》モシ戦ヲ欲セハ、元ヨリ辞セサル所ナリ。然ル時ハ、其后ノ事ハ予ノ知ラサル所ナリ。モシ又平和ヲ好マレナハ、余モ又タ永ク其意ヲ守ルヘシ。

　貴殿があくまで干戈を交えるというのならば、我ら瑯嶠下十八社一団となって受けてたつ所存だ。その結果は誰にも保障はできない。ただもし平和を求めるのであれば、私もまた永遠にその意思を守りたいと思う次第である。

両者はここでローバー号の船員殺害の件はこれ以上追及しないこと、今後西洋人の漂流者が現れた場合に赤い旗を掲げること、その場合にはこれを攻撃することなく、近くの漢人集落へ引き渡すことなどが決められた。また航海の安全のために、見張り所と砲台をスカロの勢力圏外にある土生仔の居住地に建設することも同意した。

ルジャンドル・トキトク間で結ばれたこの協定は、現在「南岬《なんこう》の盟」と呼ばれている。米国議会の承認を経ずにルジャンドルが個人的に結んだ盟約であるために、正確には国際条約とは言えないが、それでも台湾史上初めて原住民族と外国政府との間で結ばれた国際協定であった。

両者の間で和平協定が結ばれた後、ルジャンドルは劉明燈に撤兵を要請した。劉将軍もこれを了承し、アモイへと戻っていくルジャンドルに、部下に命じて付近の集落で集めさせた望遠鏡と航海器具の残骸、それから一枚のモノクロ写真を手渡した。それは瑯嶠各地の集落に散らばっていたローバー号の漂流物の一部で、写真には事件の発端となったハント夫人が写っていた。こうしてルジャンドルは外交官として華々しくデビューを飾り、後に激動の東アジアの歴史に深くかかわっていくことになるのだった。

若いカップルや家族づれの観光客で溢れるビーチを避けるように、ぼくはトキトクが暮らしていたとされるチュラソ社へと向かっていた。台湾最南端にある鵝鑾鼻灯台を抜けると、右手に広がっていた大海原が台湾海峡からバシー海峡、そして太平洋へと変わっていく。クアール社があった社頂を北上して台湾最南端の茶の生産地である港口を通過すると、チュラソ社のあった屏東県満州郷へ至る。河谷の地形をした満州郷は「落山風」の影響を受けず、リゾート地である墾丁からも離れているために豊かな自然風景がそのまま残っていた。また灰面鵟鷹《サシバ》と呼ばれるタカの生息地としても有名で、空にはストライプ柄の羽根が優雅に舞い踊っていた。

トキトクの死後、恒春半島の情勢は大きく変わった。列強の干渉を恐れる清国政府は相次いで軍と役人を「化外の地」に派遣し、それまでスカロの支配下にあった瑯嶠にも多くの中国人が現れるようになった。トキトクの跡を継いだのはその養子の朱雷《ツジュイ》と潘文杰《ブンキッ》で、とりわけ客家人とスカロ族の混血であった潘文杰は、清朝末期から日本統治初期にかけて瑯嶠下十八社の大頭目として難しい舵取りを担ってきた。

ルジャンドルが劉将軍から受け取った写真はそのままハント夫人の遺影となってしまったわけだが、ぼくは知らず知らずのうちに、そこに万応公祠で見たあの慈悲に満ちた八宝公主の表情を重ねていた。近代以降、恒春半島で急増した海難事故によって発生した多国籍の無縁仏が南台湾の歴史的背景と交じり合うことで生まれた八宝公主伝説は、この百年来語り手の民族性やその信仰によって様々な表情を見せてきた。

数ある八宝公主伝説の中にはこんな話も伝わっている。

八宝公主は真珠の服を身に着けていたが、この服には魔除けや防火の御神力が宿っていた。クアール社の戦士が八宝公主を殺してこの宝物を手に入れた後、これを瑯嶠十八社の頭目に進呈することにした。やがて中国人が去って日本人がやって来ると、この宝物はトキトクの後継者であった潘文杰の息子である潘阿別《はんあべつ》の手に渡った。瑯嶠十八社の大頭目となった阿別は、近衛師団長として渡台した北白川宮能久親王を通じて宝物を明治天皇へと献上した。明治天皇はその返礼として一振りの宝剣を下賜したが、阿別はその宝剣を使ってしばしば横暴な日本人官憲を懲らしめるようになった。明治天皇は仕方なく宝剣を没収して、代わりに一本の杖を下賜することになったのだった。

もちろんこれはすぐに歴史的に「正しくない」と分かる物語であるが、そこには長年自立自存で生きてきた瑯嶠下十八社の人々が、時代の波に押し流されていく中で編みこんだ文字としては残せなかった物語の欠片が散りばめられている。

宝剣の行方は誰も知らない。

心に住む鬼

南台湾ではまれに「烏鬼」と呼ばれる地名を目にすることがある。

烏とは中国語では「黒」を意味するが、台湾語では「有」と同音で、口にすれば「鬼が有る《ぼうれい》」という意味になる。実のところ、この「烏鬼」とはオランダ統治時代にアフリカや東南アジアから連れてこられた奴隷たちのことを指しているとも言われていて、鄭成功によるオランダ駆逐後もその一部は台湾に残ったとされている。日本で言えば、イエズス会から織田信長に「献上」された黒人奴隷・弥助がそれに近いかもしれない。

高雄市燕巣区にある烏鬼埔は、農地と工場と廟が立ち並ぶどこにでもある南部の田舎町で、交通の不便さもあってこれまで足を止めることがなかった。現地の郷土誌によれば、清代にこの地で略奪を行った三名の「烏鬼」が村の壮士に打ち殺され、この地に埋葬されたことから烏鬼埔と呼ばれるようになったのだとか。しばらく集落を歩いてみたが、「烏鬼」がいた痕跡を示すようなものは何も残されていなかった。

特色らしい特色のない集落を歩くぼくの脳裡に、ふとある学生の顔が浮かんだ。幼い頃から「外偶（外国人配偶者の略）」と呼ばれる東南アジア出身の母親がきらいで仕方がなかったと話すその学生は、同級生から「黒鬼《くろんぼ》」とバカにされて以来、母親と口をきかなくなったのだと言った。いま思えば、自分があの泣いてばかりいる弱い弱い母親と同じ性別を生きていることに我慢できなかったのかもしれません。ベリーショートにサイドを刈り上げた髪型をしたその学生は、「我知道我心裡才有鬼」とつぶやいた。

分かってるんです。「鬼」はわたしの心の中にいるんだってことは。ぼくはその言葉を「心裡有鬼《やましいところがある》」という中国語の慣用句としてではなく、発せられた言葉そのままの意味として捉えた。ぼくの心にもきみの心にも「鬼《ぼうれい》」が住んでいる。けれどもそれは本当に打ち殺されなければならないような存在なのだろうか。

何の変哲もない田舎道で、ぼくはかつて遠く故郷から引き剝がされて、この地で殺されてしまった「鬼」たちのためにそっと手を合わせた。

11

1871
漂流民狂詩曲《ラプソディー》

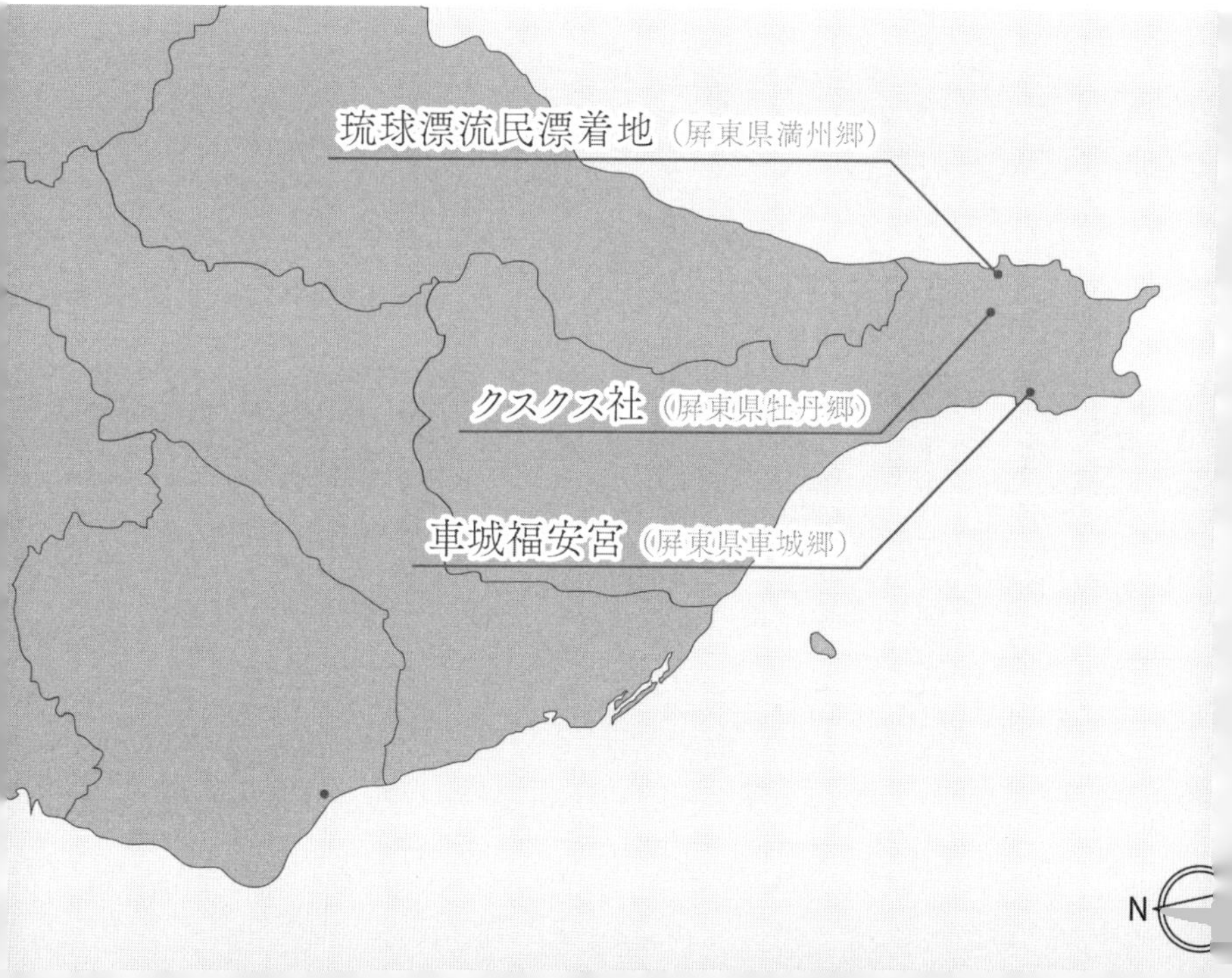

松明の把手のような形をした恒春半島に線を一本引いてほしい。例えば、その起点を台湾海峡に面する屏東県車城郷にある福安宮に置き、終着点を太平洋側にある同県満州郷の九棚大砂漠に定めるとする。台湾海峡と太平洋に挟まれた中央山脈を超えるおよそ三十キロを超える道程である。

百五十年ほど前、フルマラソン一回ぶんにも満たないこの短くも長い道程で、東アジア全体を揺るがす大事件が起こった。その道程で多くの人間が命を救われ、そして奪われた。被害者は誰で、加害者は誰だったのか。あるいはそもそも加害者などいなかったのか。これはそんな物語である。

新左営駅から墾丁快線と呼ばれる長距離バスに乗車しておよそ二時間、車城の町までやって来たぼくは民宿でレンタルバイクを借りた。早くも十七世紀には建立されたとする福安宮は土地の神さまである福徳正神《ふくとくせいしん》を祀る土地公廟の一種である。数ある台湾の土地公廟でも最大規模を誇り、人口一万人にも満たない辺境の集落にあるにも関わらず、参拝者の捧げる線香の煙が日々絶えることなく続いている。廟の出入り口にはかつてアモイ米国領事チャールズ・ルジャンドルとともに湘軍兵士五百名を引き連れてクアール社討伐に向かった劉明燈将軍が銘文を刻んだ石碑が立ち、当地が古くから帝国の縁辺にあったことが窺える。その昔、この地は柴城と呼ばれていた。廟の背後には台湾海峡が広がっていて、ここから海沿いに延びる省道二十六号線を北上していけば楓港の町に至る。交通事情の悪かった清朝時代にはそこから打狗《たかお》港、そして台南にある台湾府城まで船が出ていた。

信号越しに偶然軍事演習に向かう中華民国軍の戦闘車両の隊列を見送ったぼくは、車城郷の中心にあるこの福安宮から二時の方向に走っていった。レンタルバイクはすぐに客家人の入植者が数多く暮らし

旧クスクス社に建設された高士神社。
奥に琉球漂流民が漂流してきた八揺湾が見える。

た統埔《とうほ》、保力《ほりき》の集落を横切ったが、かつては栄えていたと思われる集落も今は昔、ひどく閑散として門前《もんぜん》雀羅《じゃくら》を張るありさまだった。

統埔、保力の集落をさらに奥へと進んでいくと、台湾四大名湯のひとつ四重渓の温泉街が見えてくる。昭和五（一九三〇）年、昭和天皇の弟・高松宮宣仁《のぶひと》親王が徳川慶喜の孫娘・徳川喜久子氏を連れてハネムーンに訪れたという当時の温泉宿は現在も変わらず営業を続けていた。

「日本人？　こんなところにめずらしい。温泉浸かっていきなさいよ」

従業員の気さくな言葉に、ぼくはそっと料金表に目を落とした。「ええ、ありがとうございます。でもちょっとさきを急いでいるんで」。いかにも日本人らしくお辞儀をしてみせたぼくは宮様の入った湯殿には浸かることなく、お山に向かって真っすぐに延びた一本道を進んでいった。

西郷隆盛の弟・西郷従道《つぐみち》が率いる日本軍と牡丹社の

戦士たちが衝突した石門の古戦場跡を過ぎれば、パイワン族の小さな集落が見えてくる。小学校に派出所、教会にセブンイレブン、どこにでもある山地の集落だ。ただその背後には、恒春半島各地に生活水を供給するために作られた牡丹水庫と呼ばれる巨大なダムが聳え立っている。マラソンで言えば、ちょうどこのあたりが最初の給水所だ。

牡丹水庫から先は人煙の絶えた山道が続いた。アップダウンの激しい山道の二車線を走る車両もなく、並走する渓流の潺《せせらぎ》の他に聞こえるものと言えば、名前も知らない鳥獣の鳴き声くらいだった。シチク林が続く山道を走っていると、やがて見晴らしのよい山上に真っ白な鳥居が見えてくる。昭和一四（一九三九）年、天照大神を祭神として建立された高士神社は戦後一旦廃社となったが、十年ほど前に日台交流を進める政治団体によって再興されたらしい。平地からやって来た旅行客が珍しげに鳥居や社殿を背景に動画や記念写真を撮っていたが、ぼくはいかにも時代錯誤《アナクロニズム》なそれには目をくれることもなく、神社後方の高台から遠く東に目をやった。

真っ白な鳥居の背後に広がった山裾の奥に青い海が燦々と輝いていた。海に出るまであと半時間といったところか。眼下に煌めく太平洋の碧さは、台湾海峡の青さとはどこか少し違っているような気がした。

屏東県牡丹郷東南部。

この一帯はかつてクスクス社と呼ばれていた。スカロの大頭目トキトク率いる瑯嶠下十八社に属する集落で、その北側にあって勇猛果敢で知られたアルク頭目率いる牡丹社とは強固な攻守同盟を結び、下十八社でも比較的大きな発言力を持つ集落だ。ところがこの山裾にある八瑤湾に流れ着いたある難破船が、瑯嶠下十八社及び東アジア全体の運命を変えてしまうことになった。

神社のある山上から八瑤湾に下りてきたぼくは、バンザクロの生えた雑木林からしばらくぼんやりと海を眺めていた。当然そこには難破船どころか漁師一人もいなかった。太平洋の荒々しい浪は、無人の浜辺にその変幻自在な身体をぶつける度に真っ白な波しぶきを吐き出していた。

六十六人陸ニ登リ人家ヲ求メテ徘徊ス。

百五十年ほど前、この場所に六十六名の琉球人が上陸した。

一週間海上で漂流した彼らは渇き、飢《かつ》え、憔悴しきっていた。漂流者らは皆絶望したように、ぼくがついさきほど下りてきた山を見上げていた。ここはどこで、どうすれば故郷に戻れるのか。まさかここは人を喰らうと言われる「大耳人」が暮らす南台湾ではないのか。やがて、ある年配の男性が宮古島の言葉で何かをつぶやいた。それは不満をこぼしているようでもあったし、皆を勇気づけているようでもあった。その言葉に応えるように、浜辺に座り込んでいた男たちも次々と立ち上がっていった。

彼らはぼくの動きをトレースするように、先ほどぼくが来た道を遡るように進んでいった。西へ、西へ。漢人の住む車城の町まで、およそ三十キロの道程だった。

明治四（一八七一）年、あるいは琉球王府に倣えば同治一〇年と言うべきか。

八瑤湾に六十九名の宮古島漂流民たちを乗せた船が流れ着いた。船は首里王府に織物や穀物などの年貢を納めた宮古島と八重山諸島の人々を乗せた大型ジャンク船で、首里や那覇から来た役人や商人も便乗していた。ところが、那覇から宮古島へ向かう途上暴風雨に遭った山原《やんばる》船は恒春半島西部にまで流されてしまったのだった。

心身ともに疲弊しきった彼らは、壊れたジャンク船を捨てて上陸を試みた。その際三名の乗員が溺死したが、何とか六十六名が無事上陸に成功した。上陸したはいいが、人煙絶えて久しい海岸沿いに集落らしきものは見当たらなかった。

しばらくして、海岸に二人の漢人が現れた。

地獄に仏とばかりに、一行は彼らへ助けを求めたが、男たちは手ぶり身振りを交えながら「西方ニ行ハ大耳ノ人アツテ頭ヲ斬ルヘシ」と述べ、自分たちとともに南へ進むよう伝えた。西のお山に向かえば、人喰い人種に首を切られるぞ。一度は感謝した一行だったが、やがて二人は漂流者らの衣服や持ち物を掠め出し、その言動もひどく横暴になっていった。

漂流者たちは顔を合わせた。

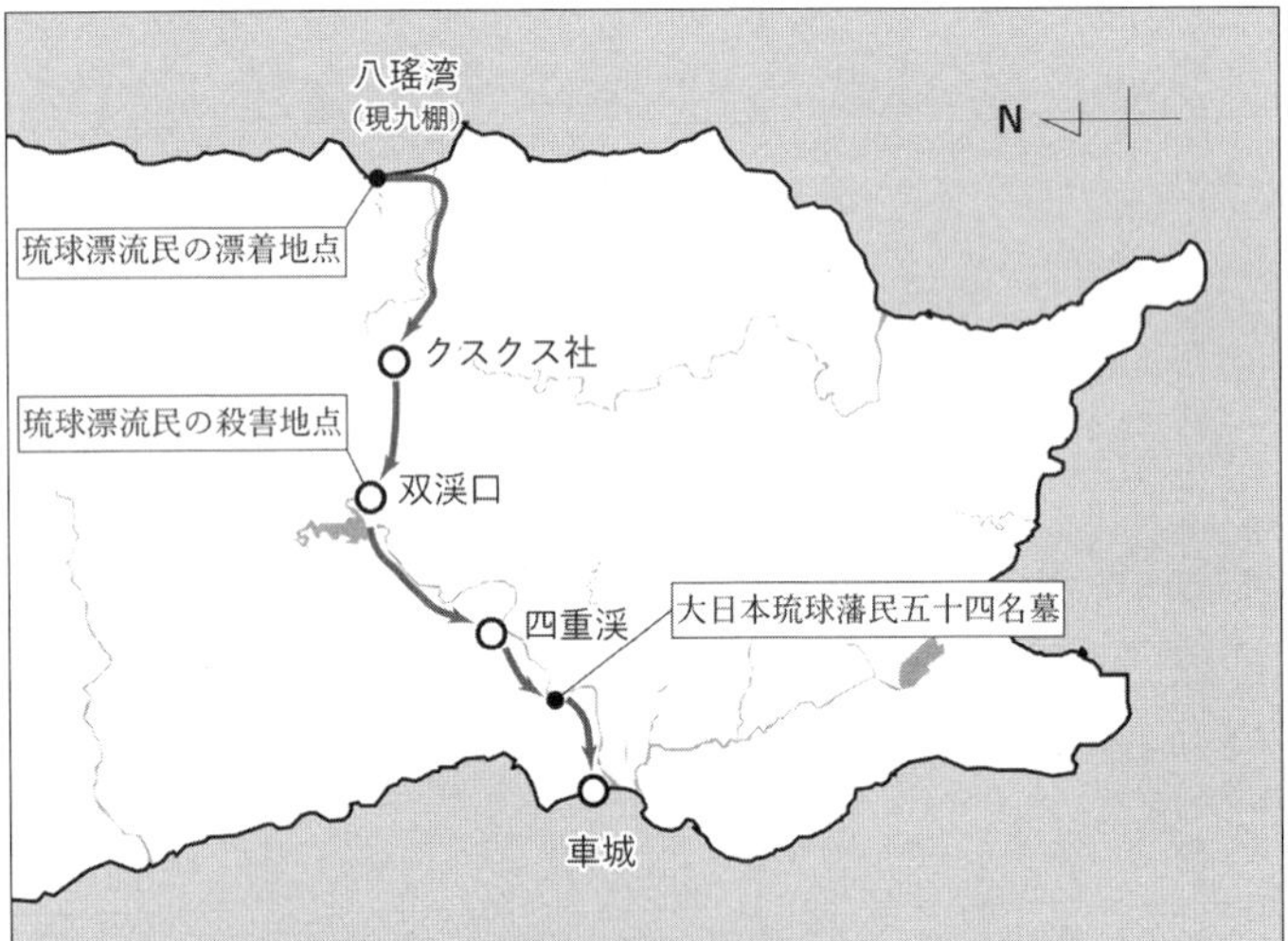

琉球漂流民の辿った避難経路
（『沖縄県史ビジュアル版 近代1』を参考に作成）

――どうする《のーばしが》?

もしかしたら彼らは盗賊の一味で、自分たちを彼らのアジトに連れていこうとしているのかもしれなかった。日本では江戸時代以降すっかり廃れた海賊稼業であったが、中国沿岸部から東南アジアにかけてはいまだ多くの海賊が跋扈し、アヘン戦争以降その数は増え続けていた。海洋民族であった琉球人たちがその危険性を知らぬはずはなかった。

日が暮れかけると、二人の漢人は路肩の洞窟を指さして今夜はここで泊まれと言った。漂流民らがそれを拒むと、漢人たちは激怒した。それまでジッと考え込んでいた宮古島島主・仲宗根玄安がここにきてようやく重い口を開いた。

――西へ向かおう《いずんかいぴらでぃ》。

村おさにあたる「与人《ゆんちゅ》」らは、すぐさま頭の決定を助役である「目差《めざし》」らに伝えた。一行は彼らを大声で罵る漢人たちを背に山へ登った。宮古島でも台湾南部には人食い人種がいるという噂があったので心中穏やかならざるものがあったが、それ以上にこのままこの場にいては餓死する者が出かねなかった。何よりも飲み水がなければ二日ともたない。一夜を明かしてから、彼らは八瑤湾からクスクス社のある西に向かって山道を登りはじめた。

東台湾の日暮れは早い。壁のように立ちはだかる中央山脈が否が応でも日の入りを早めてしまうのだ。太平洋に沈む夕日を見慣れていた人々は、きっとこの島の夕闇の暗さに暗澹たる気持ちを抱いていたに違いない。やがて、山中で小さな畑を見つけた漂流民たちはそこで耳に大きな木片をはめ込んだ男に出遭った。

森丑之助が撮影したクスクス社の男性。琉球漂流民事件では「大耳人」と呼ばれた。「容貌其他の風俗とも他のパイワン族のものと著しく異れる」と記されている。（森丑之助『台湾蕃族図譜』第九七版）

——大耳人だ。

一方畑を耕していた男も、身元不明の多くの異人たちが現れたことに狼狽を隠せない様子だった。男は彼らを集落へ連れて帰った。集落の大耳人たちもその様子にひどく驚いた様子であったが、それでも彼らを歓待してやることに決めたようだった。

漂流民たちは水を受け取った。

遭難以降、ほとんど真水を口にしていなかった彼らはそれを一気に飲み干した。どういうわけか、その様子を見たクスクス社の者たちの表情も心持ち明るくなったようだった。貝のお碗に盛り付けられた芋と米を手に、仲宗根玄安は「著者」と呼ばれる書記係に感謝の意を伝えるように命じた。著者は近くにあった小枝を使って地面に感謝の言葉を記そうとしたが、ポカンとした様子で彼が書きかけた文字を見つめるクスクス社の人々を見てぼんやりと笑うしかなかった。

思いがけないほど友好的なクスクス社の歓待ぶりに、一行の中にはきつく結んでいた心の帯を緩めようとする者もいた。相変わらず言葉は通じなかったが、クスクス社の者たちが凶悪な大耳人とは思えなかった。

やはりあの漢人たちは海賊の一味で、嘘をついていたのだ。

ところが、深夜に起こったある事件が事態を一変させた。

夜半此一人左手ニ薪ノ火ヲ握リ、右ニ刀ヲ携エ戸ヲ推開キ入来リ、二人ノ肌着ヲ剝取去ル。番刀をさげたクスクス社の人間から衣服をはぎ取られたと訴える者が出たのだ。疑心暗鬼に陥った彼らは眠りに就くこともままならず、夜露に濡れた己の首を震える両手で覆い隠した。

払暁、東の海に真っ白な太陽が昇る頃、小屋で休んでいた彼らの下に完全武装したクスクス社の男たちが入り込んで来た。一行は緊張した面持ちでその来意を問うた。言葉が通じないことは分かっていたが、それでも問わずにはいられなかった。

——我等狩リニ行カントス、帰エルマテハ必ラス留滞スヘシ。

おそらくそのような内容であったのだろう。クスクス社の男たちはそのまま振り返ることもなく集落を発った。残された一行は、暗い小屋の中で声をひそめてその去来を話し合った。

——いますぐ《んなますぐ》逃げ出すべきだ《ぴんぎがまた》。あれは《かりゃーのー》間違いなく《あらばまい》人の《ぴすとぅぬ》肉を《すすすぅ》喰らう《ふぉー》大耳人《うぷみムぴすとぅ》だろう《ぱず》。

——だが《あすぅが》、殺すつもりなら《くらすがまたやつかー》なぜ《のーてぃが》我らを《ばんとーばー》歓待した《むてぃなすたーが》?

——鶏と《とぅずとぅ》同じだ《ゆぬむぬ》。肥えさせてから《うだーしってぃ》喰った方が《ふぉーどぅ》うまいに決まってる《まーす》。

——数だよ《ぴすとぅかず》。いくら空手とはいえ《のーゆまいむただなやーまい》、六十六人もの成人男性が《六十六ぬびきどぅムぬ》集落に入って来たんだ《すまんかいぱっじきすすたりゃー》。見たところこの《みーつかーくぬ》集落には《すまー》三百人もいない《三百まいうらん》。だから《あしばどぅ》、俺たちを《ばんとーばー》小分けにして《いみくみんばきってぃ》殺すつもりなんだ《くらすがまたぱず》。

——しかし《あすぅが》、施しを受けて《むてぃなさりってぃ》逃げ出すなど《ぴんぎつかーどぅ》信義にもとる《うんぎずずぅばっしうーとぅゆぬむぬ》。

——ならば《あんちあずつかー》己だけ残ればいい《どぅーちゃーなぬくりばどぅます》。首をなくしてからは文句も言えんぞ《かなまずぬにゃーんなすあとぅんなのーまいあっざりんぱずどー》。

結局未知の恐怖に感染した彼らは集落から逃げることを決めた。数人ずつ気付かれないように集落を離れ、あとはただひたすら西へと向かった。彼らは「乙」型の獣道を転がるように下っていくと、渓谷を流れる渓流に沿って走った。

竹林渓を西に向かっていた漂流民らは、現在牡丹水庫がある場所まで逃れた。双渓口と呼ばれていた川沿いにはその頃から小さな集落があった。中央山脈を水源とする竹林渓と四重渓が交わる合流点で、現在牡丹郷役所がある辺りである。そこに五、六件の人家を見つけた一行はとりわけ大きな建物に逃げ込んでいった。

薄暗い屋内、翁が一人座っていた。

見知らぬ異人たちが息せき切ってやって来た様子を見た老人は次のように問うた。

――琉球ナルヘシ。首里カ那覇カ?

齢七十を超えるこの老人は凌老生《りょうろうせい》と言い、平地の集落とパイワン族集落の間で商いをしている客家人の番産物交換商人だった。琉球本島から来ていた役人や商人の中には片言の閩南語を解する者もいた。事情を察した凌老生は宮古島の人々に奥で休むように伝えると、隣人の鄧天保《とうてんぽう》に彼らを台南にある府城まで送り届けるように言った。一行は干天の慈雨とばかりに息せき切って感謝の意を伝えた。

那覇から来ていた仲本加那が筆をとって漂流者たちの名前を記すことになった。しかし漂流者の氏名を書いたリストを鄧天保に手渡そうとしたまさにその時、クスクス社の男たちが続々と翁の家の庭先に駆けこんできた。十人、十五人、二十人……その数はどんどん増え続けた。興奮したその手には番刀や槍が握られていた。

凌老生は片言のパイワン語で落ち着くように諭したが、まるで埒があかなかった。パイワン族の文化では、同意なく相手の家に足を踏み入れることはタブーである。武装した彼らが凌老生の家に入り込んでくることこそなかったが、それでも琉球人たちは一人また一人と庭先へ引き摺り出され、逃げ出した理由を「尋問」されていった。部屋に残された人々はどうするべきか分からずに呆然としていた。ただ凌翁だけが何やらひどく緊張した面持ちで彼らに目配せを送っていた。やがて庭先に連れ出されていた一人の男、那覇から来ていた新城朝憲が丸裸にされた状態で室内に飛び込んできて、叫んだ。

——あア《はきさみよー》！　みんな《むる》、表で《ふかうてぃ》、こ《く》、殺されている《くるさっとーんどー》。はやく逃げろ《へーくぬぎれー》！

パニックに陥った人々は室内から飛び出すように四散した。それを見たクスクス社の男たちもまた大武山の岩肌を駆ける雲豹《リクラヴ》の如く、その俊敏な身のこなしで彼らの跡を追った。

——パパツァイ、パパツァイ！

後方から飛んでくる怒号に搦めとられるように、逃げ出した人々の剝き身の肉体に重い刃が食い込んでいった。気が付けば、クスクス社の男たちの数は四十人を超えていた。やがてクスクス社の異変を知った牡丹社からも百名近い戦士が駆けつけて、普段はひどく穏やかな双渓口は異邦人の鮮血で赤く染まった。

那覇から来た仲本加那や島袋次郎《じらー》らは、そのまま凌老生の家に身をひそめて難を逃れた。生き残った者は鄧天保に伴われて、双渓口の西側にある保力庄村長・楊友旺《ようゆうおう》の下に匿われた。双渓口に向かった楊友旺や統埔の通事・林阿九《りんあきゅう》ら地元客家人の顔役らはそこで更に二人の琉球人を保護したが、「侵略者」の引き渡しを要求する牡丹社の人々に水牛一頭、豚数頭、酒樽十個に反物六反を送ることでその身柄を

牡丹郷役場前を流れる渓流。虐殺があった双渓口であったとも言われる。

引き受けた。

双渓口に残された琉球人の遺体から首を斬り落とした牡丹社の戦士たちは、それを大きなアコウの樹に括り付けて神々に祈りを捧げた。

ひい、ふう、みい、よお……

最終的に五十四級の首がアコウの樹にかけられた。アコウの樹は現在の牡丹郷石門託児所の近くにあったとされる。祈りの儀式を終えた五十四級の首は、やがて牡丹社やニナイ社に分けられてそこで丁重に祀られた。

八瑤湾に上陸してから三日、三十キロの道程を最後まで踏破できたのは、わずか十二名に過ぎなかった。

琉球漂流民の首がかけられたアコウの樹があった場所から客家人集落のある保力・統埔の集落までは、距離にしておよそ十キロほどの距離だった。統埔にはいまも「大日本琉球藩民五十四名墓」と書かれた墓碑が残っている。

事件後、楊友旺らは河原に散乱していた首のない遺体を集めて墓を作ったが、その三年後、「凶蕃懲罰」に来た日本軍が遺体を掘り起こし、そこに新たに集めた頭骨を合わせて墓を建立したのだ。台湾蕃地事務都督・西郷従道が揮毫したと言われる墓標の文字はほとんど消えかけていたが、墓そのものは掃除が行き届いていた。いまでも当時の漂流民の子孫たちが墓参りに訪れるらしく、墓前には台湾の米酒や沖縄の泡盛などが供えられ、黒糖や日本のスナック菓子も置かれていた。墓に立てかけられた卒塔婆には「牡丹社事件犠牲者追善供養也」と記されてあったが、いかにも日本的なその祈りが、この南国における国境の最果てにおいてはひどく異国情緒あふれたものに見えた。

明治七（一八七四）年、征韓論によって国論が二分していた日本政府はこの事件を渡りに船とばかりに維新後初となる外征を行い、琉球王国を自らの版図に組み込むことに成功した。謂わば偶発的に起こった悲劇を最大限利用したわけだ。その意味において、琉球「藩」民を殺害した「生番《やばんじん》」は懲罰に足る絶対悪であらねばならなかった。

戦前何度か芥川賞の候補にもなった作家・中村地平は、昭和一六（一九四一）年に琉球漂流民殺害事件から台湾出兵にいたる歴史を長編小説『長耳国漂流記』として発表した。南方を憧憬し、南方文学の旗手として多くの台湾関連作品を残した中村は、「パッションとキュリイオシティ」を抱き、膨大な資料と現地でのフィールドワークを基に「長耳人」ことクスクス社のパイワン人がなぜ琉球人を虐殺するに至ったのかを考察した。しかし、日本側の資料と聞き取り調査によって書かれた本作は徹頭徹尾、日本政府の視点から描かれている。「作者の空想をまじえることなしに、言わば小説的粉飾をほどこすことなしに、記録と見聞とによった事実を」描いたとする本作を、中村は「紀行的な歴史的な物語」と述べて、本作について言及した作家・坂口安吾も「全然、作者の空想を殺した」「完成された」歴史小説だとしている（ただし、自身も多くの歴史小説を書いた安吾はそれを肯定的に捉えていない）。

物語において、中村は「本島人町どくとくの汚らわしい、じめじめした部落」である車城を起点に、琉球漂流民の墓を訪ねるところから物語を説き起こす。ここで描かれた原住民は単純で親しみやすいが、同時に情緒的で暴力的な存在でもある。彼らの駕籠に担がれてクスクス社に向かった中村は、「山では絶対の権威者である大人《たいじん》（巡査）」の仲介で、地元の頭目と長老相手に事件当時の様子を聞き取っている。

山野警部補は、ふとった、まるい顔にいくらか声を荒々しくし、切りこむように、蕃語でたずねた。

「それでは凌老生のところで、蕃人たちは、琉球人に対してどういうことをしたというんだね」

すると、それまではひどく流暢にしゃべっていた長老と頭目とが、急に慌てたように言葉をとめた。そして、しょげこんだように、口をつぐんでしまった。警部補は酒のまわった赤い顔に微笑をうかべて、僕の方をふりむいた。

「蕃人たちでも、人を殺すのが悪いことだ、ということは知ってはいるんですよ」

馘首が罪悪であることは、現在では十二分に、徹底的に教えこんである。だから、彼らは、よしそれがふるい、歴史上の事実であっても、告白して、万が一災いが身におよんだりしては馬鹿らしいと考えたものであるらしかった。滑稽にもいわば歴史と現実とが、素朴な頭のなかでは混乱しているのである。

中村地平『長耳国漂流記』

植民地政府の管理する資料や人類学者の調査報告によって構成された「客観的事実」を基に書かれた『長耳国漂流記』は、小説という空間に植民者たちの声を響かせ、やがて跳ね返ってきた己の声を事実と誤認する典型と言えるかもしれない。台湾山地を駆け巡るぼくは、己もまた原住民の歴史と文化への「パッションとキュリイオシティ」に捉われていないかという疑いを抱きながら、「歴史と現実」とが入り混じった目で琉球漂流民たちが走った道程を眺めていた。

恒春半島に暮らすパイワン族の習慣では、集落の外からやって来た人間に水と食料を与える行為は彼らを仲間として受け入れたことを示すとされている。クスクス社の者たちは、「無断」で集落に侵入した部外者は殺すべきだという従来の掟に反してまで、貧しい蓄えから貴重な食糧の多くを提供した。蓄えだけでは足りなかったので急遽狩りに出かける必要まであった。にも関わらず、漂流民は集落から「無断」で逃げ出した。クスクス社の人間もまた、言葉が通じない中で深い疑心暗鬼に捉われていたのだ。

ローバー号事件を持ち出すまでもなく、三方を広大な海に囲まれた恒春半島には当時様々な外国勢力が侵入を繰り返していた。クアール社を殲滅しようとした米国アジア太平洋艦隊や清朝湘軍など、彼らは幾度も外部勢力による侵攻にさらされてきたし、海賊による略奪被害も少なくなかった。南方から流れ来る漂流者に関しては、数年前スカロの大頭目トキトクが赤い旗を掲げた紅毛人についてはその命を助けるようにと伝達《つたえ》てきたが、琉球人の容貌とその立ち居振る舞いはどちらといえば平地のパイランに近かった。パイランとは閩南語で「悪人」を指す言葉であるが、パイワン族は彼らを欺き、狡賢く土地を奪う漢人をパイランと呼んで信用しなかった。漂流民たちが侵略者、あるいは大規模侵攻の前哨部隊でなかったと判断を下すのは、決して容易なことではなかったのだ。

この事件に関して、台東県卑南郷出身のプユマ族の軍人で作家でもあるパタイは、長編小説『暗礁』（二〇一五年）において、パイワン族側の視点も交えながら双渓口の悲劇に至る過程を詳細に描いている。琉球側の視点は宮古島下地村出身の野原茶武《ちゃむ》、パイワン族側の視点はクスクス社頭目の息子カルル、牡丹社頭目の息子アルク、シナケ社のアディポンの三者を中心に進行していく。

中村の作品が植民統治下における「客観的事実」を集めて事件の真相を明かそうとするものであるのに対して、パタイのそれは予期せぬ虐殺を従来のような凶悪な「生番《やばんじん》」が起こした猟奇事件ではなく、積み重なった誤解と文化習慣の違いによるディスコミュニケーションが生み出した悲劇として捉えている。

クスクス社頭目の息子カルルは異郷の地に漂流しながらも、強い意志で活路を切り開こうとする野原茶武らに敬仰の念を覚え、父親の頭目チュルイとともに族長や長老たちの反対を押し切って漂流民に水や食料を与える。先述したように、パイワン族の文化では集落の水を飲んだ者は大切な客人であって敵ではないことを示すが、当の琉球漂流民たちは集落の水を飲んだにも関わらず、彼らを裏切る形でその場から逃げ出した。カルルにとって、それは頭目たる父親の面目を潰す大きな侮辱でもあった。何よりも、万一彼らが海賊や侵略者であった場合、集落の詳しい位置や人間関係、武器の有無などがすべて外部に漏れてしまうことを意味していた。

パニック状態に陥った双渓口において、野原茶武らは通じないとは知りつつも、命を救ってくれたクスクス社への感謝と誤解を伝えようとするが、事態はすでに後戻りできない状態にまで進んでいた。凌老生の暮らす集落までやって来たカルルらは、言葉が通じない状態で言い合いをしているうちに相手を斬り殺してしまったのだった。

「この人が何を言っているのか、わしにはわからない。このふたりもわしらの言葉がわからないんだ。でもまず落ち着いてくれ。みんな座ってくれ。なんとかして、わかりあおうじゃないか」

カルルは凌老生にはとりあわず、野原に向かって言った。

「おまえたちはこんなふうに、あいさつもせずに、勝手に逃げ出した。どういう意味だ。おまえたちは何者なんだ。なんでおれたちの部落に来て、それからこっそり逃げたんだ。おれたちを敵だと思ってるのか？　おれのおやじが、おまえたちが腹を減らしたり凍えたりしないように、ほかの族長を説き伏せておまえたちを受け入れたのを知っているのか。そして部落の半月分の食糧を出して食わせてやったんだぞ、お前たちは礼を言ったか？　今、おやじは族長たちの笑いものになっている。おまえたちは一言も言わずに逃げた。おれのおやじに、これからどんなふうに生きて行けって言うんだ。おれたちの部落のやつらに、このことをどう考えろって言うんだ」カルルは最後には怒鳴るように言った。

石門古戦場跡に建てられた「愛と平和の記念埤」。記念碑には日本語で「琉球の民と台湾原住民が共にひとつの杯で飲み干す像」と書かれている。

ふたたび「パパツァイ」という声が広がった。

パタイ著、魚住悦子訳『暗礁』

殺せ《パパツァイ》、殺せ《パパツァイ》！

クスクス社側からすれば、侵略者の可能性がある彼らを一人でも生きて帰せば、かつてクアール社が受けた一族「鏖滅《おうめつ》」の憂き目に遭うかもしれなかった。しかし、クスクス社の者たちが放つこの悲壮な言葉も、野原茶武ら異邦人の耳にはただ無意味な音の組み合わせとしてしか響かなかった。

実際、生き残った人々もなぜ自分たちが殺されなくてはならなかったのか分からずにいた。当時日本側が記録した報告書には、生存者の話として「生蕃は肉を食うという説もあり、また、脳は薬用にするという説もある」と記してある。彼らが和解を果したのは、事件発生から百三十年以上が過ぎた民国九四（二〇〇五）年、パイワン族の遺族とその関係者が沖縄県を訪れ、犠牲者遺族に直接謝罪をして和解の式典を行ってからであった。

虐殺の現場であった双渓口から二時の方向、クスクス社の北側には瑯嶠下十八社で最も精強で平地人たちから恐れられた旧牡丹社がある。明治七（一八七四）年、征台の役と呼ばれた台湾出兵では、琉球漂流民を殺害したクスクス社ではなくその首を馘した牡丹社が攻撃対象とされた。アルク頭目率いる牡丹社の戦士たちは現在の牡丹水庫の南側にある山間の狭所「石門《マツァツクス》」に埋伏して、進撃してきた日本軍と衝突した。

車城を出たときには雲ひとつなかったが、牡丹社に差し掛かる頃にはさめざめと空がすすり泣きしはじめていた。雨宿りがてら、山道わきにあった小さな書店に足を止めた。玄関口のないむき出しの書店には、道の駅に置かれた野菜のように原住民関連の書籍や日本時代の古い資料などが並べられてあった。パイワン族とアミ族の混血であるという老齢の店長は、若い頃原住民の社会運動に参加して平地で原住民新聞の発行などに尽力してきたのだと話してくれた。この奇妙な訪問者が日本人であると知った店長は、恒春半島の歴史や原住民族の現在、それから彼のお気に入りである柄谷行人の本について語ってくれた。

雨はしばらく止みそうになかった。

笑顔がすてきな店長夫人がコップに入った高山茶を差し出してくれた。ぼくはクスクス社で手渡された水を飲み干した漂流民の心情を想像しながら、差し出されたお茶を一口一口ゆっくりと飲みほした。やがて書店に地元の小中学校で教鞭を執る若い夫婦が訪れて、ぼくたちは百五十年前にこの半島の運命を変えた事件について話した。

「牡丹社事件から今年で百五十年になるでしょう。いま、地元の小学校ではその副教材を作ってるんです」。牡丹水庫近くにある小学校で教鞭を執る女性教師が言った。

「だけど、どの視点から事件を見るかによって受け入れ方もずいぶん異なってしまうんでしょうね」

ぼくの言葉を聞いた彼女は、はっきりとした口調で応えた。

「受け入れる必要はないんです。ただ子供たちにこの事件を知ってもらい、色々考えてもらえば。どうして琉球人たちは逃げ出してしまったのか。集落で部外者に水を与えることにはどんな意味があったのか。どうして私たちのご祖先は琉球人たちを殺さなくてはいけなかったのか……」

雨音は激しさを増していたが、山地に暮らす彼らにとってこうした驟雨もまた日常の一幕であるかのようだった。

何杯かお茶をおかわりした後、ぼくは店長夫婦たちに別れを告げた。今度来るときは少しはパイワン語もしゃべれるようになっておけと言う店長の勧めに従い、積み上げられた本の山から『屏東県母語教材　排湾語《パイワン》』と書かれた本を一冊購入した。雨に濡れて少しカビくさい本の奥付には、民国八一（一九九二）年発行と書かれてあった。

別れ際、ぼくは唯一知っているパイワン語を口にした。

「masalu《ありがとう》！」

下手くそなパイワン語を話す日本人を見て、彼らは優しく笑ってくれた。あるいは百五十年前にこの半島に漂流した人たちの中にこの言葉を知っている者が一人でもいれば、東アジアにおけるその後の歴史も大きく変わっていたのかもしれない。雨に濡れた山道は殊の外走りにくかったが、眼下に広がる平地にはすでに陽の光が差していた。

トイレの「小紅」さん

兵役中の怪談？　もちろんありますよ。とにかく毎日退屈だから刺激に飢えてますからね。センセイも分かるでしょ。え、日本に徴兵制度はない？　うらやましいなあ。兵隊に行ったっていいことなんてなんにもないっスよ。それに、ぼくらの服役期間はたった四か月でしたから、実際兵隊として使えるかといったらお世辞にも無理でしょうねえ。はい、後輩たちの徴兵期間は一年に延びました。その点、ぼくらの世代は得をしたのかもしれません。

兵役中の怪談でしたね。どの地域、どの部隊に配属されるかによって違いがあるんでしょうが、ぼくなんかは幸いにも市内の新兵訓練所に配属されたんで、たいしてめずらしい話はできないと思います。それでもいいですか？

だいたい新兵訓練所に配属された新兵は、班長や小隊長から同じような話を聞くんですよ。深夜の歩哨任務中に行進訓練する兵隊がいるから誰何したら、それは首のない日本兵で、中華民国《ぼくたち》の軍服を見るなり「バカヤロー！」なんて叫びながら日本刀で襲い掛かってくるとか。台湾の軍事施設のほとんどは日本時代のものを引き継いでますから、日本兵に関する怪談は意外と多いんっスよ。基地の近くにあった眷村に住んでる老兵の中には、小さな頃に大きなサングラスをかけた「日本鬼子」に出遭ったことがあるなんてのもいましたよ。アメリカ兵でもあるまいし、サングラスをかけた日本兵なんてホントにいるのかって聞いたら、そうじゃないんだ、大きくなって考えてみりゃあれはたぶんしゃれこうべが軍帽をかぶってたんだって。ぼくなんかおかげさまで日本語が分かるから、遭わなくてよかったですよ。なんでって、通訳なんかやらされた日には漢奸になっちゃうじゃないですか。

でも一番怖いのはやっぱりトイレの「小紅」さんです。兵役中には懇親会ってのがあるんですが、その際シャバにいる友人や家族と面会ができるんです。もう数十年も前の話らしいんですが、ある日真っ赤な洋服を着たきれいな女性が彼氏に会いに来たんですよ。当然女日照りの兵隊たちは色めきたちますよね。そこである上官、曹長だったかがその女性を騙してトイレまで連れていったんですよ。騙されたことに気付いた女性は必死に逃げようとしたんですが、時すでに遅しってやつで、結局その場で暴行されちゃったんです。女性はそこで首を吊って亡くなったそうです。殺されたって話もありますが、さすがに基地の中で一般人を殺すなんてことはないと思うんで、きっと自殺したんでしょうね。

その日から、〇〇にあるトイレには真っ赤な洋服を着た「小紅」が出るって噂が立つようになったんです。夜中トイレで鏡を見たら、背後に「小紅」が立っていたとか。嘘だなんて分かってますよ。どれだけ国軍がクソったれの組織でもさすがにそこまで規律は落ちていないですからね。けど数十年前の出来事だって言われたら、そんなこともあったのかなって気がしないでもないじゃないですか。だから夜中にどうしてもトイレに行かないといけないときには、同室の兄弟を起こしてついてってもらうんですよ。ちょっと、笑わないで下さいよ。日本人だって「トイレの花子さん」が怖いんでしょ？　他にも証拠隠滅をしようとした上官に身体をバラバラにされた小紅が上半身だけになって自分を乱暴した曹長を探してるなんて話もあったんですよ。これなんかは日本の何とかって妖怪の影響を受けてると思うんですが。

とにかく軍隊なんてところは理不尽なことだらけで、行かなくてすむならそれにこしたことはないっスよ。

12

ワタシハダレ？

台湾出兵と忘れられた拉致事件

それは実に不思議な被写体だった。

その日、従軍写真家の松崎晋二は急遽亀山にこしらえられた台湾蕃地事務局の本営へと呼び出された。それは山と呼ぶには低すぎる場所であったが、それでも周囲に点在する集落を展望するには十分な高さがあった。西に目を向ければ大陸を望む台湾海峡、東に目を転ずれば「生蕃」たちの暮らす山々を睥睨することができた。

本営近くでは、昨日の牡丹社討伐から帰還した兵士たちの興奮した声が響いていた。独特のリズムをもった薩摩訛りから、幕営を取り囲んでいる彼らの多くが元武士たちによって構成された「徴集隊」だと分かった。九州各地から志願してきた彼らの多くは粗末な草履を履き、腰にはわざわざ内地から携えてきた日本刀を差すなど、熊本の鎮台兵たちとは明らかに風貌が異なっていた。

一週間ほど前、松崎ら非戦闘員は台湾蕃地事務都督・西郷従道《つぐみち》らとともに、瑯嶠下十八社西側の町・社寮に上陸した。その前日、四重渓に武力偵察へ出かけた部隊が、石門《せきもん》と呼ばれる山間の狭小地で「生蕃」の待ち伏せに遭ったらしかった。日本軍を迎え撃ったのは今回討伐の対象とされた牡丹社の者たちで、勇猛で知られた頭目のアルク親子が集落の戦士たちを率いて日本軍を急襲したのだ。部隊が壊滅の危機に陥っていると報告を受けた佐久間左馬太参謀は急遽亀山本営にいた手勢を率いて加勢にかけつけると、峻険な石門を駆けのぼって見事頭目親子を討ち取ることに成功したという。

本営にいた徴集兵らは「生蕃」の大将首を掲げて帰営した仲間を見ると、地団駄を踏んで悔しがった。手柄を立てられなかったことを悔やんでいるのであろうが、それを聞いた松崎は時代遅れも甚だしいと思った。御一新からすでに七年が経っているのだ。西郷都督が敵の「首級」を掲げて帰営した者たちの武功を褒めるどころか、露骨に不快感を示したということも十分理解できた。

——おお、松崎さん。こちらです。

本営に張られたテントに腰を下ろしていた水野遵が声をあげた。その周囲には射寮の町に暮らす土生《トセ》仔《ア》たちがいて、松崎に向かって暗いまなざしを向けてきた。平地原住民族と閩南人の混血である土生仔たちは、今回の討蕃作戦で日本軍の先導役を担わされていた。松崎は現地の言語を自在に操るこの若者を不思議なまなざしで見つめた。出兵前から台湾に潜伏して盛んに諜報活動を行っていた水野は現地の事情にもひどく精通していた。二十年後、台湾総督府民生長官として再びこの島に戻ってくる彼も、当時はまだ創建されたばかりの帝国陸軍の通訳官に過ぎなかった。

——実はこの子の撮影をお願いしたいのです。

目を落とすと、彼の傍らにひどく怯えた様子の少女が立っていた。どこから持ち出したのやら、小さなその体軀には日本の浴衣をあてがわれていたが、蕃地の産であることは一目瞭然だった。

——この子は？

——先の総攻撃で、谷少将率いる左翼部隊が牡丹社北部にあるニナイ社を焼き討ちした際に見つけたのです。老婆もひとりいたのですがどうも逃げられてしまって。生蕃はまるで幽鬼ですな。少女とは言え貴重な生捕です。どうかご自慢の撮影機材でひとつ記録しておいてもらえませんか。

本営の兵士たちを騒がせていたのがこの年端もいかない少女であることを知った松崎は、何やら肩透かしを食らったような思いがした。てっきり討ち取った頭目の生首でも撮らせてくれるのかと思っていたからだ。用件だけ伝えると、水野は再び土生仔らと流暢な閩南語で何やらぼそぼそと話し込みはじめた。

松崎はしばらく呆然と少女を眺めていた。その肌は黒く、不安に揺れる両目は落ち窪んでいた。充血した目玉は眼病を患っているようにも見えた。目病みであれば、岸田吟香《ぎんこう》氏からもらったヘボン博士直伝の点眼薬が効くかもしれないと思ったが、あるいはただ恐怖で泣き腫らしただけなのかもしれない。耳朶には日本では見慣れない紅い珠を穿ち、頭には粗末な布が巻かれていた。周囲を見回してみたが、山地蕃語を介するような者はおらず、松崎は仕方なく助手の熊谷に撮影準備をするように合図を送った。

湿板写真の露出は十秒ほど時間がかかる。舞い上がる砂塵の中で、松崎は少女に動かないようにと指示を出したが、土台無理な話であった。何度静止を要求しても、言葉の分からない少女はすぐに不安げに身体を揺らしてしまうのだ。

むべなるかな。恐怖で神経が昂っているところに、数百人もの兵士に取り囲まれているのだ。遠巻きに撮影の様子を興味深そうに眺めていた兵士らが、少女に向かって卑猥な言葉を投げかけて囃し立てた。兵士らを追い払った松崎は近くにあった熊手を少女の手にもたせてみたが、それでも震えにも似たその動きは止まらなかった。仕方なく熊谷に少女の頭を押さえつけるように指示を出した。

――お前知ってるか？《おはんはしっちょるけ》　あのかわいらしい子は、《あんむぜこは》長崎に運ばれるそうだ。《ながさきにはこばるったーげな》

――ほんとか？《んだもしたん》

そばにいた兵士が言った。それを聞いた松崎は到着早々に郷愁の情が湧いてくるのを感じたが、なにゆえ少女が内地に連行されなければならないのかは分からなかった。もしかしたら、自分は遺影を撮らされているのかもしれない。そんな考えも頭をよぎったが、これから蕃地の戦場写真を撮って功名を上げたいと考えていた松崎にとって、無名蕃女の運命など気に病むほどの問題でもなかった。

後に日本初の戦場カメラマンとも言われる松崎晋二は、半年に亘る台湾遠征生活において「蕃地有名の風景、車城瑯嶠の実景亀山本営の縮図より石門の奇嶮《きけん》相思木の異状其他蕃酋《ばんしゅう》男女粧飾《しょうしょく》の像」をことごとく写して日本に持ち帰ったと言われるが、皮肉にも台湾出兵に関して現在残されている写真はこのときに写した一葉だけである。「湾島牡丹小女年十二歳」と書かれた写真は一葉十銭で販売されたらしく、現在の貨幣価値に直せば四千円ほどであったとされる。

額から止めどなく流れ落ちる汗が目に染みる。水無月を迎えた瑯嶠半島は、さながら蒸籠の底に横臥するがごとき蒸し暑さであった。

屛東県車城郷にある国立海洋生物博物館（海生館）の駐車場裏に立てられた小さな石碑を前に、ぼくは百五十年前にこの地で交わされていたかもしれない情景を夢想していた。年季の入った石碑にはいまにも消えそうなほど薄い字で「明治七年討蕃軍本営地」と彫り込まれていた。海生館の裏手にこうした史跡が立っていることに気付かない観光客たちは、一秒でも早く毒々しい南国の陽光を避けようと、冷房の効いた館内へと吸い込まれていった。

数年前に日本の八景島シーパラダイスが桃園市で都市型水族館を開くまで、台湾で大型水族館と言えばこの海生館のことを指していた。海生館は珊瑚王国館、台湾水域館、世界水域館の三つのエリアに分けられていて、その総面積は九十六ヘクタール、東京ドーム二十個ぶんほどに相当する。鑑賞コースの流線に身をまかせるように、ぼくは珊瑚王国のエリアに足を踏み入れた。円筒型の水槽に展示された珊瑚エリアを抜けると海底隧道と呼ばれる八十メートルにも及ぶトンネルが現れて、青白く光る水槽内には台湾近郊の海洋に暮らす様々な海洋生物たちが舞うように泳いでいた。人気のシロイルカがトンネル内に現れる度に、観光客は大きな歓声をあげてスマホを向けていた。バブとエンジェルと名付けられた二頭のシロイルカは人懐っこく、観光客たちの頭越しに何度も宙返りをしてみせていた。

海生館の細やかな演出は観光客たちの目を大いに楽しませていたが、それが大自然の状態に近づけば近づくほど、ぼくはそのすぐ外側に広がる「本物」の海を思わずにはいられなかった。生態ごとに細かく隔てられた水槽の内側で暮らす海洋生物たちの多様性とはあくまで人間によって運用された疑似的世界であって、ここで働く職員たちは創造から破壊を一手に握る神にも等しい役割を担っていた。一見自由に見えるバブとエンジェルもそうした環境からは逃れられずにいた。

珊瑚王国館を離れたぼくは、飲食店の立ち並ぶテラスの欄干にもたれ掛かりながらコバルトブルーに輝く恒春半島の海を眺めた。ニセモノはこちらであるはずなのに、チューブの中の絵の具を一ミリも余すことなく使って描かれたような太い輪郭を持ったその光景がむしろ現実感を失わせてしまっていた。視線を海生館から南へと向ければ、そこには百五十年前に日本軍が上陸した小さな砂浜が広がっていた。

明治四（一八七一）年の琉球漂流民殺害事件を口実に、日本政府は総勢三千六百五十八名の征蕃軍を瑯嶠（現在の屏東県恒春半島）に派遣した。閩南人、客家人、土生仔《トセア》が分かれて暮らしていた平地の集落を見下ろす亀山に本営を設営した日本軍は、さらに鳳山県新城（現在の高雄市鳳山区）に集結しつつあった清国軍に対応するために、北側の楓港にも部隊を派遣してその動きを牽制した。当時の瑯嶠はこの楓港を境として、北が瑯嶠上十八社、南が下十八社に分かれていた。どちらもパイワン族を中心とした山地酋長制の連合集落であるが、南に位置する下十八社は大頭目トキトクらスカロ族がその中心的役割を担っていた。今回日本軍が攻撃対象としたのは下十八社に属するクスクス社と牡丹社で、亀山からは北東へ三十キロほどの距離があった。

上陸した日本軍はまず山地の分断工作を進めた。今次の出兵は無辜の琉球漂流民を殺害した「凶蕃」を懲らしめるものであって、それ以外の蕃社とは友好関係を築くものであること、日本軍に帰順した集落には多くの贈与品が贈られるが、「凶蕃」に味方した集落に対しては徹底的な制裁を加えることが伝えられた。頭目たちは三年も前に起こった出来事を何をいまさらと知らぬ振りを決め込もうとしたが、やがてパイランたちが暮らす平地の集落に繁殖期のミナミオカガニのように集まってくる日本軍の兵士たちを見て、その態度を改めざるを得なくなった。

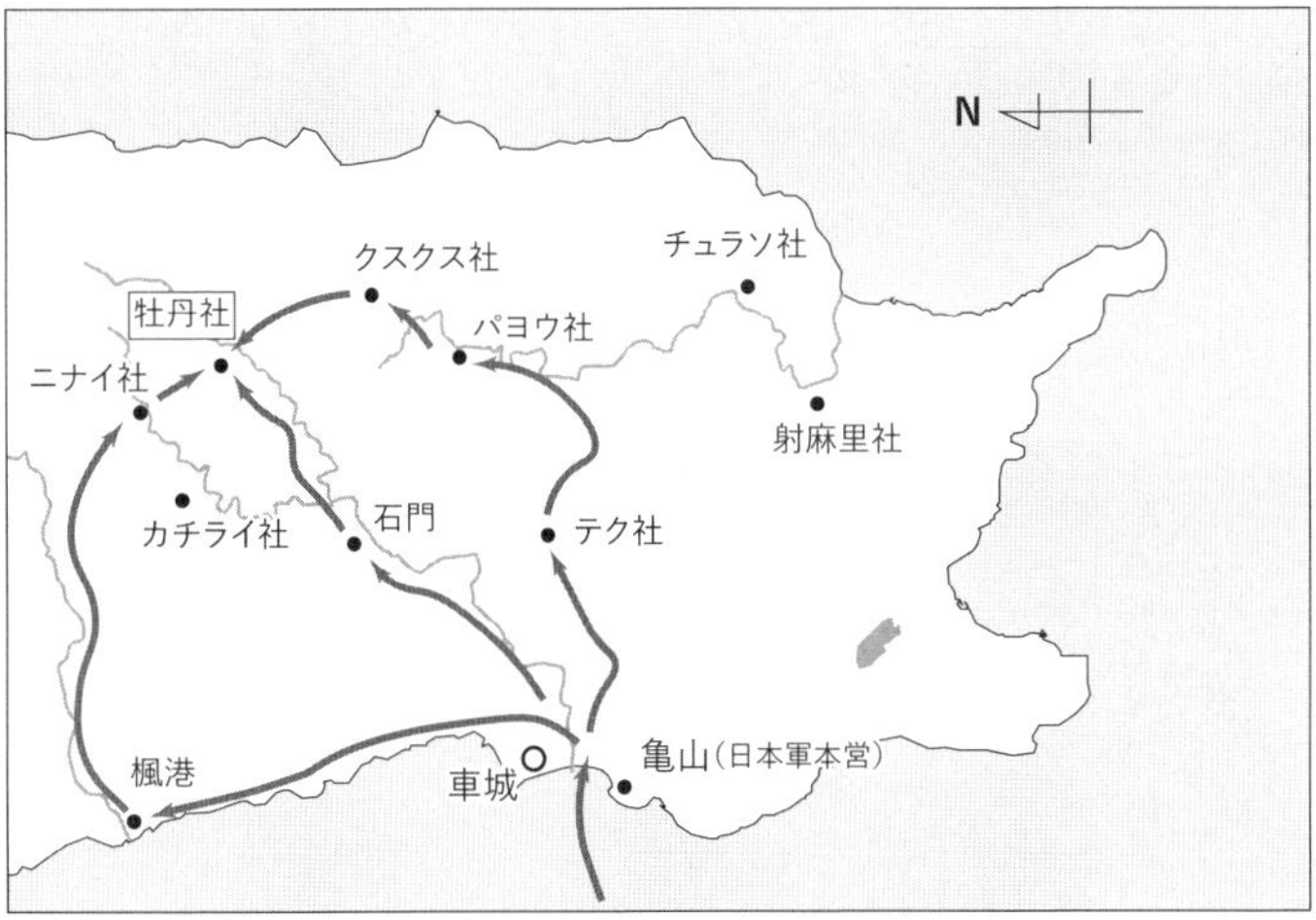

台湾出兵時における日本軍の進軍路
(『沖縄県史ビジュアル版 近代1』を参考に作成)

この時期、瑯嶠下十八社の大頭目トキトクはすでに鬼籍に入っていたとも言われている。跡目を継いだのはその養子・朱雷《ツジュイ》であったが、若い大頭目の後見として射麻里社のイサ頭目が日本軍との交渉を担った。長年トキトクを補佐してきたイサは、最終的に瑯嶠下十八社を守るために帰順の道を選んだ。イサはなぜよそ者であるはずの日本軍がここまで正確に各集落の位置やその数、更には瑯嶠における複雑な民族関係を把握できているのか不思議に思っていた。帰順のためにチュラソ社の文杰《ブンキッ》らを連れて亀山の本営を訪れたイサは、そのことをパイランの言葉が分かる水野遵に尋ねてみた。

——我らには協力者《ダオカチュエラン》がいるのですよ。

水野はそう言って、サッとその手で左目を隠してみせた。

——あなたたちがよく知っている紅毛人《アンモエ》です。

水野のその仕草を見たイサは、はじめて日本軍の背後にルジャンドルがいるのだと知った。七年前、わずか数人で「火山」に乗り込んでトキトクとの交渉をまとめ上げたあの隻眼の紅毛人が、今度は日本人の味方をしているのだ。どうりで、彼らは我らの土地を自分の庭のように歩き回れるわけだ。

この時期、アモイ米国領事の職を離れたチャールズ・ルジャンドルは明治政府の外交顧問となっていた。外務卿副島種臣よりも高い俸給をもらっていたルジャンドルは、琉球漂流民の殺害事件を受けて、日本軍による台湾出兵を強く主張した。当初、明治政府は清国領台湾を攻撃することで大国清と全面衝突する事態を恐れていたが、清朝廷の外交政策を熟知していたルジャンドルはかの老大国は枋寮以南の土地を「化外の地」として関与することはないので心配はないと説き、日本軍による台湾出兵の詳細な計画まで描いて、その上陸地点を瑯嶠は亀山にすべきだと訴えた。

牡丹社事件の集合写真。中央に西郷従道。
左手がトキトクの養子朱雷（ツジュイ）、右手が射麻里社のイサ、
手前で寝転んでいるのが水野遵とされる。

イサは日本軍に「帰順」することを決めたことを我ながら賢い選択だと思った。ルジャンドルは何度も彼らの集落を訪れてはその位置や規模、頭目や戦士の数などを調べ上げていた。盟友トキトク亡き今、彼らと正面からことを構えることは得策とは言えなかった。彼のあとを継いだ朱雷《ツジュイ》はこの困難な状況で若くして酒に溺れ、同じくトキトクの養子で聡明で知られた文杰《ブンキッ》がその跡を継ぐにしてもまだときが必要だった。実際、帰順の動きに最後まで反対した牡丹社とクスクス社は集落を焼き払われて、あまつさえ頭目親子らは無残にも石門《マツァツクス》で日本軍に首を持ち去られてしまった。このとき持ち帰られた牡丹社戦士たちの首は、軍事顧問として台湾出兵に参加した米国軍人ジェームズ・ワッソンが「戦利品」として取得し、それが何人かの手を経て、最終的に英国のエディンバラ大学へと送られた。頭蓋骨が旧牡丹社の人々に返還されたのは、民国一一二（二〇二三）年十一月、事件から実に百四十九年後のことだった。

続々と亀山に上陸してくる日本軍兵士たちを横目に、

イサは先祖が守り続けてきた瑯嶠下十八社の土地が小さく切り刻まれていくような気分になっていた。標高が七十メートルほどしかない亀山から見下ろした海はずいぶん小さかった。果たして先祖から受け継いできた土地や文化を失ってもなお、われわれは誇り高いスカロであり続けることができるのであろうか。若い文杰《ブンキッ》に向かって吐き出しかけた言葉を呑み込んだイサは、黙ってそのまま亀山の本営をあとにした。

松崎晋二が撮影した少女は日本軍によって「生擒《せいきん》（生捕）」とされた後、陸軍少将・谷干城に付き添われる形で瑯嶠から長崎に連れられると、神戸・横浜港を経て、東京まで送られた。「生蕃」の捕虜が内地へ送られてきたことは、当時発行されたばかりの新聞紙上を大いににぎわし、とりわけ日本初となった従軍記者・岸田吟香を擁する『東京日日新聞』などは連日その様子を報道して大いに売り上げを伸ばしていった。

新聞紙上で「其性ノ愚魯《ぐろ》ナル殆ト豚児《とんじ》ノ蠢々《うごめき》タルガ如シ」と散々な批評を加えられた当該少女は、政商・大倉喜八郎預かりとして東京府に送られた。ところが、鹿鳴館や帝国ホテルの建設にも携わったこの御用商人は、日本軍の輜重事業を千載一遇の商機と捉え、その公務に忙殺されていた。喜八郎は少女を東京府本革屋町に暮らす知人で退役軍人の上田発太郎なる人物のもとへと預けた。

――名を何と言うのだ？

発太郎はできるだけ優しい口調で問うてみたが、少女はうんともすんとも答えなかった。

――どうだ？　何とか言ってみろ。

見たところ、齢はすでに十二、十三に届いていそうだったが、大倉邸では毎晩寝小便をして世話の者たちを辟易とさせたらしい。

——台湾から来たのだから、オタイさんでどうかしら？

発太郎の細君が口を挟んだ。その表情は思いのほか明るく、これからどのようにして本邦の美徳を学ばせるべきかと思い悩んでいた発太郎は思わず苦笑した。蕃地事務局が文章案を作成した教育方針において、少女は「皇国ノ美風ニ化」すべしと明記されていたが、生真面目な発太郎はそのことをひどく気にかけていたのだ。蕃地事務局長官・大隈重信に宛てた報告書において「生擒」と記されていた箇所は、すでに「迷子」を保護して日本に送ったと書き換えられていた。上田家にはこの迷子の教育費として、月々十五円もの大金が大蔵省から振り込まれることになっていた。

——今日からあなたはオタイちゃん。オタイちゃん。ほら、言ってみて。

夫人はまるで拾ってきた野良犬を躾けるような口調で同じ言葉を繰り返した。

——わたしはオタイです。ほら、言ってみなさい。わたしはオタイです。

——ワタシハ……

しばらくの間、ぼんやりと二人のやり取りを見ていた少女がふいに口を開いた。

発太郎は驚いた。新聞紙上で散々に書かれていたオタイは、てっきり「白痴」の類だと思っていたからだ。

——オタイデス。

上田夫婦は肩を叩き合って喜んだ。しかし、己に吐きかけられた言葉をただオウム返しに繰り返したオタイの目には何の感動も浮かんでいなかった。興奮の色を隠せない上田夫婦を見上げながら、少女は再度その音の羅列を繰り返しつぶやいてみせた。

――ワタシハオタイデス。

学習の見込みありと考えた発太郎は、オタイに日本語の読み書きや裁縫などを学ばせることにした。この上田発太郎なる人間がどのような人物であったのかについてはよく分かっていないが、蓄地事務局宛てに作成した報告書を見る限り、律儀な性格であったことは分かる。オタイが日本にやって来てひと月あまり経った頃、発太郎は蓄地事務局宛てに日常生活に必要な日本語を口伝えで教えて礼儀作法を享受すると、「言語モ相通」し、徐々に「皇国ノ人情ヲ察」するようになったと報告している。オタイの「進歩」に気をよくした発太郎は、九月末に東京府青物町十六番地に居を構える士族・佐々木支陰《しいん》の下に通わせて、習字や読書などを学ばせることにした。この佐々木支陰なる人物はかつて昌平黌《しょうへいこう》で学んだ詩人で、日本橋にあった京橋親柱に「きやうはし」の文字を揮毫したことでも知られている。

――聞けば近年、北海道にいた「旧土人」も、青山の農業実験地に連れてこられて、日本語を学ばされていると聞く。オタイもこれに続くべきだ。

長い髭を剃らされ、慣れない洋服に身を包んだアイヌたちを遠目に見たことのあった発太郎は、そこに何やら諷示《ふうじ》のようなものを感じ取った。「皇国ノ人情」を学ばせるためにはまず身に染み付いた「蛮習」をわれらが文明によって改めさせるべきなのだ。それでこそ、清国が長年向化することのできなかった「生蕃」を、わが帝国が「教導誘導教化」したことに相成るのだ。

——ともかく言葉だ。日本語が通じないことにはどうにもならない。

発太郎はしばしば虚ろな瞳を中空に投げかけるオタイの肩を強くゆすって言った。

——さァ、言ってごらん。ワタシハオタイデス。ワタシハオタイデス……

台湾水域館にある大洋プールには幅十六メートル、高さ五メートル近くに及ぶ巨大なアクリル板の水槽が設置されていて、シュモクザメやオニイトマキエイなど、大型の海洋生物たちが泳いでいた。頭部がハンマー型に張り出したシュモクザメが近づいてくる度に、アクリル板にへばりついている子どもたちはうれしそうにはしゃぎ回っていた。

数年前、日本から来た交換留学生らを連れてこの場所を訪れたことがあった。キラキラと輝く恒春半島の海を見た留学生たちはすぐさまスマホを取り出して、興奮した様子で写真を撮りはじめた。館内に足を踏み入れると、沖縄に行ったことがあるという留学生が「まるで美ら《ちゅ》海水族館みたい」と大きく両手を広げてみせていた。台湾水域館にやって来た留学生たちは、それぞれ思い思いの場所で再び写真や動画を撮りはじめた。歩き疲れたぼくは、ひとり大洋プールの前にある長椅子に腰を下ろして、ぼんやりと中空を泳ぐ海洋生物たちを眺めていた。すると、そばに座っていた老人がふいに話しかけてきた。

「あなたは日本人《にほんじん》ですか？」

頷くぼくに、老人は右手に握った杖を胸に抱くような格好で、ここまで息子夫婦に連れてきてもらったのだと言って笑った。そしてアクリル板の前で楽しげに騒ぐ学生たちを指さして、あれはあなたの友だちかと尋ねてきた。

「学生です。ぼくは高雄《ガオション》で日本語の教師をやっています」

「おお、高雄《たかお》。わたしも昔そこで勉強していたよ」

老人は多くの高齢者たちがそうするように、初対面のぼくに結婚や子供の有無について尋ねてきた。曖昧な笑みを浮かべながら適当にその話を聞き流していると、写真を撮り終えた学生が戻ってきた。その学生は興味深げにぼくと老人のやりとりを聞いていたが、やがて思いもよらない言葉を吐いて周囲を凍り付かせた。

「おじいさん、日本語がずいぶんお上手なんですね」

ときに悪意なき言動ほど人を傷つけることもない。老人はかなりの高齢で、植民地時代に簡単な日本語を学ばされたことがあることは容易に想像できた。老人の顔を直視することができなかったぼくは、耳の悪い彼にも聞こえるような大きな声で「日本は台湾を植民地にしていたことがあるんだよ！」と言った。しばらくすると、老人は迎えにきた家族に連れられてその場を離れていった。

五か月間に亘って日本語を学ばされたオタイも、きっと善意に溢れた隣人や教師たちからその日本語能力を褒められたことがあったはずだ。それを聞いた本人の胸には果たしてどのような感情が去来していたのであろうか。オタイとその老人の相違点は、老人の周りにはそれでも同じような境遇の仲間たちが数多くいたが、幼いオタイの周りには言葉が通じる同胞が一人としておらず、そして現在にいたるまで、家族どころかその存在を覚えている者がほとんどいないということだった。

館内では、シュモクザメの「異様」な容姿を笑い合う子供たちの声が残酷に響いていた。

暦はすでに明治七年の神無月を迎えていた。

難航していた清国との和議がようやく成立し、明治政府は正式に瑯嶠からの撤兵を決定した。そこで、和議のお荷物となったオタイは台湾に送り返されることになった。十一月十三日、オタイは横浜港から東海丸で出航し、来日したときと同じように神戸・長崎港を経て、瑯嶠へと戻っていった。当日の『東京日日新聞』には、「麗服盛装」したオタイを「観る者競うて墻《かき》の如し」であったと書かれている。世話係の上田発太郎からは餞別として、女子用小学書、錦絵、立派な首飾り、玩具などが手渡されたらしい。記事には、「上田夫婦永訣を悲しんで愁然なり」と書かれているが、オタイのこころがどのようなものであったのかは知りようもない。

十一月十九日、長崎を発った東海丸は二十五日早朝に瑯嶠へ到着、そこで現地の宣撫工作を任されていた水野遵に再び引き渡された。後年水野は当時のことを記録した『征蕃私記』において、「専ら開智の術を盡《つく》され」たオタイが、当初の「山猿顔を一変し、東京新様の女装をなし、足に沓《くつ》を穿」っていたことにひどく驚いたと記している。オタイさんと呼べば「ハイ」と答え、人と逢えば「旦那サンお早う」と話したオタイは、夜間にもしばしば「旦那サン御手水」と、世話役の水野を困らせたらしい。

十一月二十八日、オタイはついに故郷のあるニナイ社へと戻ってきた。帰郷したオタイがどんな人生を送ったのかについての記録はほとんど残されておらず、わずかに残された資料もあからさまなプロパガンダを謳ったものが多い。ところが、実際恒春半島を渡り歩いてみると、オタイがどのような人生を辿ったのか現地の人々の間でもほとんど知られていないことが分かった。一九九〇年代から現地の耆老などにインタビューした地元の郷土史家らの調査によると、その最期はずいぶん悲惨なものであったらしい。日本の悪習を持ち込んで同胞を堕落させると思われたオタイは集落に溶け込むことができず、ひとり山に隠れて暮らしていたが、数年後にはガジュマルの樹の下で首をくくって死んでいるのを発見されたとか。パイワン族の伝統社会では一般に非業の死を遂げた人物は後世には語り継がれないことになっているが、このあたりの事情もオタイが歴史から忘れられた原因のひとつとも考えられる。しかしもしもそれが本当であれば、あまりにも辛い最期だ。

亀山から旧ニナイ社があった場所まで、バイクでおよそ四十分ほどかかった。ぼくは水野遵らが所属していた左翼軍が進軍したルートをなぞるように楓港からニナイ社を経由し、牡丹社へと至る山道を進んでいた。『東京日日新聞』には「風港ロヨリ牡丹ニ進入セシ道ニテ爾乃《ニナイ》生蕃ヲ放火セシ」と書かれてあったが、旧ニナイ社にいたる山道は現在はすでに廃道となり、オタイたちが暮らしていた集落も山々に青々と生い茂る木々に呑み込まれてしまっていた。小雨そぼ降る山道は平地に比べて肌寒く、楓港渓沿いにはるか台東市内まで延びる南廻公路には山地とは思えないほど多くの自動車がひっきりなしに行き交っていた。

オタイの本名はヴァヤユンといった。

日本軍に破壊された集落に戻ってきたヴァヤユンは、上田夫妻から買ってもらった「東京新様」の洋装に身を包み、赤脚には沓を穿ち、亀山から引きずってきたスーツケースには大量の日本土産が詰め込まれていた。得意顔のヴァヤユンは東京で流行していた錦絵を取り出してはそれを集落の人たちに見せ、何かを尋ねられると一々日本語を折り混ぜながら答えた。上田夫妻から「人々の手本となるように」と教えられたオタイは、自身がそうされたように懸命に集落の人たちを「教化」しようとした。ところが伝統を重んじる長老たちは眉間に深い皺を寄せ、日本の敵《アラ》に家族を殺された者たちは背を向けて唾を吐き捨てた。

――ワタシハオタイデス。

無数の冷たい目が、この異郷から返ってきた少女を眺めていた。

――旦那サンお早う。

あるいは、敵《アラ》の下から大量の「報酬」を持って戻ってきたこの者は、すでに異郷の男と交わっているのかもしれない。性に厳格なパイワン社会において、異族と交わった者が再び同胞《シガタアラン》と結ばれることはなかった。ヴァヤユンを囲んでいた輪からは一人また一人とひとが離れていった。スーツケースの中にはまだまだ集落の人たちが見たことのない宝物が入っていたが、気が付けばそれを見せる相手もいなくなってしまった。

幼くして両親を亡くしていたヴァヤユンにはこの孤独を正面から受け止めてくれる家族もおらず、その社会階級も決して高いものではなかった。あれほど懐かしかった楓港渓沿いの山々はどこかよそよそしく、今となってはむしろ銀座通りの煉瓦街が懐かしく思えた。舗装のされていない山道を毎日歩いていると、上田夫婦から買ってもらった靴も服もすぐに破れて使い物にならなくなった。

すっかり話し相手のいなくなったヴァヤユンは集落の人間が寝静まる時分までひとり深山に身を隠し、楓港渓の水面に映った己に語り続けるしかなかった。

――ワタシハオタイデス。

従軍カメラマン松崎晋二によって撮影されたオタイの写真。（森田峰子『中橋和泉町　松崎晋二写真集』）

——ワタシハオタイデス。

——ワタシハオタイデス。

——ワタシハ……だれ《ティマクン》？

水面に映ったその容貌はかつて松崎晋二が撮った写真の表情とほとんど変わらなかったが、その瞳に往時の怯えはなくただ行き場のない孤独だけが滲み出していた。

赤い目のパリ

ある集落にパリと呼ばれるパイワン族の少年がいた。その両目は番刀よりも鋭く、また海洋《ラヴァク》に沈む太陽よりも赤かった。ところがパリが成人となって仲間たちと大武山に狩猟に出かけるようになると、自身の赤い目に呪われた能力があることに気付いた。その美しい双眸に見つめられた者は、それが動物であれ人間であれ、全身から炎を噴き出して焼け死んでしまったのだ。お山でヒョンやタイワンジカを狩っているときにはひどく役に立つ異能であったが、到底日常生活を送ることのできる代物ではなかった。

集落の者はみな頭を痛めた。勇敢で人当たりのいいパリをきらう者こそいなかったが、さりとて彼と一緒に食事をしたり狩りをしたりするのは難しかった。ふとしたひょうしに見つめられれば、次の瞬間には黒焦げになってしまうからだ。

話し合った結果、頭目はパリを集落の外れにある岩屋に閉じ込めることにした。彼はそこでひとり暮らし、日に何度か集落の人間が彼のもとに食事を届けることにした。集落の人間が岩屋に近付くと、まず岩屋に小石を投げてその来訪を伝えた。小石に気付いたパリは真っ黒な布で目隠しをして、決して来訪者の姿を見ないように細心の注意を払った。彼としても集落の人間を傷つけるのは本意ではなかった。

パリは毎日食事を届けてくれる集落の人々に感謝していた。見捨てることもできたはずなのに、彼らはこうして無駄飯食いの自分を養ってくれる。何とか恩返しがしたいと考えていたが、この呪われた力があるかぎり、集落の人間と狩りに出かけたり、「出草」に出かけたりすることは叶わなかった。

そんなある日、パリの集落に暮らす人々と近隣の敵対集落の間で抗争が起こった。敵対集落の人々は赤目の噂を聞きつけて、まずはその障害を排除することを決めた。彼らは集落の人間が毎日パリの下に食事を届けていることを調べ上げると、それを利用することに決めた。

数日後、パリの暮らす岩屋に小石が投げられた。食事が運ばれてきたのだと思ったパリは手元にあった黒い布で両目を塞いだ。しばらくして、岩屋に向かってくる足音が聞こえたが、聡明なパリはどうにも様子がおかしいと思った。食事を運んできてくれる者の数があきらかに多いのだ。黒い布で両目を覆った状態のまま、パリはそばに置いてあった番刀にそっと手を伸ばした。次の瞬間、敵対集落の戦士がイノシシの歯牙よりも鋭い番刀を背後から振り下ろしてパリの首を一刀両断した。両目を覆われたパリの生首はゴロンと岩屋の中を転げまわった。

敵対集落の戦士たちは雄たけびをあげて作戦の成功を祝った。そのうちのひとりが黒い布のかけられたパリの首を持参していた布袋の中に放り込むと、彼らは足早に岩屋から立ち去っていった。いまからこの首を携えて、パリの集落に奇襲をかけなくてはならなかった。

槍や番刀を手に起伏の激しい山道を駆け抜けるなかで、パリの生首を肩に担いだ戦士がふと思った。赤目の噂は普段から音に聞いていたが、果たして本当にそのような人間が存在するのだろうか。件の戦士は自身の好奇心に背中を押されるように、そっと布袋の中を覗き込んだ。次の瞬間、戦士の七竅から真っ赤な炎が噴き出した。頭部を覆う火炎はやがて肩から胸、さらに腹部から膝へと広がってゆき、火だるまになって山道を転げ落ちていった。

布袋からはみ出たパリの生首からは黒い布が外れてしまい、その両のまなこは恨めしげに大きく見開いていた。

——そいつの目を刳り貫け！《ダスマツァアイ》 いや、首を元の場所に仕舞うんだ！《ダビィマザアンダキナイヅォアナンニマドゥアダギニオルン》

戦士たちを率いていた長老のひとりが大声を上げた。生首の近くにいた二人の戦士が恐る恐るパリの生首に近寄って手を伸ばしたが、その拍子に生首は山道をゴロゴロと転げ落ちていった。その刹那、二人の全身が炎に包まれた。土をかけてその炎を消そうとしていた者たちの身体にも炎は飛び火し、転がる首を追いかけていった者たちも猿叫のごとき悲鳴をあげて湿った山道の上を転げまわった。

狼狽していた戦士たちは計らずも一斉にパリの生首に背を向けて駆けだしたが、その背中から次々と真っ赤な火柱が立ち上がっていった。

――見られている。俺たちは赤目に見られている《バラアラアンイデンイマドゥ》！

戦士たちは背後で双眸を開いたまま絶命しているパリの生首を思いながら、己の集落まで逃げ帰った。　生きて集落まで辿り着けた者は数えるほどしかいなかった。

日が暮れる頃、パリの岩屋を訪れた集落の人間は山道で倒れた複数の焼死体と首のないパリの遺体を発見した。積み重なる焼死体の背後にパリの生首を見つけたが、その瞼はすでに落ちていて、ひどくやすらかな表情をしていた。

集落の人間は岩屋のあった場所に彼を埋葬すると、以降その地を禁足地として無用の立ち入りを禁止したとされる。

13

「鬼」をもって神兵となす

数週間前、海辺に立てられた招軍旗を目にした。

確か恒春半島を枋寮から楓港を経て、牡丹郷に向かう途上だった。屏鵝公路と呼ばれる省道二十六号線の幹線道路上では、近くの集落からやって来た農業従事者たちが並べられるだけの商品を並べて、法定速度＋αで疾走する旅行者たちの車を呼び込んでいた。

芒果《マンゴー》蓮霧《レンブ》皮蛋《ピータン》洋葱《たまねぎ》玉荷苞《ライチ》蜂蜜《はちみつ》釈迦頭《しゃかとう》菱角《ひしのみ》

手書きで書かれた巨大な看板の文字がするすると背後へ流れ落ちていった。細切れになった言葉を口にすると、何やら念仏を唱えているような気がした。

馬手に広がる大海原には毒々しいまでの陽光が降り注ぎ、剝き出しになった首元や手の甲をチリチリと焦がしていた。ヘルメットのフェイスガードの下に、ぼくは夜市で購入した厚手のサングラスをかけた。どうにかまともに運転できるようになったが、それでも視界に映る景色は強烈な日差しのためにうっすらとぼやけて見えた。

真っ白な海岸線に黒い影が映った。のっぽの人間が俯くように海を眺めている影だった。

招軍旗だ。

相棒を路上に止めたぼくは、玩具売り場に駆けていく子どものように、幹線道路から砂浜へと飛び降りた。周囲には誰もいなかった。あるいは、「招軍請火」の儀式はすでに終わってしまったのかもしれない。

左営で行われた招軍請火の儀式。招軍旗の後ろには当地の様々な神が続いた。

どうしてまたこの招軍旗はこんなにも暗い色をしているのか。眉間に皺を寄せて旗を見上げたぼくは、自分がサングラスをかけていたことを思い出した。言い訳するように苦笑いを浮かべて見せたが、いまここに「生きている」人間は自分ひとりであるのだと思い直し、作り笑いを収めて素直にサングラスを外した。

陽光がひどく目に染みた。まるできつく搾り取ったレモンの汁を一滴一滴目じりに注ぎこまれるような痛みだった。ゆっくりと瞼を開けたぼくは、再び風にたなびく招軍旗を見上げた。招軍旗は落山風と呼ばれる恒春半島独特の暴風に晒されて何度も深くお辞儀をしていたが、決して額を地に擦りつけることはなかった。旗上には笹の葉が括り付けられ、鮮やかな赤色に「勅令」の文字が躍っていた。以前高雄市内で見たことのある旗とはどこか違って見える。具体的にどこが違うのかは分からなかったが、ただそこにこの世ならざる者たちがいるのだということだけは分かっていた。

招軍旗とは、「鬼《グイ》」を招集するために立てられる神具である。

中国語で「鬼」とは幽霊を意味する。つまり、招軍旗がある場所には幽霊が集まるということだ。ではなぜ「鬼」など集める必要があるのか。中華文化圏において、霊魂には「神」、「鬼」、「祖先」の三種のタイプがあるとされてきた。この三位一体モデルは一九六〇年代頃から欧米の人類学者たちによって提唱された概念であるが、台湾における霊魂を説明する上で非常に分かりやすい。まず、生前善行や偉業を成し遂げた者の霊魂は「神」として古代中国の官僚制度になぞらえた天界組織の中に位置づけられて祀られることがある。例えばそれは、三国志の英雄・関羽を祀った関帝廟や霊験豊かな巫女であった林默娘を祀った媽祖廟などがそれにあたるが、この点は日本における英雄神と似た原理を持っている。

翻って祖先と「鬼」は、ともに亡くなった一般人の霊魂を指しているが、その違いは祭祀する子孫の有無が大きい。定められた儀式に従って、男系親族によって祀られた霊魂は祖先となって子孫を守ってくれるが、祭祀する者のいない霊魂あるいは横死や自殺など、異常な死を遂げた者たちの霊魂は陰間と呼ばれる世界において、常に腹を空かして彷徨い続けることになる。

台湾ではこうした「鬼」を「好兄弟《きょうだいぶん》」と呼ぶが、地獄の門が開くとされる旧暦七月になれば、この「好兄弟」たちを盛大にもてなす必要がある。なぜなら「好兄弟」が自身の待遇に不満を感じれば、彼らはやがて祟りをなす「厲鬼《れいき》」となって現世の人々に様々な災いをもたらすからだ。鬼月と呼ばれる旧暦七月、水辺に近づく者はいなくなるし、夜半に洗濯物を干すこともなくなる。さらには結婚式場のスケジュールは真っ白になって、引っ越し業者は開店休業状態となる。まるでこの世界を薄皮一枚めくった場所にある別の世界がいまある現実を侵食するのを畏れるような緊張感が社会全体に蔓延していくのだ。路上には様々なご馳走や紙銭が並ぶだけでなく、訪れた「好兄弟」たちが顔を洗うための洗面器や濡れタオルから、櫛や鏡、歯磨き粉や歯ブラシまでが用意される。

台湾に来たばかりの頃、ぼくは物珍しさからこのタオルは何に使うのかと問うたことがあった。ある日式ラーメン屋の主人は、「好兄弟《かれら》に使ってもらうためだよ」と言って笑った。

——まァ、あんたみたいな外国人には分からないかも知れないけどな。

主人はそう言いながら、軍人がベッドメイクをするときのように、タオルの端々をきれいに揃え直してみせた。

彼らがこれほど「鬼」に気を遣うのは「好兄弟」が「厲鬼」となって祟らないようにするためであるが、他にもこうした「鬼」たちがときと場合によっては神さまを超える強力な力があると考えられているためでもある。だからこそ、台湾各地にはこうした「好兄弟」を祀った有応公《イウインゴン》祠が建立され、それらは神々を祀った一般の廟と区別する意味で陰廟と呼ばれている。「有応」とは「有求必応（求むる処有れば必ず応ぜらる）」の略語で、病気治癒や商売繁盛だけでなくときには賭博など正神にはお願いできないような卑俗なことで拝まれたりもする。

件の招軍旗はこの陰廟に祭祀されていない「厲鬼」に向けた招集令《シグナル》である。神さまが陰間に漂う「好兄弟」を召喚し、その軍勢に加えるための神具として使用するのだ。神さまの軍勢に加えられた彼らはその尖兵として地域社会の安寧を維持し、あるいは陽間の人々を困らせる別の「厲鬼」を懲らしめる役割を与えられる。謂わば、「鬼」をもって神兵となすわけだ。この「鬼」による軍勢が少なければ、神々もまた十分にその霊験を発揮することが叶わず、場合によっては「厲鬼」に敗れる場合もある。だからこそ招軍旗を用いた招軍請火と呼ばれる儀式は重要な意味を帯びてくるわけで、単に「鬼」が眷属神となり得るかどうかといった問題だけではなく、当地における安寧秩序が維持されるかどうかといった現実の社会問題とも深く関わっているのだ。

誰もいない海辺で、ぼくは真っ白に燃え上がる恒春半島の大海原にそっと指を伸ばしてみた。水辺には「鬼」が集まりやすいとされ、それに合わせて招軍旗も水辺に立てられることが多い。海から吹き付ける風に揺れる招軍旗はどこか縁日に現れる綿菓子機を思わせた。いまこの旗の周りでは、おそらく有形無形の「鬼」たちがくるくると宙を舞う綿菓子のように搦めとられているのかもしれない。

そんなことを考えていると、ふと幼い頃に見た映画『霊幻道士』に出てくるキョンシーのことを思い出した。ぴょんぴょんと跳びはねるキョンシーが怖くてたまらなかったあの頃、お墓の前を通るときには必ず指先を隠して歩き、布団に入る前には息を止める練習をしては何とかキョンシーに見つからないようにしていた。そもそも、日本で辮髪を結ったキョンシーに出遭うはずはないのだが、まだ小学校にも上がっていなかったぼくはとにかくそれが怖くて仕方なかった。

そんな肝っ玉の小さな孫をからかうように、祖父はこの山寺の麓にはたくさんの白骨が埋まっているのだと言った。

——ハッコツ？

——亡《の》うなったもんの骨じゃ。ここの山寺は昔お城じゃったきん、サムライがぎょうさん死んだんじゃ。いまでもお寺の土を掘り返したらなんぼでも出てきよるが。

なんでも天正年間の時分、長宗我部元親の讃岐侵攻があった際、山寺があったお城はだまし討ちされて、抵抗した城内の住人はことごとく撫で斬りにされてしまったのだとか。それは地元ではわりかしよく知られた物語だった。

――ほんだきん、この町ではいまでもひな祭りはせんじゃろ。お城が落城したんがちょうど三月三日やったきんな。

祖父の話を聞いたぼくは、怖くてテレビの前にあった炬燵の中に身を隠した。窓の外では四百年前お城であった山寺の石垣が昨日の今日だと言わんばかりの表情を浮かべてこちらを睨《ね》めつけていた。

――ハッコツっちゃどんな形しとるんじゃ。じいちゃんは見たことあるんか?

その刹那、祖父の表情から悪戯っぽい笑みが消えた。

――ぎょうさん見た。あななあんじゃるい《あんなきもちわるい》もん、もう見とはない。

それだけ喋った祖父はそのままむっつりと黙り込んでしまった。遠くビルマ戦線に動員された祖父が、かの悪名高い「白骨街道」を這うようにして帰国してきたことを知ったのは、ぼくが中学校に上がった頃だった。

長宗我部元親率いる一領具足の猛者たちに滅ぼされた旧城の中腹には、全国無比と刻まれた靖国忠魂の塼が建てられ、その背後には日清戦争から第二次大戦にかけて亡くなったこの町の住人たちの墓が地区名、氏名、死亡日、戦没地を刻んだ状態で配置されていた。それは、人口一万人にも満たない小さな町には似つかわしくない規模の軍人墓地だった。幼い頃、ぼくは祖父とよくこの山寺に参って眼下に広がる瀬戸内海を眺めたが、不思議とそこにあったはずの軍人墓地を一緒に見上げた記憶はない。

——戦争で亡うなったんはほとんどが飢えと病気じゃ。銃弾《たま》に当たって死んだもんやどればもおらん。

正直祖父がいったいどんな表情をしてその言葉を吐いたのか覚えていないが、ただ絞り出したようなその低い声だけはいまでも耳の奥に残っている。祖母の話によれば、インパールから復員してきた祖父は、マラリアに罹った後遺症からか夜中にしばしば譫妄状態に陥っては、生きている人間のそれとは思えないような言葉を吐き続けていたらしい。祖父の顔を思い出す脳裏に、この島の廟宇で神々の神託を伝えようと恍惚《トランス》状態となる霊媒師《タンキー》の表情が浮かんだ。

落山風にたなびく招軍旗は哭いているようにも見えた。

病死餓死自死溺死戦死縊死横死獄死客死頓死情死轢死

この場所には少なからぬ「鬼」が漂っているはずだった。青空と大海原が交わる境界線、ちょうど陽光が乱反射するその裂け目に爪をかけたぼくは、チーズを割くようにゆっくりと現世の膜をはぎ取ってみた。輝く海岸線に薄暗い陰間が顔を覗かせると、空には「好兄弟」たちがくるくると舞っていた。足下にもまた同じように何らかの理由から陰廟に入ることが叶わなかった「厲鬼」たちがわらわらと集まっている。果たしてこの招軍旗を用意したのがどこの廟宇の神さまなのかは分からなかったが、国籍も民族も人種も宗教も異なる様々な「鬼」で溢れた恒春半島において、神兵の補充はそれほど難しいことではないように感じた。

青い目をした米国「鬼」に辮髪を結った中国「鬼」、その背後には大きな耳を揺らしながらこちらを窺っているパイワン「鬼」までいる。次々と招軍旗に吸い寄せられる彼らを見つめていたぼくは、やがてそこにざんぎり頭をしたひとりの日本「鬼」の姿を見つけた。

明治七（一八七四）年十一月、『東京日日新聞』に一枚の奇妙な錦絵が掲載された。深夜ひとり洋酒を傾ける男の背後に先頃遠国で病死した義弟の幽霊が現れるが、鉄のように青ざめた顔をした義弟は何やらひどく恨めしげな表情を浮かべている。胸にはスナイドル銃を抱き、腰にはサーベルを差しているがその両足は描かれていない。男は冥界の住人となった義弟の訪問に眼を剝き、驚嘆の表情を浮かべている。

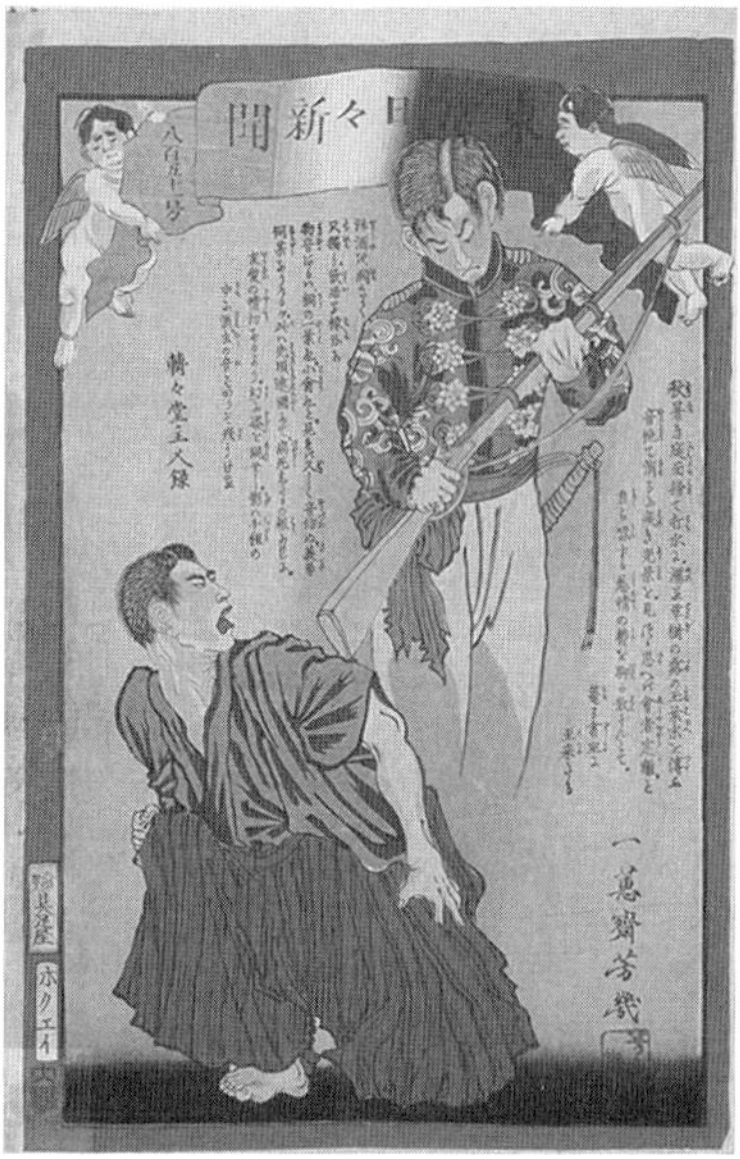

『東京日日新聞』に掲載された錦絵。
遠国で病死した義弟の幽霊が復員した兵士のもとに現れたとされる。

作者は幕末から明治初期にかけて活躍した浮世絵師・落合芳幾《よしいく》。残忍な殺人事件や各種伝奇を写実的な手法を用いて描いてきた鬼才の幽霊画家だ。普段から怪奇事件や奇談の類を取り上げてきた『東京日日新聞』にとって、朝鮮出兵以来の外征と喧伝された台湾出兵において、異郷で病死した兵隊が化けて出るといった怪談はまさにうってつけの話題だった。

ぼくは招軍旗の下で寂しそうにうずく

まっていたあの「鬼」が、もしかしたらこの義弟であるのかもしれないと思った。青ざめた顔で海を見つめる彼は死してなお病魔に苛まれているかのようだったが、なぜ義弟《かれ》は華々しい戦死ではなく病死とされてしまったのだろうか。

清朝との間に和議が成立して、五か月に及んだ台湾出兵にようやく終止符が打たれると、瑯嶠に駐在していた日本軍とその軍属及び従僕らは、万歳三唱を叫びながら長崎に向かう輸送船に乗り込んでいった。台湾出兵で動員された兵士は三千六百五十八名に上るが、そのうち「生蕃」との戦闘において死傷した者は十数名に過ぎない。ところがマラリアなど当地の熱帯病に罹って亡くなった者は五百名以上にも及んだ。また日本軍の兵站を担っていた政商・大倉喜八郎の集めた人足たちも、百二十名近くが「台湾病」と呼ばれた熱帯病に罹患して病死したとされる。そう考えれば、『東京日日新聞』に掲載された幽霊は病死とした方がより霊異の輪郭を太くする効果を持っていたに違いない。

近代日本において、国家のために殉難した軍人の魂は「英霊」として全国各地の招魂社こと護国神社、後に靖国神社へと祀られることになったが、その発足時においては祀られる霊魂は戦死者だけに限られていた。同じ死者でも厳然とした序列階層があったのだ。やがて、日清戦争で多くの戦病者を出してからはようやく病気で亡くなった人々も「英霊」の一端に祀られることになったが、靖国神社がまだ東京招魂社と呼ばれていた台湾出兵当時、異郷の地で病に倒れた兵士たちの魂は容易にその行き場所を失っていたのかもしれない。

招軍旗の下を離れたぼくは、屏東県枋山郷にある港町・楓港に向かった。楓港は人口千人ほどの小さな海岸集落で、目につくものといえば王爺を祀った楓港徳隆宮くらいだった。集落全体が小さなサービスエリアのような町は、台北を起点に台中、台南、高雄など、西部主要都市を繋ぐ西部幹線（台一線）に加え、同じく台北から宜蘭、花蓮、台東など、東部主要都市を繋ぐ東部幹線（台九線）の終点であった。さらに恒春半島を南下する屛鵝公路（台二六線）の起点でもあるために、集落のはずれではポケットに入れたイヤホンにように、幹線道路が絡み合うように折り重なっていた。

この地で「鬼」となった異邦人は日本兵だけではなかった。日本軍が瑯嶠から撤退すると、当地には清朝湘軍の遊撃・王開俊《おうかいじゅん》将軍が進駐した。パイワン族による「番害」を訴えた漢人系住民の訴えを聞いた王開俊は、光緒元（一八七五）年二月、二百名の兵士を率いて大亀文王国に属する獅頭社を懲罰に向かった。しかしその帰路を獅頭社の戦士たちに急襲されて部隊の半数が戦死、指揮官である王開俊自身も馘首されるという大惨事となってしまった。当時、欽差大臣として台湾に赴任していた沈葆楨《しんほてい》が唱えた「開山撫番《かいざんぶばん》（山を開きて番を撫す）」政策は、ここにきて「勦番《そうばん》（原住民族の討伐）」政策へと切り替わり、対日本軍用に鳳山県新城に駐屯していた清朝の精鋭部隊・淮軍六千五百名と大亀文王国は以降三か月に及ぶ激しい交戦状態に突入することになったのだった。

大亀文王国とはパイワン族を中心とした酋長制の連合集落で、スカロが統治する瑯嶠下十八社に比して瑯嶠上十八社とも呼ばれていた。下十八社同様尚武の気風高く、降伏することを潔しとしなかった彼らとの戦闘において、清朝は近代化の虎の子部隊であった淮軍兵士千九百十八名を失うことになる。大亀文側の被害数は資料に残されていないが、獅頭社の役と呼ばれたこの戦役において多くの戦士が鬼籍に入ったことは想像に余りある。ちなみに、第七代中華民国総統であった蔡英文は清朝淮軍と死闘を繰

獅頭社の役で戦病死した淮軍兵士は1918名に上り、骸は鳳山県新城外に埋葬された。2023年、同区にある万応公祠では淮軍兵士の神位が設置された。

り広げた大亀文王国の血を継ぐパイワン族の祖母を持ち、目下台湾原住民族の血を継承したことが明らかな唯一の中華民国総統といえる。

彼ら異郷で戦病死した霊魂が「厲鬼」とならないように、淮軍司令・唐定奎《とうていけい》は南台湾にいくつもの祠を築いてその霊魂を顕彰した。淮軍が駐屯した屏東県枋寮郊外には「白軍営淮軍義塚」が建立され、獅頭社の役がはじまる前にマラリアなどで病死した七百六十九名の淮軍兵士を祀った。さらに、淮軍本営が築かれた鳳山県新城にはこの戦いで戦病死した千百四十九人を祀る「鳳山淮軍昭忠祠」も建立されたが、日本時代に入るとこれを祀る者も途絶え、台湾縦貫鉄道建設を機に祠は取り壊されてしまった。枋寮の白軍営も当初はほとんどその形跡を失くしていたが、地元の元高校教師が土地を購入して養殖業をはじめようとしたところ、四百体以上もの白骨が掘り出されて数々の怪奇現象が起こったために現在の形に再建されることになったらしい。

陰間を彷徨う「好兄弟」たちを祀ることは、ときにこうした国家による歴史から零れ落ちてしまった人々の無念を掘り起こすことがあるが、それは同時に国家による慰霊や顕彰といったものが無数の「好兄弟」を生み出していく呼び水でもあったことも意味している。とりわけ目まぐるしく為政者が変わり続けた台湾の近現代史において生まれた「鬼」は容易に神へと変わったが、畢竟その逆もまた然りであった。

台湾出兵の際、日本軍が清朝への抑えとして駐屯した楓港は当時風港と呼ばれていた。亀山本営にいた兵士がマラリアでバタバタと倒れていった頃、「風港分営に於ても約二百の兵員悉く同病に侵され」、全軍高熱に悩まない者はないと言われるほどの罹患者で溢れていた。日に日に病死者が続出するので、洋酒を入れた樽までばらして棺桶を作ったらしい。本国から補充の兵隊がやって来てもしばらく経てば先任者と同じようにただ床に横たわってうなされるばかりで、とても戦争をするどころではなかった。結果的に風港分営に駐屯していた日本軍のおよそ半数が棺桶に入れられて、内地に送り返されるほどだった。

ところが、日本軍が撤退してからも当地では相変わらず疫病が猖獗を極めた。地元の人々は「是れ全く日本軍死没者の霊魂、未だ昇天するを得ず、風港の上空に徘徊し居るためならん」と「大に恐怖」したとされる。つまり、病気で亡くなった日本兵が「好兄弟」となって当地の巷間を彷徨っていると考えたのだ。やがて洪再生なる地元住民の手によって、「大日本衆好兄弟碑位」と書かれた墓碑が建立された。当時の『台南新報』の記事によれば、以来楓港では疫病などが起こる度に、「附近の島民は此の碑に線香を捧げ礼拝した」と記されている。まさに有求必応、異郷の地で「厲鬼」となってしまった日本の「好兄弟」たちを祀ることによってその加護を求めたのだった。

果たして日本の「鬼」を神へと変えたこの墓碑はまだこの町に残っているのだろうか。ぼくは資料を片手に道行く人に尋ねてみたが、その存在を知る者はすでにいなかった。とっくに捨てられてしまったかあるいは破壊されてしまったか。招軍旗の呼びかけにでも応じない限り、異郷の地で病に倒れた日本の「好兄弟」たちは誰かの夢枕に立つか、あるいは地元の霊媒師《タンキー》によってその存在が掘り起こされる日まで、まつ毛を焦がしかねない陽光赫灼たるこの町の陰間で漂い続けるしかないのかもしれない。

ぼくの脳裏にあの義弟の恨めしげな表情が浮かんだ。

彼は死して「護国の鬼」となったのか。あるいは人々に災厄をもたらし、同時にそれを加護する「異郷の鬼」となったのか。そんなことを考えていると、バイクはいつの間にか車城郷を経由して、牡丹郷の入り口にある石門古戦場跡に到着していた。

昭和一〇（一九三五）年、日本軍と牡丹社の戦士たちが衝突した古戦場跡には「西郷都督遺績記念碑」と書かれた巨大な石碑が建てられた。戦後国民党の施政下において、記念碑の碑文には民族色の強い「澄清海宇還我山河（天下を平定し故郷を取り戻す）」の文字が刻まれたが、蔡英文政権が総選挙で二度目の勝利をした民国一〇九（二〇二〇）年には再び西郷都督遺績記念碑へと書き直されることになった。

西郷都督遺績記念碑の石碑が建設された昭和一〇年、同地には台湾出兵において戦病死した五百名以上の人々を顕彰する「征蕃疫戦死病没忠魂碑」も建立された。ところが淮軍の祠と同じようにその記念碑はいつの間にか失われて、現在は首を奪われた遺体のようにただ台座の石だけがぽつねんと山上に残されていた。

ゆめゆめ我を忘れまじと迫ってくるような西郷都督に背を向ける格好で、ぼくは首無し台のそばから眼下に点在する地元住民の共同墓地を眺めた。草むらに潜む散兵を思わせるその墓地は、定規を引いて作ったような故郷の軍人墓地とは明らかに違っていた。何にせよ、彼らの「鬼」はこの土地で丁重に祖先として供養されているために「好兄弟」としてこの土地の陰間を漂う必要はないのだ。

ぼくの頭の中ではあるくだらないある妄想が生まれていた。もしかすれば、あの義弟の魂もある日招軍旗の呼びかけに応えて、どこかの神さまの下でこの突き抜けるように青い空をした土地を守っているのかもしれない。それは東京にあるあの狭い社の中で恭しく祀られているよりもいくぶんか幸せであるような気がした。同じ神であっても、この島ではあらゆる人が「鬼」から神、あるいはその眷属神たる神兵となる可能性を秘めていた。人種、性別、民族、国籍を超えた全ての人間と結び付く可能性を秘めているという点において、「鬼」とはどこまでもアナーキーな存在なのだ。祭祀してくれる子孫を持たず、ひとりこの国で暮らすことを決めた自分もまたいつの日か、故郷の山寺に眠る侍や英霊たちと同じハッコツと成り果てて、海辺に立てられた招軍旗の呼びかけに応じる日が来るのかもしれない。

しかし、招軍旗を掲げる神々はいったい何語で話すのだろうか。日本語か、せめて中国語でコミュニケーションを取れるといいのだけど。いつか来るその日のためにも、ぼくは台湾語をもう少しだけきちんと学んでおこうと思った。

とある婚姻

高雄市旗津区。細い飴細工のようなその島は長さ十一キロ、幅二百メートルほどの大きさしかなく、海鮮レストランと土産物屋が集まる船着場前の大通りを抜ければ、すぐに海岸線に突き当たるほどの大きさしかない。棒状に伸びた海岸線の外側には台湾海峡、内側には台湾屈指の規模を誇る高雄港があった。港に面した輸出加工区が広がる前鎮区には、常時無数の国際タンカーが停泊している。

一九七〇年代当時、輸出加工区が設置され、工業都市として生まれ変わりつつあった高雄では工場労働者が不足していた。貧しい家が多かった旗津の漁民たちは、息子たちに高等教育を受けさせるために、その姉妹を対岸の工場に送ることに決めた。

男の価値が女のそれよりも重かった時代。

毎朝、毎夜、少女たちを乗せた連絡船は島と市内の間を往来した。一キロにも満たない距離を連絡船は大儀げな機械音を立てて進んでいた。

そんなある日――

船が沈んだ。

原因は乗客の過積載とエンジンの故障だった。溺死した二十五名はすべて未婚の女性たちで、一番若い者はまだ十六歳だった。人々は悲嘆にくれ、遺族たちの悲しみはことのほか大きかった。だが悲しみとは裏腹に、遺族は少女たちが自分たちの墓に入ることを拒んだ。台湾の古い因習では、未婚の女性は先祖代々の墓に入ることができないとされていたからだ。結局高雄市と遺族たちとの話し合いの下、遭難した二十五名の墓は旗津の中心部あたりに建設されることになった。

海を背負った二十五基の真っ白い墓は否が応でも人目を惹き、墓の近くでは走行中のバイクが故障するなど、しばしば原因不明の不思議な現象が起こった。

十五年ほど前、ある若い男が肝試しがてらに墓を訪れて、墓石に貼られていた写真を目にした。その清廉な顔つきに思わず「きれいだ」と口走ってしまった男は、やがて思いがけない不幸に魅入られることになった。しばらくして男は交通事故に遭い、その恋人は流産した。霊媒師は少女の霊に見初められたせいだと言い、男はどうするべきかと尋ねた。

冥婚。結婚するしかないというのだ。

死者と？　霊媒師は頷いた。男は今さらながら己の迂闊さを悔やんだ。

海辺で伴侶を待つ霊は多い。

14

神を燃やす

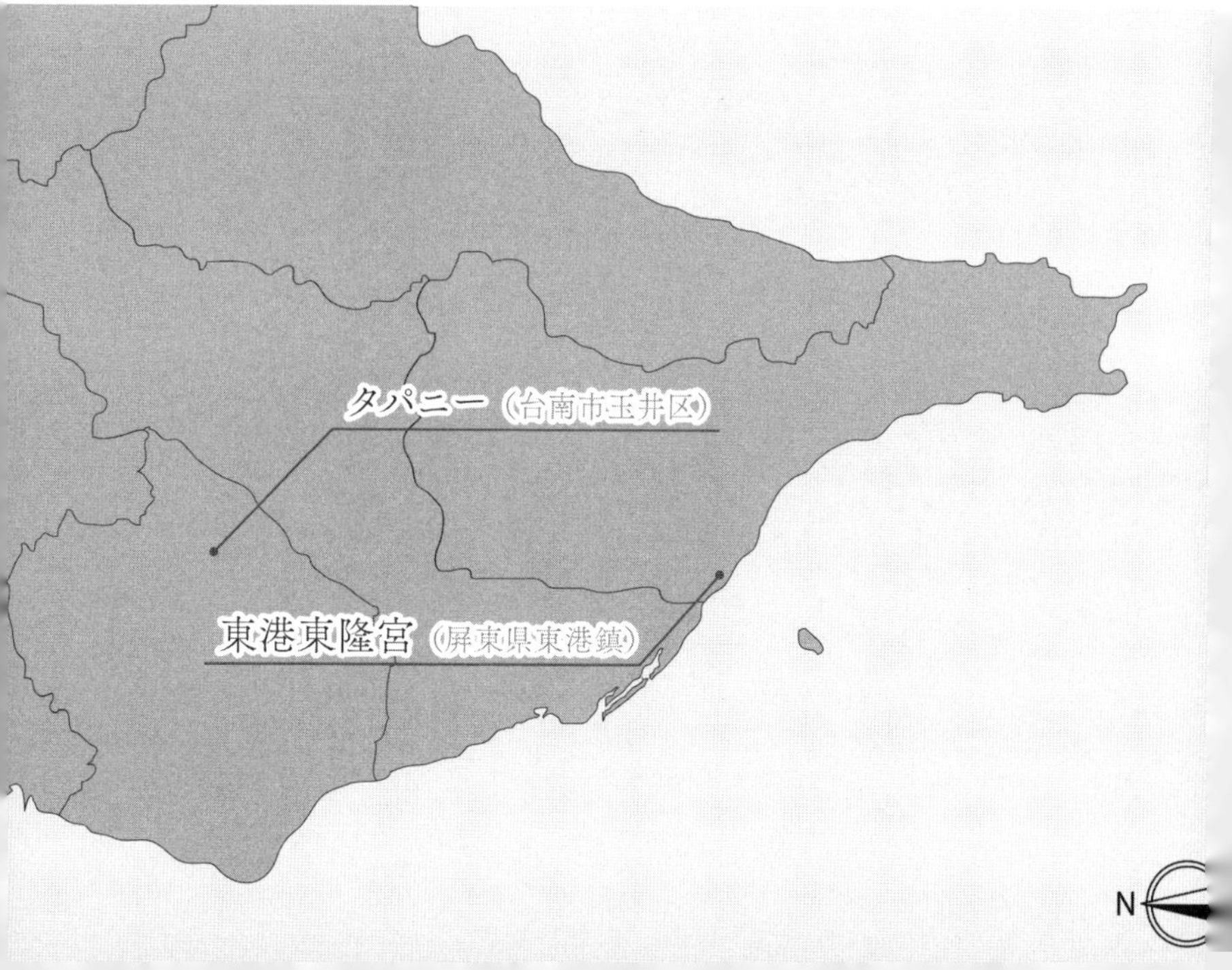
タパニー（台南市玉井区）
東港東隆宮（屛東県東港鎮）
N

こんな奇譚がある。

その昔、東アジアに覇を称えたオランダ船が深夜台湾海峡を航海中、一隻の賊船を発見した。指揮官の合図の下、百戦錬磨のオランダ兵たちは賊船に向けて一斉射撃を行った。ところが、賊船からは一発の銃声も上がることはなく、ただ彼らの周囲をぐるぐる周航するばかりであった。よもや無人船かと勘繰ったが、船の上には確かに人影のようなものが見える。やがて夜の帳が薄いオレンジ色に染まった頃、オランダ兵たちは再び正体不明の賊船にジッと目を凝らした。

船には誰もいなかった。

巨大な船内には色とりどりの紙糊で作られた大量の人形と、得体の知れない数柱の神像だけが載せられてあったのだ。オランダ兵たちは大いに驚き、慌ててこの不気味な無人船から身を引いた。彼らは一様に口を噤んでいた。いったいその不気味さをどのように形容してよいのか分からなかったのだ。

数日後、賊船に向けて発砲したオランダ兵の半数はまるで申し合わせたように病で命を落とした。

康熙五六（一七一七）年、諸羅県（現在の嘉義県一帯）の知県・周鍾瑄によって編纂された地方史誌『諸羅県志』に掲載されたこの「賊船」とは、いわゆる王船のことを指している。王船とは瘟《おん》神である王爺を載せた無人船を指し、これに発砲したオランダ兵たちは、おそらくその神罰を受けて亡くなったと考えられたのだ。

実際、オランダ兵が神罰を受けたかどうか分からないが、南台湾各地に祀られる王爺の廟を訪ね歩いたことのあるぼくは、彼らが感じたであろう狼狽ぶりが手に取るように分かった。なぜなら数ある台湾の神々の中でも、王爺はなかなか恐ろしい形相をした神だからだ。真っ黒な顔に飛び出した大きな眼球、深く刻まれた眉間のシワに吊り上がった眉、闇夜にぼんやりと浮かぶその相貌を想像しただけで背筋が寒くなる。

しかし、当時の人々はなぜそれほどこの神を畏怖したのか。そしてなぜそれを海に流す必要があったのか。この問いに答えるには、まず日本で馴染みの薄い王爺がいったいどんな神さまなのかについて知る必要があるだろう。

紙糊で作った張り子の人形たち。悪い運気を王爺に託して王船にのせて燃やすとされる。

台湾は言わずと知れた神々の楽園である。

工業都市といわれる高雄市内でも左営旧城や鳳山新城など古い町並みが残る大路小路を歩けば、コンビニの数以上に様々な神さまが随所に祀られている。そんな神々の中でもとりわけ多いのが、土地の守り神である土地公と瘟神である王爺の二神だ。

日本統治時代に行われた二度の寺廟調査（一九一八年、一九三〇年）においても、土地公を主神とする寺廟は最も数が多く、王爺がそれに続いてきた。片や戦後行われた寺廟調査（一九六〇年、一九六六年、一九七五年、一九八一年）では、王爺を主神とする廟の総数が土地公のそれを上回ってきた。土地公は別名「福徳正神」（客家語では伯公）と呼ばれるが、こちらは土地の守り神として広く全島に祀られ、各地の地域共同体にとっては人々をまとめる鎹《かすがい》のような存在でもあった。道教ではかなり下位の神階に属するが、それぞれの土地で功績や功徳を積んだ人間が死後に天帝（玉皇上帝）から任命されることもあって、信者たちにとっては最も親しみやすい神といえる。

翻って瘟神とされる王爺は、一般に天帝から人間の世界を巡視・守護する役割を担わされているとも言われるが、その性質上信者からは畏怖される存在でもある。ところが王爺の名前が道教の経典や神話に現れることはなく、厳密に言えば、福建沿岸地域一帯に広がる道教と習合した民間信仰の一種である。

王爺信仰はもともと十七世紀以降大陸の福建省から伝わってきたもので、信者の大部分が初期の入植地であった台湾西南部に集中している。千歳、千歳爺、府千歳とも呼ばれる王爺は複合的な神々の総称であって、池、李、朱、温、蘇、呉など、複数の異なる姓氏を持っている。その総数は同姓のものを含めると三百六十種にものぼると言われ、それぞれの王爺に異なる来歴が付与されている。そもそもその起源に関しても不明なことが多く、瘟神説以外にも唐の玄宗を西秦王爺として祀った戯神系にガジュマルなどの老大木を王爺として祀る非人格系、はたまた郷土の名士や祖先を王爺として神格化した家神系に生前功徳や偉業のあった歴史的人物を王爺として祀る英霊系、さらには清朝に滅ぼされた鄭成功とその家族を王爺として祀った鄭王系まで存在している。

いわば、王爺とは台湾で最もポピュラーな神でありながら、同時に最もその正体が摑みにくい神であるわけだ。

とまれ、王爺信仰がその初期において瘟神的な性格を持っていたことは確かである。

十七世紀当初、南台湾における閩南系移民たちが何より恐れたのは「瘟」と呼ばれるマラリアやペスト、チフスなど熱帯性の疫病であった。明末の文人・謝肇淛《しゃちょうせい》が著した随筆『五雑組』にも、当時の感染症をめぐる状態について、一たび瘟疫生ずれば「病者の十人にして九は死す」と記されてある。高温多湿で医療技術や衛生概念も十分に発展していなかった南台湾は、まさにこの「瘟」が猖獗を極める地であった。その猛威は、十九世紀恒春半島へ進駐してきた清軍や日本軍の死者の大半がマラリアが原因であったことから見てもとれる。目に見えない瘟疫を恐れる人々は、それを司るとされた王爺の神力を恃むしかなかったのだ。

謝肇淛曰く、「閩の俗、最も恨むべきものとして、瘟疫の一たび起こる。即ち邪神を請じ、香火もて庭に奉事し、惴惴然として朝夕礼拝し、許賽《がんかけ》已まず。一切の医薬、之を聞くなきに付す」。平たく言えば、邪神を呼んで「醮《しょう》」と呼ばれる儀式を行えばその威を収めることができると考えられていたのだ。

ぼくは邪神という言葉を注意深く指でなぞりながら次のページを開いた。康熙五九（一七二〇）年に編纂された地方史誌『台湾県志』によれば、「台の俗、王醮を尚《たっと》ぶ。三年一挙、送瘟の義を取るなり。附《こう》郭郷村《がいのうそん》皆然り。境内の人、金を鳩《あつ》めて木舟を造り、瘟王三座を設け、紙にて之を為《つく》る。道士を延《みちび》いて醮を設くること、或いは二日夜、或いは三日夜にて等しからず」と記されていた。

なるほど、瘟疫に苦しむ人々が金を持ち合い、瘟神をのせた木造船を作ってそれを放流することで恐ろしい瘟神の祟りを免れようとしたわけだ。三年に一度行われるこうした儀式は送王船と呼ばれ、かつて瘟疫の被害に悩まされた台湾海峡の両岸一帯で広く行われていたらしい。

王爺を天庭に返す送王船にはふたつの方法があった。当初は王船を海に放流する遊地河が主流で、冒頭に紹介したオランダ船が出遭った「賊船」がこれにあたる。しかし現在では王船を海に流すことなく、水辺で焼く遊天河が執り行われている。その意図はどうであれ、送王船は災厄を他所の地域に押し付けるババ抜きのような性格があったので、不運にも王船を受け取ってしまった地域は瘟疫が流行らないように王爺と王船を丁重に祀って、再びそれを送り出す必要があったからだ。

ある日、浜辺に流れ着いた無人船に王爺が鎮座していることに気付いた人々の恐怖はいかばかりであったか。おそらく泣くにも泣けず、ただそれを運命と受け入れるしかなかったはずだ。やがて時代が下るにつれて、王船漂流を吉事として歓迎するような地域も現れたが、当初それは忌むべきものとされてきた。前述した謝肇淛も「即《も》し幸にして病癒れば又巫をして法事を作さしめ、紙を以て船を糊し、之を水際に送る、此船、毎に夜を以て出づるがため、居人皆戸を閉ぢて之を避く」と記している。

ぼくは人々の切なる願いを載せて、台湾海峡を宛てもなく漂流する王船を想像した。大海に流された神はさながら葦船に載せられてオノゴロ島から流された不具の神・蛭子《ヒルコ》を連想させるが、もちろんその性格は全く異なっている。福の神としてふくよかな笑みを浮かべる蛭子《えびす》と違い、瘟疫を司る王爺はどこまでも恐ろしい神であったのだ。

瘟神としての王爺について調べようと思ったとき、最初にぼくの脳裡に浮かんだのは牛の頭に人間の身体をもった異形の神・牛頭天王の物語だった。

ある日、牛頭天王が妻探しの旅の途中ある村に立ち寄って裕福な巨旦将来に一夜の宿を求めたが、けんもほろろに断られてしまった。ところが巨旦の兄である蘇民将来は貧しいながらも誠心誠意もてなし、牛頭天王はその態度にいたく感激した。

——今後茅の輪をその身に着けておれば、お前の一家は災厄から逃れられるぞ。

牛頭天王はそう言い残して村を立ち去っていった。やがて妻を娶った牛頭天王は帰路に再び件の村を訪れ、茅の輪を着けた蘇民将来の家族だけを残して、巨旦将来の家族を疫病によって根絶やしにしてしまった。人々は疫病神でありながらも同時にその強い力によってご利益をもたらしてくれる牛頭天王を篤く信仰し、日本全国には次々と牛頭天王を祭神とする祇園天神や牛頭天王社が建立されていった。

京都で学生時代を送ったぼくは、夏の盛り陽の落ちた頃によく祇園囃子の響く四条通を八坂神社に向けて歩いた。八坂神社はもともと祇園感神院と呼ばれ、祇園信仰の中心地であった。四条通を巡行する山鉾を見上げると、不思議と「ちょうさ」と呼ばれる太鼓台を載せた故郷の山車を思い出した。後々調べてみると、このちょうさもまた祇園の山鉾がルーツらしいことが分かった。そう言えば、瀬戸内海に面する故郷の町にも天王と呼ばれる地名が残っていた。黒山の人だかりを抜けて四条大橋を渡ると、道中「蘇民将来之子孫也」と書かれた厄除けちまきがちらほら目に映った。ちまきはどれも笹の葉で巻かれてイグサで縛られて束になっていたが、あァこれがあの牛頭天王の魔除けかと、ひどく感慨深い気持ちになったのを覚えている。

中世から近世にかけて広く日本中で信仰された牛頭天王であったが、江戸時代の国学者・平田篤胤は、記紀神話に登場しない牛頭天王を邪教の象徴的存在とみなし、さらに明治初期における神仏分離令と廃仏毀釈によって牛頭天王は主神の座を奪われ、各地の神社ではその同体とされたスサノオのみが祀られるようになっていった。

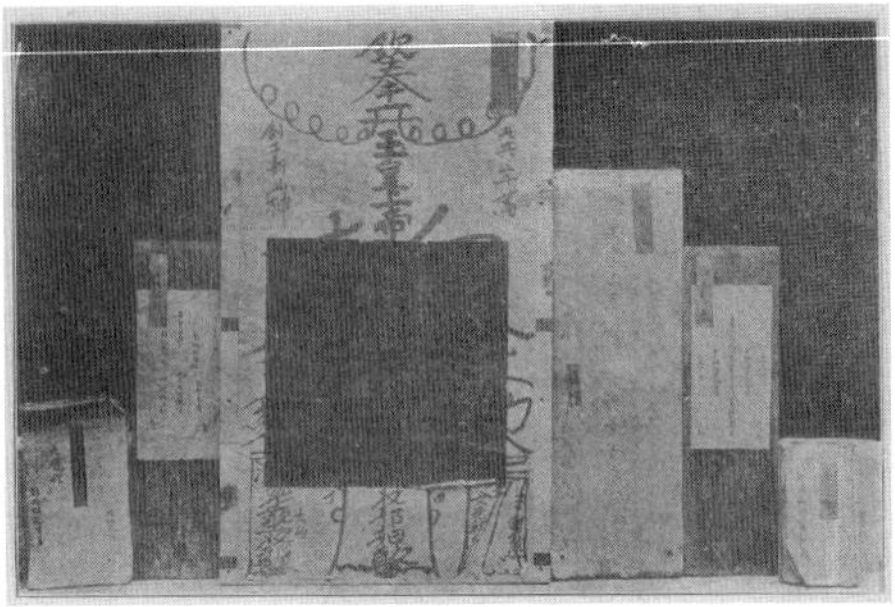

西来庵事件で押収された「神符其他」。余清芳ら事件の首謀者らは、玉皇上帝や九天玄女の神像神符などを書き入れて、これを戦勝の守護札と称した。（台湾総督府法務部編纂『台湾匪乱小史』）

あるいは、廃仏毀釈の使命に燃えた明治の人々は数多の仏教経典や仏像を焼却したように、この異形の神像を火に焼《く》べて一夜の暖としたのかもしれない。天竺は祇園精舎の守護神とされた牛頭天王は、薬師如来を本地仏とするともされていた。

あるいはまた、この島で日本による統治が続いていれば、邪神としての王爺もその存在が消されていたのかもしれない。台湾が日本の植民地となった当初、総督府は全島の統治を潤滑に進めるために、内国植民地であった沖縄県のようにひとまずは現地旧慣による信仰を温存しようとした。ところが王爺に関しては、民衆を広く惑わすとされた霊媒師《タンキー》との関係が密接であったために、当初から廃絶すべき迷信や邪神の一種であると見なされてきた。

事実、台湾総督府は邪神としての王爺を恐れていた節がある。

大正四（一九一五）年七月、漢人住民による最大にして最後の抗日武装蜂起となった西来庵事件は、王爺を主神とする廟で起こった。首謀者であった余清芳《よせいほう》は「五福王爺」の加護の下、革命は必ず成功するとして百名近い日本人を殺害したが、蜂起が日本の軍警によって鎮圧されると、台湾総督府はタパニー（現在の台南市玉井区）にあった西来庵を邪教組織の拠点として破壊し、そこに安置されていた王爺の神像も焼却処分と決めた。逮捕者は千九百五十七名にも及び、八百八十六名に死刑判決が出された。最終的には、内地における世論の反発を受けて百名以上の死刑が執行された時点で残りの囚人は恩赦とされた。事件の首謀者であった余清芳は当然恩赦を待たずに死刑が執行されたが、当時の人々は「（武装蜂起によって）王爺公を殺してしまった余清芳を、王爺公は守ってくれなかったのだ」と噂し合った。

線香の煙で黒ずんだ神像が炎の中に投げ込まれた瞬間、蜂起に参加した信者たちはどんな表情を浮かべていたのだろうか。ぼくの脳裡では、近代日本によって邪神とみなされた二柱の神が重なって浮かんでいた。気が付けば、ぼくは南台湾各地で三年に一度執り行われる送王船の儀式を追いかけるようになっていた。

新型コロナウィルスが世界的パンデミックを起こしていた民国一一〇（二〇二一）年十月、ぼくは屛東県東港鎮にある東港東隆宮に足を運んだ。

東港東隆宮は台湾で最も巨大な送王船の儀式を執り行っている王爺廟である。廟のある東港鎮は屛東市南方にある人口五万人ほどの港町で、清朝時代から台湾の三大良港のひとつとして栄えてきた。旧暦九月に八日間かけて行われる東港迎王平安祭典では町全体が爆竹の煙に包まれ、地元の漁船は漁には出ず、職場や学校からも日常の気配が消えてしまう。七角頭と呼ばれる東港出身の神輿の担ぎ手たちは皆世襲によってその役職を継ぎ、その年の祭典で代天巡狩として選ばれた五柱の王爺と東隆宮の主神である温王爺及びその執事を務める中軍府の計七柱の神々を載せた神輿を担ぎながら街を練り歩く。そこに全国各地からやって来た陣頭と呼ばれる伝統芸能のパフォーマンス集団が加わって、町全体が一種のカーニバル状態となるのだ。勤め先の大学では授業を欠席する学生はあらかじめオンラインで欠席理由を提出しなければならないのだが、この時期になれば「参加迎王」を欠席理由にあげる学生が増える。欠席理由に「核准《しょうにん》」ボタンをクリックしながら、ぼく自身一刻も早くこの儀式を見に行きたいと逸る己のこころを抑えるのだった。

一週間以上かけて行われる儀式は、造王船、請王、過火、境内巡回、遷船、送王と続くが、最も多くの人を惹きつけてやまないのが、最終日に行われる送王の儀式だ。五か月もの期間と一千万元（およそ四千七百万円）以上の費用をかけて作られた荘厳な王船が東港の住人たちによって海辺まで引かれてゆき、深夜いまだ日が昇らないうちに火をかける。送王の儀式は台南の曾文渓沿いに点在する王爺廟のように日中太陽が輝く時分に儀式を執り行う場所もあるが、ここ東港では宵闇の中で十四メートル近い巨大な王船に火をかけて燃やし尽くす。

高雄市内のアパートから東港までは相棒の足で一時間半ほどの距離であったが、真っ暗な夜道を走ったために倍近い時間がかかった。繁華街を過ぎれば道々に設置されている街灯の数も目に見えて少なくなってゆき、視界はわずかしか利かなかった。等間隔に並んだ幹線道路の街灯の明かりがまるでクラゲのように闇夜に揺れていた。

夜空に浮かぶちぎれ雲が幽かに月明かりに照らされていた。高屏渓を渡って屏東県内へと入ると肥料や家畜、それに湿った土の臭いが鼻腔をついた。水の引いた東港渓を渡ると、ようやく人工灯が月明かりを呑み込みはじめた。鉄道も通っていないこの小さな港町の路地は、台湾全土から集まってきた信者たちで溢れかえっていた。

コロナ禍の最中ということもあって直前まで開催が危ぶまれていたが、幸いにも感染症対策を徹底するという条件の下なんとか一連の儀式が執り行われることになった。東港東隆宮の巨大な正門は金箔が貼られた三川式牌楼となっていて、その過度な煌びやかさと重厚な存在感は否が応でも当地における王爺の権威を感じさせた。

東港東隆宮には以下のような伝説が残っている。

康熙四五（一七〇六）年、東港南西の海辺に福建省から大量の木材が流れ着いた。漂流した木材には「東港温記」の四文字が記され、それを見た東港の人々は温王爺がこの地に廟を建立せよと神意を示しているのではないかと考えた。そこで流れ着いた木材を組み合わせてみると豈図らんや、廟の骨格が出来上がったではないか。住民たちはすぐさま資金を募ると、彫刻師に温王爺の神像を彫ってもらってそれを廟に奉置した。また光緒二〇（一八九四）年には、大津波が東港一帯を襲って付近の建物はことごとく倒壊したが、温王爺を祀った廟だけは崩れることなく残った。信徒たちは急いで温王爺の神像を廟から持ち出したが、その途端神廟は音を立てて崩れ去ったという。

この話を見ても分かるように、東港東隆宮に祀られている温王爺はいわゆる瘟神を起源としない王爺である。東港東隆宮の温王爺は唐の太宗・李世民の治世に活躍した温鴻《おんこう》と呼ばれる人物で、三十六人の義兄弟と共に太宗を守った進士として山西知府を務めたが、全国巡行の際に義兄弟共々海難事故によって亡くなったとされている。その点から見れば、東港東隆宮の温王爺は瘟神系の王爺とは言えず、むしろ不運な死に方をした「厲鬼」が神として祀られたケースといえる。

こうした「厲鬼」としての王爺について考える際、台湾で最も広く人口に膾炙しているのは、進士三百六十人に関する伝説である。

かつて権力の絶頂期にあった唐の玄宗は、法力をもって世に知られた張天師の実力を試してみたいと考えた。そこで登台したばかりの進士三百六十人を地下室に隠すと、彼らにこっそり合図を送って音曲を奏でさせた。

玄宗は御前に召し出した張天師に尋ねた。

——朕は夜な夜なこの怪音に悩まされておる。張天師、これ怪なるや否や？

しばらく沈黙していた張天師はやるせない様子で答えた。

——人為でございます。地下に水を流し込めば、怪音はたちどころに静まりましょう。

玄宗はさっそく地下に水を注ぎこむように命じた。しばらくの間音曲は停まっていたが、やがて再びか細い音色が地下から木霊してきた。

——張天師、これ怪なるや否や？

——人為でございます。

——然らばこれをいかにして鎮めん。

玄宗の言葉に、張天師はしばらくの間黙って目を伏せていた。そしてやにわに宝剣を取り出すと、地面に向かってそれを深く突き刺した。細い糸のように地下室から幽かに響いていた音曲がはたと止んだ。張天師は法力を以て、地下に潜む進士三百六十人の息の根を止めてしまったのだ。驚いた皇帝は慌てて地下に人を遣った。

――ことごとく息絶えております！

玄宗はようやく己の罪深さに気付き、彼らが邪鬼となって祟りをなすことを恐れた。そこで彼らに王爺の封号を与えて、以降現世の人間の善悪を観察する役割を担うようになった。王爺を祀った廟は代天府と呼ばれ、王爺たちが人間界を巡行することを代天巡狩と呼ぶようになった。

この物語には様々なバージョンが存在する。

例えば、殺された三百六十名は清朝に仕えるのを潔しとせずに命を絶った明朝進士であったとする説、あるいは同じく明朝の時代に暴風雨に遭って溺死した三百六十名の進士であったとする説、更に台湾開拓の祖の一人であった鄭成功の化身であるという説まである。諸説入り乱れる中で唯一共通しているのは、彼らが皆志を得ずして亡くなった者たちの亡霊であること、さらには進士や忠臣、地元の有力者など、俗世で高い評価を受けていた人物であったという点である。

近代以降、日本による植民統治とそれに伴う医療制度の飛躍的発展によって、瘟神としての王爺の性格は徐々に薄まっていったが、現在にいたるまで王爺信仰そのものが消えることはなかった。台湾における王爺信仰は運命に翻弄され、あるいは政治によってその生命を弄ばれた人々の魂が王爺という入れ物に入れられることで、その複雑性と多様性を無限に繁殖させていったともいえる。その意味で、それは祟りをなす「厲鬼」にも近く、神と「鬼」の中間的な存在として台湾における王爺信仰が存在していると考えれば分かりやすいかもしれない。

東港東隆宮の牌楼を抜ける王船にスマホを向ける観光客。

周囲では止めどなく爆竹の音が鳴り響いていた。

十重二十重に揺れ動く人垣をかき分けながら、ぼくは送王船の儀式が行われる鎮海公園まで歩いていった。王船はすでに浜辺に到着していた。精巧に作られた王船は実際の航海にも耐えられるだけの機能を備えている。七角頭や東隆宮のスタッフが金紙と呼ばれる神さまに捧げる冥銭を詰め込んだ袋を王船の周りに高く積み上げていた。地べたに腰をおろした信者たちは思い思いに時間を潰し、ぼくは暗い海に目を遣った。

王船にあてられた人工灯の光がときおり真っ暗な海を照らし出しては、神秘的な残像を作り出していた。その光景にふとぼくはある学生からスマホに映ったアマビエの写真を見せられたことを思い出した。

――センセイ、日本人は本気でこんなものを信じているんですか？

確か新型コロナウィルス感染症対策において、日本が大きく台湾の後塵を拝していた時期のことだった。アマビエをありがたがる日本人の駝鳥症候群《げんじつとうひ》について指摘したかったのであろうが、ぼく自身は彼の少々挑発的なその口調をむしろ心地よく感じていた。コロナ禍以降、従来台湾で支配的であった先進的な日本人というステレオタイプ像は大きく変わった。それまで履かされていた下駄の歯が折れ、日本社会自体が高転びしたように見えたのだ。実際には日本社会が台湾の数歩先を歩んでいるといった時代はとうの昔に過ぎ去っていたのだが、コロナ禍の混乱とそれに続く日本経済の急速な没落によってその幻想が部分的にであれ剝がれ落ちてしまったのだろう。

果たして、疫病封じのアマビエと王爺の間にはどれほどの違いがあるのか。そんなことを考えていると、爆竹の轟音とともに王船の船体が赤く染まった。炎はまるで飴玉を舐《ねぶ》るように王船の船尾あたりから徐々に船全体を呑み込んでいた。パチパチと木が爆ぜる音が響いた。船上に立てられた三本の帆の背に荒ぶるヤマタノオロチを思わせる巨大な火柱が立ち昇った。王船を取り囲む群集の顔はみな酒に酔ったかのように赤く火照っていた。しばらくの間、ぼくはカメラを構えることも忘れて王船が燃え上がる様子を食い入るように見つめていた。

火は見る見る中に、車蓋《やかた》をつつみました。庇《ひさし》についた紫の流蘇《ふさ》が、煽られたようにさっと靡くと、その下から濛々と夜目にも白い煙が渦を巻いて、或は簾、或は袖、或は棟の金物が、一時に砕けて飛んだかと思う程、火の粉が雨のように舞い上る——その凄じさと云ったらございません。いや、それよりもめらめらと舌を吐いて袖格子に搦みながら、半空《なかぞら》までも立ち昇る烈々とした炎の色は、まるで日輪が地に落ちて、天火が迸《ほとばし》ったようだとでも申しましょうか。

ふと、芥川龍之介の「地獄変」の一節が浮かんだ。それが紙糊でできた張り子の神であると知りながらも、「まるで日輪が地に落ちて、天火が迸った」ようなその情景に何か残酷な美しさを感じた。西来庵事件の後始末をした日本人の官憲たちは、燃え上がる炎の中に佇む「邪神」の神像を一瞬でも美しいと思ったのだろうか？　廃仏毀釈で燃やされた牛頭天王の神像から立ち上った煙は果たして信者の祈りが込められた金紙のそれよりも高く天に昇ったのだろうか？　三本の帆はたちどころに炎の柱に搦めとられて代天巡狩と書かれた旗は目には見えない何かに抱きつかれるようにゆっくりと倒れていった。

金紙の燃えかすが空を舞い、東の空が幽かに白みはじめていた。

再び視線を王船に戻すと、船はすでに半壊してしまっていた。パチパチと木が燃え上がる音のほか、周囲からは何も聞こえなかった。浜辺にはゆうに千を超える群集が集まっているはずなのにしわぶきひとつ聞こえないのだ。清朝時代の衣装に身を包んだ地元の人々は、古法に則って王船に火がかけられた瞬間に皆背を向けてその場から立ち去ってしまっていた。

半壊した王船の真上を舞い踊る黒煙がうっすらと薄闇に浮かび上がった頃、ぼくはようやく思い出したように深く息を吐き出した。

――三年後……

薄闇の中で誰かがつぶやいた。

――また三年後。

ぼくは、すっかり夜の底が抜けてしまった東の空を見上げた。すでに王船から立ち昇る煙の色まではっきりと識別できた。

——また三年後。

誰にともなくそうつぶやき返したぼくは、いまだ炎がくすぶる王船を背に暁闇の東港をあとにした。

三年後、ぼくたちは再びこの場所で彼らと出逢うのだ。

仏さまとなった羅漢脚

台湾人が恐れる幽霊のひとつに水鬼がいる。いわゆる水難事故で亡くなった幽霊を指し、別の者を引き摺り込むことで成仏できると信じられている。灌漑が街全体に張り巡らされていた高雄市内ではとりわけこの水鬼にまつわる伝説が多い。

清朝時代、蓮池潭の東側に潜む水鬼はとりわけ凶暴と言われていた。近くを通る者たちは見境なく濁った汀《みぎわ》へと引きずり込まれてしまい、その度に蓮池潭には美しい蓮華の花が一輪咲いたという。

蓮池潭に満開の蓮華の花が咲くことに頭を悩ませた当時の鳳山知県は、大金を積んで当地の羅漢脚に仏さまの姿をさせると、彼を蓮池潭の側に生き埋めにした。羅漢脚の一死をもって凶暴な水鬼を追い払おうとしたわけだ。

翌朝、羅漢脚を埋めた場所には誰もいなくなっていた。仲間の羅漢脚たちが同じ場所を掘り返してみても、そこにはただ濁った水泡が立つばかりであった。以来、蓮池潭は平穏を取り戻し、水鬼はさらに南の湖へと逃れたのだと言われた。
羅漢脚が埋められたあたりには、現在大きなビルが建っている。

15

土匪と観音、ときどきパレスチナ

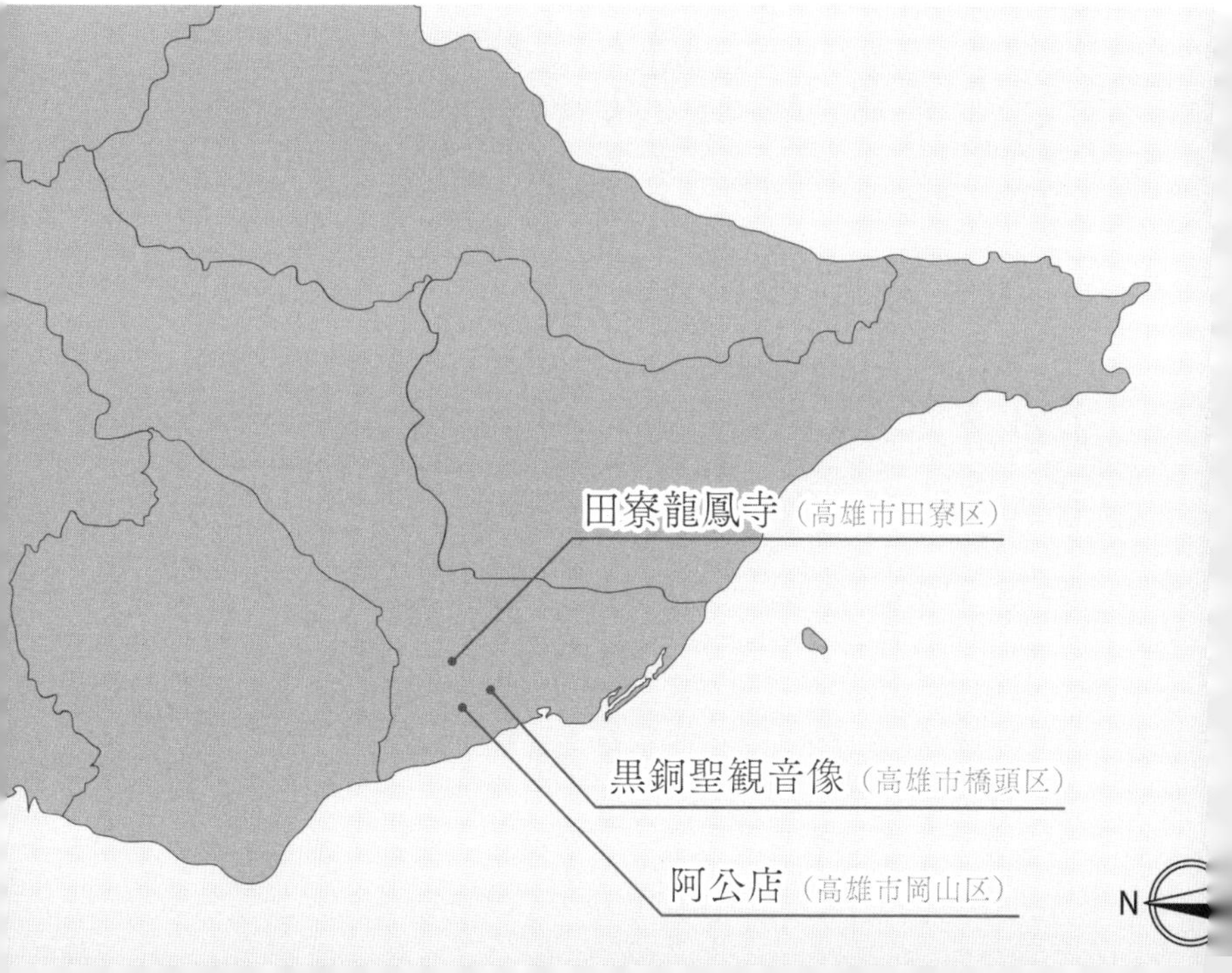

その仏像は満身を漆黒に塗り固められていた。陽が落ちればすぐに夜陰に溶け込めるように、ご丁寧にも八哥鳥《ハッカチョウ》の羽根のような黒で総身を擬装《カモフラージュ》されていた。

黒銅聖観音像。

明治三五（一九〇二）年、台湾製糖株式会社の社長で「日本製糖業の父」とも呼ばれた鈴木藤三郎によって高雄市橋頭区に建立されたこの漆黒の観音像は、かつて台湾初の近代製糖工場として植民地経済を支えた橋仔頭製糖所跡地を見つめていた。戦後台湾糖業公司に接収されることになった同所は「橋頭糖廠」と改名されて、民国八八（一九九九）年まで一世紀の長きに亘って製糖を続けた。当時の面影を残したその広大な敷地は現在台湾糖業博物館として広く一般に公開されている。

領台当初、観音信仰は日台両国の人々が共有できる数少ない共通文化であった。黒弥陀とも呼ばれた黒銅聖観音像は異郷で「土匪」の襲撃を恐れる日本人職員を慰めると同時に、台湾人職員の職場への帰属意識を高めるために、遠く奈良県薬師寺東院堂にある聖観音像を模倣して建立されたものであった。ところが、高価な銅で作られた観音像を「土匪」に奪われることを恐れた製糖所は、その身を件のごとく真っ黒に塗りつぶしてしまったのだった。

美しき黒弥陀は、生まれた瞬間からその身に大いなる矛盾を孕んでいたわけだ。

ぼくは百二十年前にこの場所で念仏を唱えていた人々の様子を想像してみたが、どうにも上手くいかなかった。黒弥陀は胸の前で左の掌を広げて、右の掌をだらりと垂らすいわゆる与願《よがん》・施無畏印《せむいいん》の印相を結んでいたが、それは衆生の恐れを取り除き、その願いを受け止める印相とされている。しかしこの仏像を拝んだ人々がいったいどの言葉で祈りの言葉を唱えたかによって、彼らが何を恐れて何を願って

修復前の黒弥陀。近年は修復されて往年の輝きを取り戻している。

いたのかその意味するところは大きく変わってしまうはずだった。

黒弥陀の背後には当時としてはめずらしい鉄筋コンクリートで作られたコロニアル様式の社宅事務所が残っているが、屋上には「土匪」からの襲撃に備えて作られた無数の銃眼が設置されている。昭和一四（一九三九）年に編集された『台湾製糖株式会社史』によれば、製糖所建設当初、「工場の周囲には土壁を繞らし、事務所の屋上には万一の場合に備へて大砲を据付け得る設備を施し」た上で、在郷軍人から訓練を受けた社員らは自警団を組織して「土匪」の襲来に備えていたとされる。橋仔頭製糖所から東に十キロほど離れた場所には「土匪」の巣窟と呼ばれた観音山があって、製糖所は山間部から台湾海峡に抜ける海岸に出るちょうど間に位置していたために度々その襲撃を受けることになったのだった。

休日のハイキングコースが「土匪」の巣窟であったことを知ってから、ぼくは折につけて彼らの暮らしぶりを想像するようになった。その山影が観音菩薩が端座する様子に似ていたことから、かつては鳳山八景のひとつに数えられた観音山であったが、一世紀以上かけて何度も山肌が削り取られた結果、いまではステゴサウルスの骨板《プレート》のような山影だけが残されていた。

銃の照準器を覗き込むように、ぼくはカメラのファインダーを覗き込んだ。

黒弥陀の漆黒の肌には木漏れ日が作り出す水玉模様の陰影が浮かび上がっていた。廃墟然とした製糖所跡には馥郁としたプルメリアが馨り立ち、燃え上がるようなホウオウボクの木々は愉快げに肩を揺らしていた。銃眼が彫り込まれた旧社宅事務所の前を数人の子どもたちが駆け抜けていく。園内に残る防空壕跡地からはかくれんぼに興じる子供たちの甲走った声が響いていた。

気が付けば、薄い衣の襞から足を覗かせた美しい黒弥陀の足下に観音山から下りてきた「土匪」たちが潜んでいた。社宅事務所の屋上を見上げれば、腹ばいになった日本人自警団員たちが緊張した面持ちで、型落ちした歩兵銃を握りしめている。

両者は真っ黒な観音像を挟んで、同じ祈りを違う言葉で繰り返し唱えていた。

――南無観世音菩薩《なむかんぜのんぼさつ》

――南無観世音菩薩《ナモグアンセインポッサ》

音を観《み》ると言われる観音菩薩は、果たして衆生の相矛盾するこうした願いに、どのように耳を傾けていたのであろうか。

そもそも、橋仔頭製糖所を襲ったとされる「土匪」とは何者なのか。

「土匪」とは領台当初日本の支配に抵抗する台湾各地の民間武装組織に冠された呼称で、正確には抗日ゲリラと呼べるものだった。明治二八（一八九五）年十一月、台湾民主国を武力鎮圧した初代台湾総督・樺山資紀は、東京の大本営に向けて「今ヤ全島全ク平定ニ帰ス」との報告を行ったが、皮肉にも「土匪」や「匪徒」と呼ばれる民間武装組織はこの平定宣言以降その動きを活発化していった。

昭和一三（一九三八）年に発行された『台湾総督府警察沿革誌』によると、「土匪」は以下の三種類に分類されている。

㈠台湾民主国に参加した旧清国兵の残党
㈡博徒的性格を持った盗賊団
㈢日本軍の討伐によって家族を殺されて前者に合流した者

台湾総督府は彼らを「性来奸黠《かんかつ》、剛胆、矯捷《きょうしょう》、怠惰の徒」で、匪首によって組織された武装集団を使って「村庄を劫」するが、「軍隊警察憲兵の討伐捜索に遭へば」すぐに「深山幽谷に竄入《ざんにゅう》して暫く消息を絶」ってしまうので、その根絶は容易ではないと考えていた。さらに自身の縄張りにおいて住民から「保庄税」や「十二税」と呼ばれるみかじめ料を取るなど、独自の徴税権まで有していた。もちろん、「土匪」の側からすれば、ある日突然遠国からやって来て彼らを軍事力で支配しようとする台湾総督府こそが問題の根本だった。清朝時代から常に自力救済を求められてきた「土匪」にとって、台湾総督府の命ずる帰順と武装解除とは、畢竟自身の生命と自己決定権を放棄するに等しいものであった。

領台初期、台湾総督に就任した樺山資紀、桂太郎、乃木希典らはこの「土匪」鎮圧に追われて十分な実績を残せないままに内地へと戻っていった。「土匪」対策が本格的に行われるようになったのは、第四代総督・児玉源太郎の時代（一八九八年二月―一九〇六年四月）で、台湾を留守にする時期が長かった児玉は、日清戦争後における検疫体制確立で名を馳せた医師・後藤新平を台湾総督府民生局長（後に民生長官に改正）に据えることで本格的な「土匪」対策を講じた。

植民地支配を生物学の原則に沿って進めるべきと考えていた後藤は、まず乃木希典の総督就任期に設定されていた三段警備体制を廃止して、警察主体の「土匪」鎮圧を行った。それまで抗日ゲリラの討伐は軍隊・憲兵が主体であって、警察はあくまでその補助的な位置づけだったが、後藤は警察組織を準軍隊化することによって、警察権力の強化と命令系統の一元化を目指した。その上で、積極的に「土匪」へ投降を促して、さらに保甲条例に基づいて「良民」と「土匪」との分断も図っていった。明治三一（一八九八）年八月に出されたこの制度は、清朝時代における住民の自治組織を警察の下部組織として取り込むことで住民の連座制や相互監視、密告などを推奨して「土匪」を孤立させようとしたもので、日本で言えば江戸時代における五人組にも似ていた。

それでも抵抗する者については、同年十一月に発布した匪徒刑罰令に基づいて、徹底的な討伐が試みられた。同法令において「何等の目的を問わず、暴行又は脅迫を以て其の目的を達するため多衆結合した」者はただちに「匪徒令」を適用するものとされた。すなわち、政治的目的か単なる強盗目的かを問わずにすべてを「匪徒」の枠組みに押し込めることで、抗日ゲリラを一般的な強盗団と同一視したのだった。

凶暴、粗暴、怠惰、奸黠、狡猾。

軍警の資料に記録された「土匪」の個人情報を読んでいると、つくづく人間は人間を殺すことはできないのだと感じる。だからこそ、植民者たちはこうした「客観的」な資料を積み上げることによって、己の暴力の正当性を肯定しなければならなくなる。資料の山に記された死者の数はやがて単なる数値の羅列へと変わってゆき、その加減が自身のささやかな生活を守ってくれるのだと信じるようになるのだ。そうなれば、もはや自分たちと同じ「人間」を殺しているといった意識も薄れていく。マルティニークの詩人で政治家でもあったエメ・セゼールが述べたように、いわゆる植民地主義とはそれを実践する植民者たちを不断に非人間化していくものでもあるのだ。

後藤新平の民生長官就任（一八九八年）から「土匪」が殲滅された明治三五（一九〇二）年にかけて、匪徒刑罰令によって処罰された「土匪」の数は三万二千人を超えたが、これは実に当時の台湾総人口の一パーセント近くにあたる。強大な権力を与えられた警察機構は軍隊並の軍事力を保持し、司法の裁きを待つことなく現場判断で対象を処刑することが黙認された。彼らは「土匪」を更生可能な犯人ではなく、殲滅すべき「敵」とみなしたのだ。

生物学の原則に従って台湾に一個の健康な身体を与えようとしていた後藤新平にとって、「土匪」とはさながら多くの内地人を苦しめたマラリア同様、植民地において最初に滅するべき病原菌でもあったわけだ。

黒銅聖観音像がある台湾糖業博物館から西へ三キロほど進んだ場所に、六班長と呼ばれた小さな集落がある。この風変わりな呼称は、かつて野外劇で使用する演劇用の竹籠を作る六人の班長がこの場所で暮らしていたことに由来するとされる。橋頭駅前の老街《したまち》を抜けて水田が点在する集落に入ると、「三徳里（六班長）11・14紀念公園」と書かれた文字が目に飛び込んでくる。鯉の泳ぐ小さな池がある公園には誰が持ち込んだのか野外カラオケ機器が置かれ、老人たちが楽しげに台湾語の歌を歌っていた。

ぼくは公園の奥にあった三山国王を祀る廟の前に相棒を停めた。公園には小さな碑が建てられてあって、そこにはだいたい次のようなことが書かれていた。

明治三一（一八九八）年末、日本の憲兵が六班長にやって来て次のように告げた。

――この集落に土匪が潜んでいる。大人しくその身柄を引き渡すように。

六班長の住民たちは困惑した。村長にあたる保正の劉買と地元の紳士・陳樹は思わず顔を見合わせた。憲兵に口答えするわけにもいかず、ひとまず彼らには隊屯所まで帰ってもらうことにした。ところが、一週間後の十二月二十六日（旧暦十一月十四日）、彼らは再び六班長にやって来た。劉買らはこの庄《むら》に土匪はおりませんと伝えた。すると憲兵たちは顔色を変えて、村人に向かって空気を震わせるような声を張り上げた。

――これより戸籍調査を行うゆえ、十五歳以上の男どもはすべて集会所に集合せよ！

劉買はどうにもまずいと思ったが、下手に抵抗しては余計に憲兵たちの不興を買ってしまうと思い、黙って従うことに決めた。やがて集会所に百人近い男が集められた。憲兵たちはいい加減な尋問を行いながら、ひどく慣れた手つきで村人たちを三人一組に縛りあげていった。村人がすべて拘束されたことを確認した憲兵が再び口を開いた。

――この村には確かに土匪がいるんである！　にもかかわらず、貴様らはその引き渡しを拒んだ。土匪の協力者はこれと同罪と見なす！

通事越しにその「死刑宣言」を聞いた劉買は思わず己の耳を疑った。憲兵たちが抜刀した軍刀を村人の首元にあてる段になって、ようやくそれまでの朦朧とした胸騒ぎは確かな輪郭をもった恐怖へと変わっていった。

一人目の村人の首が斬り落とされ、六班長の地が赤く染まった瞬間、集会所は阿鼻叫喚に包まれた。しかし三人一組に結ばれた縄は容易には解けず、逃れようともがけばもがくほどに縄はきつく身体を締め付けていった。やがて憲兵たちの軍刀には血脂がこびり付き、刃は毀れて刀身は折れ曲がってしまった。

憲兵は村人たちをまとめて焼き殺すことにした。

殺された村人は百を数えた。遺体は丁重に弔うことも許されず、その場に慌ただしく埋葬された。

碑の文字を読み終わった瞬間、遠くから老人たちの笑い声が聞こえた。カラオケに興じる老人たちのそのすぐそばにかつての虐殺現場があった。

民国一〇一（二〇一二）年一月、虐殺から百十年以上が経ってからようやく事件現場の遺骨が掘り起こされた。現在橋頭区三徳里と名前を変えた旧六班長の村人たちは、三山国王廟に鎮座する神々に遺骨発掘の吉日を尋ねて非業の死を遂げた祖先の遺骨を集めることにした。当時の新聞記事によれば、虐殺現場からは頭蓋骨や歯、大腿骨などが次々と出土し、焦げた衣服の跡なども見つかったらしい。最終的に掘り出された遺骨は大型のアルミ盥五個ぶんにも上った。

六班長（現高雄市橋頭区三徳里）にある紀念公園で寛ぐ住民たち。

ぼくは、昭和七（一九三二）年に編集された『台湾憲兵隊史』の当該日の記録を捲ってみたが、そこには各地の「土匪」討伐の記録が残されているだけで、六班長の虐殺に関しては何も書かれていなかった。もちろん、明治二九（一八九六）年六月に雲林で起こった虐殺事件のように、よほど大きく国際的な注目を集めない限り自国の虐殺が正式な公文書に記録されないことなどはままあったはずだ。百十年越しに掘り返された大量の遺骨は、そうした統治者によって記録された文字資料が必ずしも歴史的事実とは限らないことを物語っているのかもしれない。

地元住民たちの間で語り伝えられてきた六班長の惨劇は、現在ガザで起こっているジェノサイドを想起させた。首を斬り落とされた胴体に皮膚の焼け焦げた死体、そしてそれらを黙々と埋葬する遺族たち。そこには日常の薄皮一枚めくるだけで浮かび上がってくるような、瘡蓋にすらならない生々しい死の影が貼り付いている。

以前ガザ地区を完全封鎖したイスラエル国防相が、「我々は動物のような人間と戦っている」と述べたことがあった。イスラエル兵が無抵抗のパレスチナ人を「誤殺」し、病院や難民キャンプを「誤爆」することに良心の呵責を感じないとすれば、それはパレスチナ人を自分と同じ人間としては見ていないからだ。植民地主義は常に相手を己とは異なる「敵」と見なし、「敵」はやがて人ならざる動物へと変わっていく。六班長の住民を虐殺した日本人憲兵たちの目にも、「土匪」（とみなされた人たち）はただ人語を喋る動物程度にしか映っていなかったのかもしれない。

ガザにおけるイスラエル兵はなぜかくも残酷たりえるのか。

この問いかけは、なぜ日本人はかつて台湾の「土匪」とその協力者にそこまで残酷な仕打ちをできたのかといった問いかけとして跳ね返ってくる。ただし、日本人の多くは「親日」的な台湾人からそのような問いを突き付けられることはほとんどないし、台湾人自身もガザの惨状に自らの過去を重ね合わせて考えることは少ない。


ある日、授業中にパレスチナ問題が話題に上ったことがあった。

ちょうど、台北の立法院（国会）前で、民主的な議論が十分になされないまま問題のある法案が通ろうとしたことに対して大規模なデモ活動が行われていた時期だった。台湾の民主主義を守れと叫ぶデモ参加者は主催者発表で十万人を超えていた。

学生たちはイスラエルの行き過ぎた軍事行動を非難しつつも、どこか他人事といった感が否めなかっ

2024年６月、最大野党の国民党が行政院の権限を不当に拡大しようとしたとして、台湾各地で大きなデモが起こっていた。写真は街頭に貼られたお札。

た。クラスの中には巴勒斯坦《パレスチナ》と巴基斯坦《パキスタン》の違いがついていない学生もいた。ぼくはイスラエル政府と中華民国政府が、民主主義や自由など核心的な価値観を共有する「緊密な二国間関係」を結んでいること、台湾が長年イスラエルから軍事兵器を購入していることなどを伝え、現在のガザにおける惨状に台湾人がまったく無関係だとは言えないのだと話した。

「だけど、結局どっちもどっちなんじゃないですか。イスラエルは確かに酷いけど、さきに手を出したのはハマスなんだから」

　学生の言葉にぼくはそれほど驚かなかった。ただ、ロシアによるウクライナ侵攻であれほど多くの台湾人がこぞってウクライナへの連帯を表明し、はるかウクライナにまで渡航する台湾人義勇兵までいたことを思えば、パレスチナへの同情の低さは意外を通り越して不思議ですらあった。同じ祖先を共有する「同胞」を謳う隣国から侵略されたウクライナを自国の未来と考えることはあっても、シオニズムという名の植民地主義に晒されているパレスチナを己の過去と結び付けて語る台湾人は稀であった。

「たとえば、日本が台湾を領有したときにたくさんの台湾人が抵抗したよね。当時日本人が作った法律に従えば、『土匪』と呼ばれる人たちの行為は違法になる。けどだからと言って、日本の植民地支配を正当化できるわけじゃないし、何よりも台湾人自身が自衛に基づく武力権を行使したことを否定できないんじゃないかな？」

歴史に詳しいある学生が「霧社事件もあるぞ！」と合いの手を入れた。ぼくはできるだけ平静を装った声で話を続けた。「いまガザで行われているのはいわゆる『大屠殺《ジェノサイド》』であって、どっちもどっちと中立を装うべき問題ではないはずだよ。『天井のない監獄』と呼ばれる国で暮らしているガザの人たちの苦しさは、同じような歴史を経験した台湾人だからこそ分かる部分もあるはずじゃないかな」

すると、最初に意見を述べた学生が眉間にしわを寄せながら言った。「私たちは付き合う相手を選べるような立場にないんです。相手がどんな国であれ、台湾を助けてくれる国なら歓迎しますよ」

ぼくが口を開こうとしたのを見た学生は、機先を制するように言葉を継いだ。

「結局、センセイは日本人だからそんなことが言えるんです」

この島では「台湾人であること」を理由に自己決定権が奪われる時代が長く続いた。植民地支配とはそもそも相手の自主権を暴力的手段によって奪い取るものであって、おしなべて「天井のない監獄」に相手を収容する構造的暴力であるとも言える。こうした監獄を脱する手段として、大正一〇（一九二一）年には台湾文化協会が設立されて、言論活動に訴える台湾人が現れはじめるわけだが、植民地統治初期においてあらゆる反植民地運動は十把一絡げに「土匪」として鎮圧されていった。

阿公店は古くから「土匪」が跋扈する土地としても知られていた。

それは当地が台南と高雄市内をつなぐ交通の結節点に位置していたことに加え、その東側には複雑な地形をした無数の低山や月世界と呼ばれる独特の悪地地形が広がっていたことも影響している。阿公店とは元々平地原住民族の言葉で「トキワススキのたくさんある場所」を意味するが、その範囲は現在の高雄市岡山区、橋頭区、弥陀区、田寮区、梓官区などに及び、とりわけその中心である高雄市岡山区には現在ネジやナットなどモノづくり関連の中小工場が集まっている。黒弥陀の建立された橋仔頭製糖所も虐殺が起こった六班長も、行政区分上はこの阿公店に位置していた。

明治三一（一八九八）年十二月、南台湾では軍隊と憲兵隊、警察を総動員した大規模な討伐作戦が展開されたが、「土匪」の巣窟と見なされていた阿公店はこのときとりわけ大きな被害を受けた。『台湾総督府警察沿革史』によると、阿公店において「被殺を受けしもの二千五十三人、傷者数知らず、家屋を焼毀せられしもの全焼二千七百八十三戸、半焼三千三十戸、家財焼失、禽畜の亡失を合わせて其の損害過客三万八千余円」と記述されている。事件当時、南台湾にいたヨーロッパの宣教師たちはこぞって日本の軍警による住民虐殺を非難し、香港の新聞『デイリー・ニュース』にその惨状を投書して国際問題にまで発展したが、百三十年近い歳月が流れた現在その痕跡を見つけることは容易ではない。

旧六班長の集落から西へ二キロほど進んだ場所に典宝渓《てんぽうけい》と呼ばれる川がある。観音山北部にある烏山頂を源流とし、高雄市内を蛇行しながら北高雄の漁村・蚵仔寮《かしりょう》まで伸びる川だ。

ぼくはこの典宝渓沿いの小さな路地にある廟の前に相棒を停めた。典宝橋聖安宮と呼ばれるその廟はあいにく改装中で、境内にあった諸神像は斜め向かいにある仮小屋の中に移されていた。仮小屋に鎮座する盧府千歳に向かって、ぼくは軽く手を合わせた。真っ赤な顔に立派な髭をたくわえた像は関公のようにも見えたが、ぎらりと見開いた両目から、それが王爺の一種であることが分かった。

廟の隣には、第二次大戦時に米軍の南台湾上陸を防ぐために建設された防空塔も残っていた。ぼくは防空塔横の駐車場に貼られた「聖安宮　盧石頭烈士－典宝渓抗日事績」と書かれた紹介文の文字を目で追った。

同治七（一八六八）年、鳳山県仁寿上里（現在の高雄市岡山区一帯）で生まれた盧石頭《ろせきとう》は、幼い頃から家業の農作業に励んでいたが、長じて「歌仔戯《ゴアヒ》」（台湾オペラと呼ばれる舞台演劇）の一団を結成して各地を巡業するようになった。日本人が台湾を支配するようになってしばらく経ったある日、盧石頭が白馬に乗って劇団を率いているところを日本の憲兵たちと出くわした。彼らは盧石頭が「台湾人のくせに」白馬に跨っていることに腹を立て、衆目の面前で大いにこれを辱めた。これに憤慨した盧石頭は地元阿公店を拠点に抗日義勇軍を結成、彼の下には日本の支配に不満を持つ三百名近い人々が集まった。

明治三一（一八九八）年八月、同じく抗日ゲリラとして活躍していた李少開の部隊が、楠仔坑（現在の高雄市楠梓区）付近で日本軍に包囲されていることを知った盧石頭は、阿公店から手勢を率いて急遽救援に向かった。ところが、楠仔坑の手前に流れる典宝渓で日本軍に行く手を阻まれて激しい戦闘となった。近代兵器を備えた日本軍を相手に、旧式銃や刀剣しか持たない盧石頭の部隊は徐々に押されてゆき、李少開を包囲していた日本の部隊が応援に駆けつけてくると、彼らは善戦虚しく全滅してしまった。

この文章にはいくつかの創作と記述ミスがある。

まず、盧石頭が率いていたとされる歌仔戯だが、これは二十世紀初頭に北部宜蘭で誕生した舞台劇であるために、十九世紀末南台湾に暮らす盧石頭が率いていたとするにはやや無理がある。また台湾には

改修中の典宝橋聖安宮。
その側には、日本時代末期に建設された対米軍用の防空塔跡が残っている。

もともと在来馬がいないので、白馬に乗っていたという記述にも違和感がある。さらに典宝渓で「土匪」と日本の憲兵・警察隊の間で大規模な戦闘があったのは事実であるが、日本側の資料によればその時期は明治三一（一八九八）年十二月十四日で、彼に救援を求めた李少開もおそらく当時阿公店一帯でその名を馳せた匪首・魏少開（あるいは魏開）の記述ミスだと思われる。

戦後、国民党が主導した抗日教育によって多くの「土匪」は、日本の植民地支配に果敢に抵抗した民族的英雄とされていったが、「中華民族」という壮大な虚構を前提として組み立てられた物語は、ある意味で日本による植民地支配同様に当事者たちの声を軽んじたものでもある。そもそも彼らは清朝から見捨てられた「棄民」であって、その出発点においてすでに「身捨つるほどの祖国」などは存在しなかったのだ。

ただし、抗日英雄譚として描かれたこの物語には少なからぬ事実も隠されている。現在盧府千歳（王爺）として典宝渓畔に祀られている盧石頭は、阿公店街付近に出没する抗日首領と記録されていて、死亡時の年齢はおよそ三十歳、怠惰な性格で正業に就かず土匪へ身を投じたなど、日本側の資料でもその存在を確認することができる。『台湾憲兵隊史』によれば、十二月十三日に阿公店阿嗹庄（現在の高雄市阿蓮区）にある派出所を襲撃した六百名の「土匪」はその後も神出鬼没の襲撃を繰り返し、翌十四日には魏少開と盧石頭が二百名ほどの手勢を率いて右沖庄（現在の高雄市楠梓区右昌）を急襲したとある。

日本の憲兵隊と武装警察はこれを海岸沿いの援中港庄まで撃退したが、盧石頭らはここで反撃に転じ、逆に日本側の部隊を包囲・殲滅しようと試みた。日本の部隊は一時間近く盧石頭らの猛攻を受けたが、楠仔坑の部隊が応援に駆け付けたことで形勢は再び逆転する。日本側は逃走する盧石頭らを典宝渓まで追いつめると、川を渡って阿公店の根城まで逃れようとする盧石頭らに「猛然一斉射撃を加へ忽ち賊魁盧石頭以下三十余名を殪《たお》し二十余名を傷けた」としている。『台湾日日新報』では、ある勇敢な上等兵が筏に飛び乗って、典宝渓を泳いで渡ろうとする「土匪」に次々と銃弾を放ち、「五、六匪を殪し」た様子をさながら「一大活劇」であったと報じている。川下へ流れてゆく死体のせいで、典宝渓の河口は紅く染まったとされた。

典宝渓の北に位置する弥陀区の郷土史誌によると、盧石頭の手勢の中には日本側の追撃を躱して上手く逃げ延びた者たちもいたが、これが後に六房長（六班長）の虐殺に繋がったのではないかと記されている。この記述が正しければ、六班長にやって来た憲兵たちは、典宝渓で討ち漏らした盧石頭の残党を探していたことになる。

典宝渓を北上して岡山区にある繁華街を横切ったぼくは、岡山区東部に位置する小崗山と大崗山の間にある谷間の集落を抜けると、人煙まばらな田寮区へと向かった。旧阿公店を一望出来る大崗山を地図で俯瞰すれば、それが台湾島に酷似した形をしていることに気付く。三百年ほど前に建立された古刹・超峰寺を有する大崗山には、現在でも数多の仏教寺院が立ち並び、古くから「台湾仏山」と呼ばれて一帯の人々の信仰を集めてきた。

小さな台湾島の山裾を走るぼくはその南端を東海岸に沿って北上し、太平洋側に抜けるように細い山道を東進していった。人気の絶えた山道には無縁仏を祀る来歴不明の小さな陰廟がぽつり、ぽつりと立っていて、さながら黄泉平坂を下っているような気分になった。何でも台湾で宝くじが流行った頃、多くの人がこの地域に建てられた陰廟を訪ねては当たりくじの番号を尋ねていたらしい。

高雄市田寮区新興里。

百三十年ほど前、この場所は打鹿埔《だろくほ》庄と呼ばれていた。

ぼくは黄金色に輝くナンバンサイカチが揺れる龍鳳寺の駐車場で相方を休ませてやった。寺内に足を踏み入れれば、境内中央に鎮座する観音菩薩像が目に入った。糖業博物館にいる黒弥陀と違い、ここの観音像はいかにも台湾らしく豪華絢爛な衣服を身にまとわされていた。

複雑な地形をした山々に抱かれた打鹿埔庄はかつて「土匪」の拠点であった。盧石頭らが典宝渓において日本の部隊と衝突していた頃、ここ打鹿埔庄でも大きな衝突があった。『台湾日日新聞』及び『台湾憲兵隊史』の記述を合わせて当時の様子を察するに、典宝渓で戦いが行われていた同日、台南市内から蕃薯寮（現在の高雄市旗山区）へ向けて出発した日本の守備兵がここ打鹿埔庄において「土匪」と会敵、両者の間で戦闘に発展した結果、日本側に多数の死傷者が出た。日本軍は援軍の到着を待って打鹿埔庄の「土匪」を討伐すると、ここ龍鳳寺のあたりで残党とその協力者たちを皆殺しにしたと言われている。

ぼくは観音像の右手に鎮座する神像に目を遣った。真っ赤な顔にカッと見開いた両目は意思の強さを感じさせると同時に、王爺独特の厳めしさも備えていた。

劉府千歳。

寺の伝承によると、観音像の隣に侍るこの王爺は打鹿埔庄に暮らしていた劉何某と呼ばれた人物で、義賊よろしく金持ちから奪ったお金を貧しい人々に分け与える英雄であった。ところが台湾が日本の植民地になると、彼は「土匪」として日本軍に殺されてしまった。村人たちは彼のために小さなあばら家を建て、これを劉元帥として祀ったが、以来村では様々な奇蹟が起こるようになったらしい。一九三〇年代、村で疫病が流行すると、村人たちは大崗山にある超峰寺から観音菩薩を呼んで厄払いを行い、これを祀ることにした。その際に劉元帥も劉府千歳へと格上げされて共に祀られたのだそうだ。

いまとなってはこの劉何某が何者であったのかは分からない。ただし、民国八三（一九九四）年に旧高雄県各地の耆老の話をまとめた『高雄県郷土史料』によると、当時打鹿埔庄で日本軍の虐殺から逃れたもう一人の劉氏のエピソードが語られている。

男の名は劉朝栄。

彼の所属した抗日義勇軍は、蕃薯寮方面から進軍して来た日本軍を打鹿埔庄において打ち破ったが、増援を得た日本軍はやがて彼らを数の力で圧倒すると、武器を捨てて降参するように迫ってきた。劉朝栄らが武器を渡して投降すると、日本軍は丸裸となった「土匪」たちを捕え、見せしめにその首を落としはじめた。若く壮健な肉体を持っていた劉朝栄は、日本軍の敷いた包囲網を駆け抜けるとそのまま川の中へと飛び込んで難を逃れた。仲間を失った悲しみから首を吊って死のうとしたが、その重みに耐えかねた縄が切れてしまい、恥を忍んで生きていくことに決めた。

ほとぼりが冷めた頃に集落へと戻った劉朝栄は、ある日本の役人が旗山と名前を変えた蕃薯寮の役場へと向かう輿を担ぐことになった。到着後、件の日本人は代金を支払おうとしたが、劉朝栄は仲間を殺した日本人から金を受け取ることを固く辞した。名前を尋ねられた劉朝栄は、偽名を用いることなく正直に己の名を告げた。

——劉朝栄？　そいつはこのあたりの「土匪」じゃないのかね？

目の前の男が嘘をついてはいないことが分かった。誠実そうなその人となりを目の当たりにした役人は結局その「罪」を問うことはしなかったという。

この話は、民国二二（一九三三）年生まれの劉朝栄の婿が直接本人から聞いた話と記録されている。八十歳まで生きたとされる劉朝栄は龍鳳寺に祀られている劉府千歳とは別人に違いないが、あるいは「土匪」の時分の劉府千歳《かみさま》を知る数少ない人物であったのかもしれない。

お寺の向かいにある小学校から、鈴が鳴るような笑い声が聞こえてきた。

人気のないお堂では、籐椅子に横になった管理人が立てるいびきが響いていた。管理人の側では、つけっぱなしにされたテレビから空爆で廃墟となったラファの様子が映し出されていた。蛍光色のスーツを着た台湾人アナウンサーがまくし立てるような早口の中国語で報道内容を伝えていた。

「……軍による難民キャンプの空爆によって、ラファでは少なくとも四十五名が死亡、数百人が重傷を負いました。イスラエルの政府報道官は民間人の犠牲は悲痛であるが、これはハマスが望んではじめた戦争だと述べて……」

ぼくはお寺の壁に掛けられていた龍鳳寺沿革に目を遣った。すると、劉府千歳の起こした数々の奇蹟の中に、劉府千歳が天兵を差配して米軍の空襲から郷土を守ったと記されていることに気付いた。音を観る観音菩薩は見えないものや聞こえないものを自在に見聞きして衆生に救いの手を差し伸べてくれるとされるが、まさか王爺となった「土匪」が、地上に降り注ぐ爆弾から人々を守ってくれるとは思わなかった。

南《ナ》無《モ》観《グアン》世《セ》音《イン》菩《ポッ》薩《サ》
かつて虐殺があったこの場所で、ぼくは観音菩薩と劉府千歳に向けてそっと手を合わせた。テレビから流れるニュースは、いつの間にかお隣の大国がこの島の周辺海域で再び大規模な軍事演習を行った報道へと変わっていた。

ハリネズミになった男

このあたりでもたくさん人が死んだ。いつ頃？　まだ「土匪」が出没していた時分だよ。誰にってお前たち日本人にだよ。ここいらには日本に抵抗した人間がずいぶんいたからな。田寮や観音山のあたりじゃ「土匪」がずいぶん出たんだ。いまはごちゃごちゃしていて見えないけど、おれが小さい頃にはここからでも観音山がよく見えたんだよ。たまに山から下りてきて、日本人がいる派出所や憲兵所なんかを襲撃するんだ。

だけど本格的な討伐がはじまると、典宝橋のあたりでたくさんの「土匪」が殺された。ある日二人の憲兵が集落にやって来て言ったんだ。潜伏している「土匪」をさし出せって。集落に「土匪」が隠れていたかどうかは知らない。いたのかもしれないし、いなかったのかもしれない。だけど当時の保正は「土匪」はいないと突っぱねた。結局集落にいた十五歳以上の男は一人残らずみんな焼き殺されたんだ。十年くらい前にここの地面を掘り返したら、当時の骨がごろごろ出てきたよ。まあそんな顔しなさんな。百二十年も前の話さ。

さて、問題はここからだ。

虐殺が起こった当日、実際に「土匪」と関係を持っていた男がいたんだが、こいつが三山国王廟の水瓶の中に身を隠して難を逃れたんだ。公園のすぐ裏にある廟だよ。ほらそこに見えるだろ。生き延びたのはけっこうなことだが、夫や息子たちを日本人に殺されたおんなたちはこの男をひどく憎んだ。何だって虐殺の原因を作った人間がのうのうと集落をほっつき回っているわけだからな。

みんなで話し合った結果、おんなたちはその男を村の近くにあった甘蔗畑に誘い出すことにした。そいつは何の疑いもなくそれにのった。メンタの細腕なんぞいざとなればどうにでもできると思ったんだろうさ。あるいはおんなやもめに花が咲く、なんて思ったのかもしれない。甘蔗は見たことがあるだろ。昔はこの辺りにずいぶん高い緑の壁が続いてたんだ。台湾初の近代製糖工場だよ。ああ、この辺りもずいぶん変わっちまったもんだ。

誘い出された男がどうなったって?

ハリネズミだよ。後日、甘蔗畑から見つかった遺体からは百本以上の裁縫針が見つかったらしい。まったく因果な話さ。本来なら殺されるべき人間は別にいたはずなのに。そう思うだろ?

16

フォルモサ水滸伝

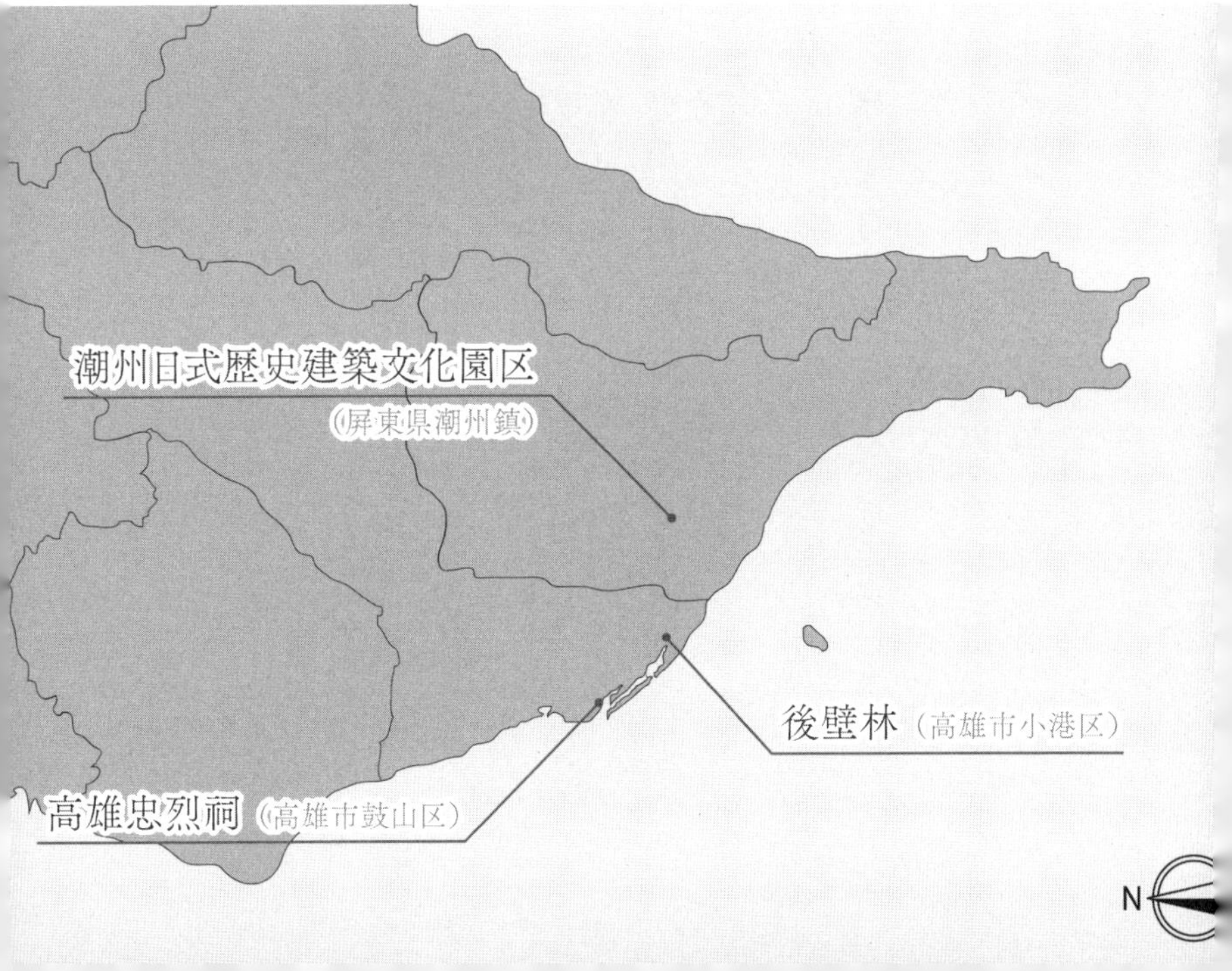

潮州日式歴史建築文化園区
（屏東県潮州鎮）
後壁林（高雄市小港区）
高雄忠烈祠（高雄市鼓山区）
N

同治四（一八六五）年、男は鳳山県港西下里万丹街（現在の屏東県万丹郷）に生まれた。

肥沃な屏東平野でも農畜産業が盛んな当地は、現在でも小豆やサトウキビ、加工乳などが数多く生産されている。かつて多くの平地原住民族が暮らしていた万丹郷は、マカタオ語で「市」や「売買の場」を意味し、古くから市街地を形成して栄えてきた場所であった。

男の名は林苗生といった。

物心つく頃から肉屋で屠畜業を営む父親について、万丹街北部にある阿猴（現在の屏東市）の市場で肉や魚の販売を行っていた。荒くれ者の父親は地元「鱸鰻《ヤクザ》」の顔役でもあった。自然と彼もまたそうした荒くれ者たちの中で生きる術を学んでいった。

男には商売の才覚があった。やがて独立して商いをはじめた彼は肉や魚の販売だけに止まらず、若くして精米工場まで経営するようになった。面倒見がよく、男気に溢れた彼の周囲には常に仲間たちが集っていた。

——おい、肖猫《シャオニャオ》！

人々は親しみを込めて彼をこう呼んだ。閩南語で「狂猫《クレイジー・キャット》」を意味する言葉だ。

屏東平野各地の海の幸山の幸が集められた阿猴の市場では、閩南語だけではなく、客家語やパイワン語、ルカイ語まで飛び交っていた。阿猴のすぐ東側には六堆客家の集落が広がっていて、その奥の山地には瑯嶠上十八社のパイワン族や茂林のルカイ族が暮らしていた。上下左右に抑揚する言葉が飛び交う阿猴の市場はさながら一隻の巨大な船であった。十数年後、日本の官憲から「少猫」と称され恐れられた青年は、このときはまだ自身が向かうべき先を知らずにいた。

林少猫《りんしょうびょう》。

十九世紀末、北部の簡大獅《かんだいし》、中部の柯鉄《かてつ》と並び、「抗日三猛」最後のひとりとして、台湾総督府から最も危険視された「土匪」である。

台湾総督府民政長官・後藤新平は、かつて領台初期における「土匪」の割拠状態を評して「水滸伝ノ活劇ト申シテ差支ナイ」と述べた。それほどまでに、領台初期における台湾は中央政府の権威を屁とも思わない「土匪」が群雄割拠する状態にあった。

明治二八（一八九五）年十一月、初代台湾総督・樺山資紀による全島平定宣言以降、台湾各地における「土匪」の動きは活発化した。同年十二月末には北部台湾の「土匪」が台北城奪還を企て、大規模な攻勢をかけて日本側を大いに慌てさせた。林李生、陳秋菊、胡嘉猷ら、台北から東部宜蘭一帯にかけて一斉蜂起した「土匪」の部隊に包囲された台北城内では、軍夫・文官まで銃をとってこれに反撃する必要に迫られた。台北城包囲戦の総指揮を執った胡嘉猷は、檄文に清朝「光緒」の年号を用いながら、蜂起は「上国家に報じ」たものであると、北京朝廷への忠誠を強調しながら蜂起の全島的拡大を狙った。

翻って朝廷の支配が相対的に弱く、歴史的に「土匪」の活動が最も活発であった中部では、武装蜂起は必ずしも従来の天朝体制や中国ナショナリズムに結びついた政治闘争ではなく、むしろ乱世を奇貨に自己の実効支配地の拡大を狙ったものでもあった。現在の雲林県古坑郷一帯にあった太平頂では、抗日義勇軍を率いて各地を転戦していた老将・簡義に、地元で任侠の徒として名高い柯鉄らが「鉄国山」を建国、年号を天運と改めて台中、斗六から進軍してきた日本の討伐隊を翻弄していた。

業を煮やした日本の討伐部隊は「雲林管下に良民なし」と宣言した雲林支庁長・松村雄之進の言葉を免罪符に、明治二九（一八九六）年五月十八日から二十二日にかけて山中集落一帯で無差別攻撃と民家の焼き討ちを行った。この際に四千二百九十五戸の民家が焼き払われて、数千から一万人が虐殺されたとされているが、『台湾総督府警察沿革史』には「土民殺戮の数の如きは審《つまびらか》にすべからざりき」とのみ記されている。日本軍によるこの虐殺はむしろ現地住民を「土匪」の側に靡かせ、斗六はむなしく鉄国山の手に落ちた。

——鉄国山が日本軍を駆逐した。

その情報が各地に伝わると、台南東部の山岳地帯・蕃仔山に割拠していた黄国鎮も手勢を率いて嘉義の街に襲撃をかけるなど、中部地域では抗日軍による解放区が生まれることになった。

台湾南部。

この地で最初に猛威を振るった「土匪」は、鄭吉生であった。

『台湾憲兵隊史』によると、港東下里水底寮（現在の屏東県枋寮郷水底寮）に生まれた鄭吉生は、下淡水渓一帯に出没しては「官憲に抵抗し、或は民財を掠奪し或は人命を害する等不逞の限りを極め」ていたとされる。時には千名近い「匪群」を糾合してはしばしば政府機関への襲撃を繰り返す鄭吉生の出没範囲は下淡水渓全域に及んでいた。

興味深いのは、南部「土匪」の首魁であった鄭吉生が、「熟蕃より成れる匪団と閩粤烏合の匪群」を率いていた点である。「熟蕃」とは平地原住民マカタオ族を指し、「閩」とは福建系移民の閩南人、「粤」

とは広東系移民の客家人を指している。

日本側の資料によれば、この多民族混成部隊を率いる鄭吉生は六堆客家出身の林天福や「大匪魁」林少猫など、後に頭角を現す若手「土匪」たちと雁行の関係を持っていたとされる。分類械闘と呼ばれるエスニシティ間の抗争が絶えなかった当時、民族的な相違を越えて抗日混成部隊ともいえる武装集団を率いていた鄭吉生は、日本側にとっては非常に頭の痛い人物でもあった。

「土匪」を討伐対象としていた軍警の資料に、鄭吉生の背景について踏み込んだ記述がないが、『後藤新平文書』に収められた「台湾ノ土匪」にはその背景が簡単に記されている。

鄭吉生の父親は漢人で、母親は「蕃婦」であった。水底藔の出身という背景を考えれば、清朝淮軍と死闘を繰り広げた大亀文に属するパイワン族であった可能性が高い。水底藔は清朝の統治が及ぶ最南端の枋寮の北側に位置する漢人集落で、いわば大清帝国と「蕃界」の境界線にあたる。漢人であった父親のエスニシティに関しては言及されていないが、鄭吉生が複数の言語を操れる「多言語話者《マルチリンガル》」であったことは想像に難くない。

鳳山県下で蕃語通訳を務めていた鄭吉生は、日清間で戦端が開かれると鳳山県令から民兵を集めるように命じられた。ところが、県令は民兵を集めてきた彼に給金を支払うことを渋った。鄭吉生は直談判して民兵らの給与を支払うよう訴えたが、逆に県令から「衆ヲ以テ人ヲ脅カ」したと、仲間たちを捕らわれてしまった。これに反発した鄭吉生は日本軍の南下に呼応する形で自らの手勢を率いて台南城を攻撃、その功が認められて台湾副総督・高島鞆之助らとも面会した。「忠勤者」と呼ばれた鄭吉生は、地の利人の和にくらい日本軍のために様々な人材を斡旋したが、紹介した人物が窃盗の罪で捕まってしまったことをきっかけに、彼自身「連累ヲ以テ一朝忽チ獄中ノ人ト成」ってしまった。日本側の処置に激昂した鄭吉生は、「我ヲ辱カシム帝国ハ恩無キナリ」として、以降南部第一の「匪魁」へ変貌した。

帝国の周縁で生きてきた鄭吉生にとって、天下の大清帝国も新興の大日本帝国も秤にかけて選択すべき協力者に過ぎなかった。米西部開拓時代のように中央政府の権力が弱く、常に自力救済が求められた時代において、鄭吉生のような地元の有力者が率いる民兵組織は台湾中いたるところに跋扈していた。彼らにとって大切なのはあくまで自身の利権と面子を尊重してくれる協力者であって、国家への忠誠などは二の次だった。少なくとも、帝国の周縁で官の保護を受けることなく常に独立不羈で生きてきた鄭吉生にとって、自身の身体を流れる漢人の血は良くも悪くも彼を束縛するほどのものではなかったし、また自身を「辱カシ」めた大日本帝国を許すことはできなかった。彼にとっての抗日とは、民族意識の発露などではなく、潰された面子を取り戻す意地であった。この意地を突き通せる力がなければ、誰も彼についてきてはくれなかった。

明治二九（一八九六）年六月以降、鄭吉生は熟閩粤の混成部隊を率いて、水底寮、東港、阿猴、鳳山など、下淡水渓一帯に点在する日本の弁務署や憲兵の駐屯所などを強襲した。『台湾憲兵隊史』によれば、その部隊は「神出鬼没巧みに踪跡《そうせき》を晦ま」すために追撃が難しかったと言われる。鳳山各地には「官衙《かんが》、守備隊憲兵屯所等を襲撃し日本人を鏖殺《みなごろ》すべしとの檄文」が張り出されて、日本の官憲は匪賊の討伐に追われた。

ところが、日本軍の包囲網が狭まる中で、鄭吉生にも最期のときが訪れることになった。明治三〇（一八九七）年一月、六百余名の手勢を引き連れた鄭吉生は鳳山新城に駐留する日本軍を一気に屠ろうと

鳳山県新城の東門。かつて日本の守備隊と鄭吉生率いる抗日軍が衝突したとされる。

したが、日本側は鳳山の守備兵と警察を総動員してこれを鳳山新城東門外にある渓畔で迎え撃った。「交戦殆ど三時間に亘りたる」後、鄭吉生たちは数多の死傷者を出して大寮（現在の高雄市大寮区）に撤退、重症を負った鄭吉生は故郷水底寮に潜伏したが、銃の暴発による怪我がもとで翌月帰らぬ人となった。

南部第一の匪魁が死んだ。

にも関わらず、南台湾における「土匪」の動きはこれ以降も沈静化するどころかむしろ活発化していった。『台湾総督府警察沿革史』はその理由を次のように記している。

——鄭吉生の死後、南路土匪の勢力漸く大なるものは林少猫なり。

『水滸伝』さながらに「土匪」が跋扈してきたこの島に大きな変化が訪れようとしていた。鄭吉生が死去した翌年、台北では児玉源太郎・後藤新平による新体制がスタートした。後藤は乃木希典の時代に行われた三段警備体制を見直し、更に乃木時代に考えられた「土匪」招降策を積極的に推し進めていった。後藤の意見を聞き入れた児玉も「予ノ職務ハ台湾ヲ治ムルニ在テ、台湾ヲ征伐スルニ非ス」とし、「招降」の使者を全島各地の「土匪」指導者の下へ送った。使者は各地の指導者に向けて、「招降」に応じた者には投降準備金を支給すること、また投降後は公共事業などで仕事の斡旋を行ってその生活を保障する旨を伝えた。

最初にこの要求に応えたのは北部の「土匪」たちだった。

古来から中国には「招撫《しょうぶ》」という考え方がある。広大な中国大陸を統一した数々の王朝はその政権に属さない地方の独立勢力を「招き撫す」、つまり帰順させてしかるべき地位と待遇を与えることで、彼らを政権内部へと取り込んできた。たとえば、鄭成功の父親で東アジアの海を荒らした海賊・鄭芝龍は明朝から招撫を受けて明朝の武官となっているし、台湾民主国の第二代総統となった劉永福も本を正せば太平天国の乱に参加した「賊軍」であったが、後にベトナム北部で黒旗軍を創設して独立勢力を築くと一転清朝から招撫されて官軍側として活躍することになったのだった。

日本を軍事的に転覆させることが困難と悟った宜蘭の林火旺《りんかおう》や大屯山（現在の台北市北投及び淡水区一帯）の簡大獅、文山堡（現在の台北市文山、新店、深坑区一帯）の陳秋菊など、北部の大物「土匪」たちは次々と帰順を決めた。これに喜んだ後藤新平は自身も丸腰で帰順式典に参加して誠意を示そうとした。もちろん、帰順を違えた際の保険として、彼らの名簿を作成してその写真撮影を行うことも忘れなかった。現在まで残る「土匪」指導者たちの写真は、いわば当時撮られた「逮捕後に撮影される写真《マグショット》」であったわけだ。

北部の「土匪」たちは帰順を伝統的な招撫の一環とみたが、日本側が要求する帰順とは、「土匪」たちの私的暴力を唯一の合法的暴力組織を有する近代国家内部に回収する過程を意味していた。ところが「土匪」たちが望む招撫とは、己の私的暴力を維持した上で中央政府に属することを意味していたのだ。帰順と招撫はいわば同床異夢の関係にあったが、そのことに気付かない「土匪」たちは帰順まもなく破滅の道を転がり落ちることになった。

北部の「土匪」が次々と投降していた頃、中南部ではいまだこれに応じる者たちは少なかった。自勢力の独立不羈を求める中南部の「土匪」は勢い強く、帰順は時期尚早として軍事討伐が優先された。明治三一（一八九八）年十一月から十二月末にかけて、台湾総督府は雲林、嘉義、台南各地の「土匪」を討伐した。大規模な討伐部隊はやがて高雄北部にある阿公店にまで及び、六班長や打鹿埔庄などでは雲林事件を彷彿とさせる虐殺事案も発生した。

虐殺はいつの時代も難民を生む。鳳山以南には多くの「土匪」や家々を焼かれた難民が流入していた。日本側の資料でも「（阿公店など）管内掃蕩の結果として土匪多く南方に竄入し、淡水以南従来匪害殆んど稀なりし地方は、却って不穏の状を呈する」状態と記されている。

下淡水渓西岸から渡ってくる流民の群れを見た林少猫は思わず苦笑した。

台北で台湾民主国の建国が宣言された際、自分はそれまでため込んできた私財を擲って、南下してくる日本軍と戦う決意を固めた。「祖国」復帰のお題目を唱えていたお役人が早々にケツをまくって唐山《たいりく》へ逃げ帰ってからも、俺たちや吉生の旦那のような「土匪」だけがこの島に留まって戦いを続けた。

自分はただ肉屋の倅に過ぎない。

身内以外には平気で手を出して悪びれない鼻つまみ者の「鱸鰻《ヤクザ》」だ。

それなのに、時代は止まることなく彼を押し上げてゆき、気が付けばそれに従う人々は数百を超え、いまなおその数は膨らみ続けていた。林少猫の脳裡にはかつてこの下淡水渓の畔で覇を称えた鴨母王の雄姿がよぎったが、彼はすぐにその不吉な連想から想起される暗い未来をかき消した。

——兄弟、どこから来た？

林少猫は全身煤だらけになった流民に尋ねた。汗と埃で茶色くなった辮髪からようやくそれが男性だと判別できた。

——阿公店、北の抗日隊は壊滅だ。典宝渓では盧石頭も死んだ。

——盧石頭が？　嘉義にいた黄国鎮はどうなった？

——知らねえ。オレは魏少開ンとこにいたんだ。鳳山より北にいたもんたちは皆殺されちまったか、さもなきゃ投降しちまったよ。

雨に濡れた犬のような表情をした男は膝の間に顔をうずめると、そのままいびきを立てて眠ってしまった。下淡水渓を渡ってくる流民の数は止まるところがなかった。流民たちは、あの林少猫が勢力を誇る下淡水渓東岸なら安全だと思ったのかもしれない。

阿公店がある北西の空には幾筋もの黒い煙が立ち上がっていた。

——すぐに戦える者たちを集めろ。これから阿猴街の日本人を急襲する。

林少猫が言った。

——これからですか？

林少猫の実弟・林必《りんひつ》が驚いたように言った。阿公店で虐殺があったのは、昨日の今日なのだ。

——いまなら日本軍はみな下淡水渓の西岸に集まっている。やつらが東岸に入ってくる前に一泡吹かせてやるんだ。

日本軍から鹵獲した村田銃を杖替わりに立ち上がった林少猫は、下淡水渓の濁流に背を向けて言った。目の前には壁のように屹立する北大武山が聳え立ち、その山頂は厚い雲で覆われていた。

俺たちはこの土地でしか生きていけないのだ。彼は近くで流民たちへの炊き出しに奔走していた幼い息子・林雄《りんゆう》の肩を摑んで言った。

——気に食わねえが、今回ばかりは林天福の客家野郎に協力してやる。阿猴街を襲撃したら、そのまやつの部隊と合流して潮州に攻め込むぞ。

六班長で虐殺事件が起こった翌日、林少猫は手勢三百を率いて、阿猴街の日本人を襲った。さらにその翌日には、客家系の林天福と協力して阿猴街の南にある潮州庄弁務署及び憲兵屯所を襲撃した。潮州を襲撃した林少猫・林天福の連合部隊は千名を超えた。彼らは税金の取り立てに厳しく、現地住民から大きな不興を買っていた潮州弁務署長・瀬戸晋を殺害すると、「悉く肋骨を抜き臓腑陰部を抉出して備《つぶ》さに凌辱を加へ」た。果たしてその凌辱が前日阿公店で起こった虐殺への報復であったのかは分からないが、少なくとも彼らは猟奇殺人鬼でもなければ押し込み強盗のような刑事犯でもなかった。日本側の資料にも、襲撃に参加した林少猫の部隊は「号令厳格にして毫も良民を侵害せず、一に日本文武員弁を屠ふるを以て旨とせり」と記されている。標的ははなから日本人の官憲だけに絞られていたのだ。

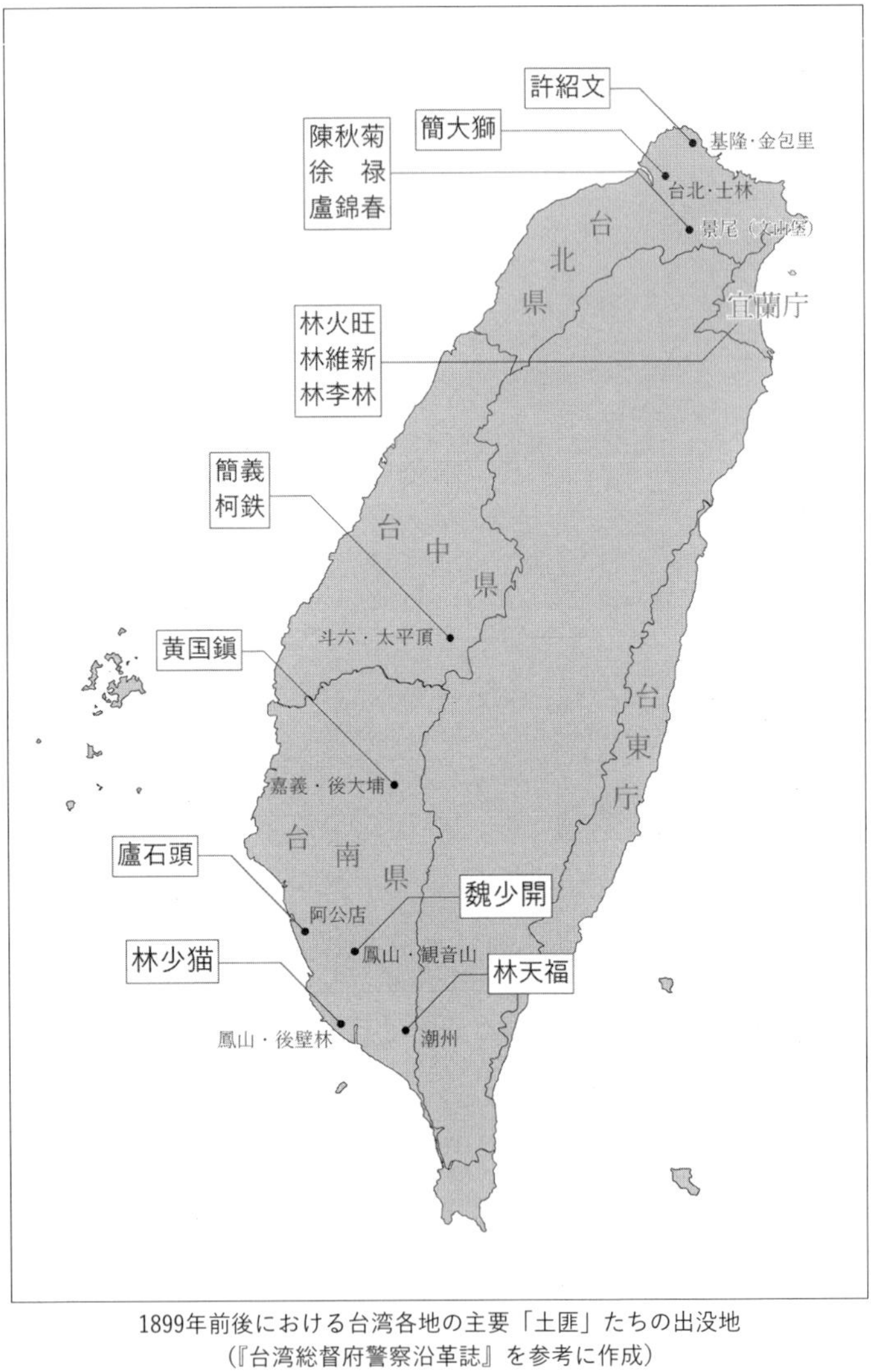

1899年前後における台湾各地の主要「土匪」たちの出没地
（『台湾総督府警察沿革誌』を参考に作成）

林少猫が描かれた睢鳳飛鳳宮の壁画。
病気治癒を祈願した林少猫が大陸から取り寄せた涼傘を当宮に贈ったが、
植民地当局の目を恐れて隠された結果、戦後紛失してしまったと言われる。

鳳山から援軍に駆け付けた日本軍が潮州を奪還できたのは、実に襲撃から四日後のことだった。日本側の報復が恐れられる中、潮州襲撃の主犯でもあった林天福は六堆客家の後堆にあたる内埔庄で捕縛され、そのまま日本に帰順させられた。ところが、帰順の数年後には数々の咎によって誅される。翻って、林少猫は一時さらに南にある恒春へと向かったが、そこでの騒乱が鎮圧されると今度は山中に潜んで消息を絶ち、その行方は杳として知れなくなってしまった。

潮州駅から東へ一キロほど進んだ場所に、潮州日式歴史建築文化園区と呼ばれるエリアがある。林少猫らが襲撃した旧潮州弁務署跡で、弁務制度が廃止されてからは官営宿舎として使用されていた。戦後も引き続き中華民国交通部の公務員宿舎として使用されたが、住民がいなくなった後は長らく廃墟となってしまっていた。民国一〇七（二〇一八）年、朽ちかけていた宿舎は地域復興を目指していた潮州鎮役場によって日本らしさを強調した観光地としてリノベーションされ、観光地として一般開放されることになった。

園区の入り口には真っ赤な鳥居や必勝印のダルマなど、キッチュな日本らしさが溢れていた。台湾の大学にある日本語学科などでよく見るステレオタイプ的な日本像だ。当時の潮州襲撃に参加した「抗日義士」たちを称える扁額が飾られた案内所前には、林少猫と思われるキャラクターが頭に猫をのせて立っていた。台湾人観光客が記念撮影する鳥居越しにゆるキャラとなった林少猫を眺めていると、ぼくは何とも言えない気持ちになった。

造花のサクラが飾り立てられたエリアを抜ければ、戦後建てられた巨大な貯水槽があって、その下にはなぜかパイワン族をモチーフにした絵が飾られていた。更に奥へと進むと、潮州襲撃事件で殺害された「後藤松次郎巡査」を祀った墓碑が当時のままに残されていて、崩れかけた宿舎の壁には林少猫の事績を謳った紹介文がイラスト付きで掛けられていた。まったく整合性を欠いた空間はむしろこの土地の民族的多様性と歴史解釈の難しさを物語っているようでもあった。この場所を訪れた台湾人観光客が、いったい誰のどの視点からこの場所を振り返っているのかひどく気になった。

潮州日式歴史建築文化園区から更に東へ七百メートルほど進むと、日本統治時代に潮州郡役所があった警察署が見えてきた。しばらく躊躇してから、ぼくは署の入り口で睨みをきかせていた警官の視線を避けるようにそっと駐車場の奥へと進んだ。それは「コ」の字型をした駐車場のドン付きにあった。

潮州警察廟。

祭壇には五柱の神々が祀られていた。民国九二（二〇〇三）年、潮州鎮内で遺棄されていた神像の所有者が見つからなかったために、同警察署管内でこれを祀ることになったのがその由来とされる廟だ。分署に勤務する警官がローテーションで管理している祭壇には中華民国警察の鳩のマークが入った神々の当直台が設けられ、五柱の神々が交代で当直を担当しているらしかった。

ぼくは警察廟の隣にある小さな祠に目を遣った。

「各界神霊　鎮守将軍　霊位」と書かれた祠には、かつて潮州鎮内で殉職した日本の官憲と戦後潮州で亡くなった外省人兵士たちの霊が祀られていた。例の潮州襲撃で亡くなった日本側の死者たちもおそらくこの場所で合祀されているのだ。あるいは、治安維持を目的とする警察の特質上、現在の警察もまた「土匪」よりもむしろ当時の日本人警官の方に共感を感じるものかもしれない。

祠の前で手を合わせようとしたぼくはふと襲撃に参加した「土匪」たちの魂はいったいどこで、誰によって祀られているのかと思った。

林少猫はすっかりその行方を晦ましてしまった。

鳳山、阿猴の両弁務署では、林少猫の目撃情報が出る度に討伐隊を差し向けたがどれも空振りに終わった。台湾総督府は「林少猫を捕縛せしものへは賞金五百円を給」するとその首に多額の報奨金をかけた。当時の警官の初任給が十円程度であることを考えればかなりの高額だ。『台湾日日新報』には「若し抵抗せば斬殺を許し首にても宜し」と記されているが、まさに「生死を問わず《デッド・オア・アライブ》」である。『台湾総督府警察沿革史』によると、「少猫遂に蕃界に遁入し、蕃酋を籠絡して自ら固くせり」とある。この時期、彼は鄭吉生時代のツテを辿って中央山脈のパイワン族の頭目に匿われていたのかもしれない。

領台初期、平地の「土匪」討伐に明け暮れていた日本はいまだ山地の原住民族を制圧できていなかったので、山地に潜伏されると手の出しようがなかった。

明治三一（一八九八）年十二月二十日の『台湾日日新報』では、林少猫が南台湾で最も勢力のある「土匪」と紹介しながら、「若し彼を帰順せしむるを得ば、其餘は相率ゐて帰順するに至るべく」と述べている。北部の「土匪」を帰順させていったように、枝打ちを終えたいまこそ、台湾最大にして最後の大匪魁・林少猫に帰順を迫るべきだというのだ。

台湾総督府はすでに林少猫の帰順に動いていた。様々なチャンネルを使って林少猫とコンタクトを取ろうとしたが、少猫帰順の仲介役を担った士紳（名望家）のひとりに、南部の豪商・陳中和《ちんちゅうわ》がいた。

台湾五大家族の一角を占める高雄陳家の創設者である陳中和は、国際貿易によって財をなした新興財閥だった。十代の若さでアモイや香港、さらには開国直後の横浜などで台湾赤糖の売買を行ってきた陳中和は、台湾総督府とも良好な関係を築き、はじめて台湾資本による製糖会社を興すなど、植民地期を通じて南台湾の重鎮として大きな影響力を誇ってきた。戦後も国民党と親密な関係を築きながら、その子孫は現在でも政財界で活躍するまさに華麗なる一族である。

同時代、南台湾における二人の風雲児が相まみえた記録こそ残ってはいないが、両者の間で帰順をめぐる何らかのやりとりが交わされたことは想像に難くない。警察廟で潮州襲撃事件で亡くなった人々に思いを馳せていたぼくは、植民地台湾を代表する豪商と「土匪」が互いに顔を突き合わせている様子を想像した。

――潮目を読み間違えるな。

最初に口を開いたのは、すでに知命の年齢に近づいていた陳中和であった。いまだ而立を過ぎたばかりの林少猫は腕を組んだまま黙ってその話に耳を傾けていた。

――帰順したのは、簡大獅や陳秋菊たち北部の「土匪」だけじゃない。鉄国山の柯鉄も温水渓の黄国鎮も降った。世の趨勢をよく見るんだ。いま帰順しておけば、少なくとも帰順の授産金を得てそれを元手に商売だってできる。お前ほどの才覚があれば、たった数百の手下なんてケチなことは言わずにこの島に暮らす三百万人の腹がふくれる方法を考えろ。

陳中和は己の息子ほども歳の離れたこの男を不思議な思いで見つめた。「土匪」とは思えないほど白い肌に切れ長の両目はどこか気品すら感じさせた。

――陳の旦那。愚弄するなら相手を選ぶことだ。日本人が帰順した「土匪」を放置しておくと思うのか？　爪や牙のない虎を誰が怖がる？　俺は腐っても「肖猫《シャオニャオ》」、日本人の飼猫になるのはごめんだ。

林少猫の言葉に陳中和は皮肉な笑みを浮かべた。この男は何ら間違ってはいない。ただし、道理だけでこの浮世を渡っていくことができないことは、己の力だけを頼りに生きてきた「土匪」だからこそ分かる道理でもあった。自身の才覚を頼りに東シナ海の荒波を乗り越えてきた陳中和は、目の前の男にどこかシンパシーのようなものを感じていた。

――いずれにせよ、これ以上逃げ続けることはできない。いま抵抗している「土匪」もいずれ枝打ちされて、糾合できる勢力はどこにもなくなるぞ。

――俺は俺の筋を通して生きるだけだ。

――鄭吉生のようにか？

今度は林少猫が不敵な笑みを浮かべた。あるいは、己の意地を貫いて故郷でおっ死んだ吉生の旦那はそれなりに幸せだったのかもしれない。だが自分はまだ己が何者なのか分からずにいた。一生屠畜業者として生きていくはずが、いったい何の因果か「土匪」の頭目として数百の人間を率いる立場に立っている。この豪商《あくとう》が言うように、自分には商いの才覚もある。機会さえあれば、台湾一の大富豪にもなれるような気がしていた。ここでひとつしかない命を賭けて意地を突き通すのは早計すぎるのかもしれない。

――生き残りたいなら帰順しか道はないぞ。

彼のこころに広がった僅かなさざなみを敏感に感じ取った陳中和の言葉に、林少猫は笑って応えた。

――前言撤回だ。ここはあんたの面子を立ててやる。

口を開こうとした陳中和を遮るように林少猫が言葉を続けた。

――ただし保証がいる。それも世に残る形でだ。いまから伝える内容を日本側に伝えてくれ。第一に、鳳山後壁林の一地に居住することを許す。第二に、後壁林の荒蕪地を……

――ちょっと待ってくれ。文字にしたものはないのか？

林少猫はあきれたような表情を浮かべた。

――文字？　あんた、俺たち「土匪」が文字を書けるとでも思ってるのか。その忘れやすい頭によく叩き込んでおくんだな。台北にいるゴトーにもちゃんと伝えるんだ。

林少猫が提示した内容は十か条にも及んだ。

㈠　鳳山後壁林の一地に居住することを許す
㈡　後壁林の荒蕪地を墾芸せば納税を免租す
㈢　少猫所在の地に旧路あるにあらざれば官吏と雖も往来せず
㈣　部下の過悪は少猫をして之を捉出せしめ官自ら捜捕せざるべし
㈤　少猫住地に土匪あり若は逮逃の者あらば少猫自ら捉へて官に致すべし
㈥　少猫の党生業に依りて外出するとき軍器を挟帯し官の捕に逢ふも少猫の保証あらば釈さるべし
㈦　少猫前の債権及被奪物件は少猫に還取することを許す
㈧　少猫の族党にして官吏の姓名を識れるものは前罪を免さる
㈨　官は誠を推して少猫を待ち少猫は前過を改め報効を務むべし
㈩　官は少猫に授産金二千円を与ふべし

日本側ではこの挑発的な帰順要求に意見が噴出した。これでは我らが「土匪」に降伏したようなものではないかという反論も出たが、最終的には「帰順の実を得れば条件の如きは自ら空文に帰すべきものなり」としてそれらを受け入れることになった。一度首に縄をかけてしまえば、あとは煮るなり焼くなり好きにできるというわけだ。

明治三二（一八九九）年五月十二日、阿猴街にて鳳山・阿猴両弁務署長や憲兵分遣隊長らの立ち合いの下、林少猫の帰順式が行われた。伝説の匪魁を直接目にした『台湾日日新報』の記者はその容貌を

高雄市苓雅区にある陳中和の墓地跡。
棺はすでに内門区にある陳家の墓地に移され、現在は公園として開放されている。

「色白く眉目秀麗眼に一種の光あり」としながら、「無学の徒」ではあるが「義侠の風を負」った少猫は、「人望の上より云はば本島匪徒中有数の首魁たり」と述べている。

やがて、根拠地の渓洲庄（現在の屏東県南州郷）から部下を引き連れて後壁林に入植した林少猫は当地で甘蔗の栽培をはじめた。元々阿猴の市場で精米工場などを経営していた林少猫は商才にも長けていて、日本側の資料にも「治産貨植の才能は諸匪中稀に見る所なり」と記されている。

後壁林。現在高雄市小港区と呼ばれる同地区は、北部に高雄国際空港を有し、高雄港に面した南部には大型船が出入りするコンテナ倉庫や発電所、鉄鋼会社の工場が立ち並んでいる。更にその南側に広がる林園区との間には、高雄重工業の心臓部ともいえる石油化学コンビナートが展開している。当時の新聞報道によれば、林少猫は部下二百名以上を使って農業、漁業、酒造業、商業など様々な事業を手掛けて、石鹼の製造にまで着手していたとされる。日本初のブランド石鹸となった花王石鹸が発売されたのが明治二三（一八九〇）年で、台湾島内に石鹸工場が建設されはじめるのが昭和初期であることを考えれば、彼には先見の明もあった。

あるいは、彼には本当に第二の陳中和になる道が残されていたのかもしれない。

二百年続いた「土匪」の時代が終焉を迎えようとしていた。

林少猫が帰順した翌年、帰順「土匪」たちが次々と逮捕・処刑されていくケースが増えていった。明治三三（一九〇〇）年二月、鉄国山の柯鉄が病死すると、指導者を失った鉄国山は再び日本側と軍事衝突を繰り返すようになる。同年三月には、一度帰順した宜蘭「土匪」の頭目・林火旺も捕縛されて死刑となった。同じく日本に帰順した台北の簡大獅は再び日本に抵抗しようと大陸アモイに渡ったが、そこで清朝官憲に捕縛されて台北で絞首刑となった。

様々な風聞が流れるなかで、林少猫は動かなかった。

明治三四（一九〇一）年になると、帰順「土匪」への殲滅作戦は中南部にまで迫ってきた。中部の嘉義や雲林では再び離反した「土匪」の動きが活発化し、雲林の崙背支署や嘉義の樸仔脚では「土匪」による襲撃事件が相次いだ。明治三五（一九〇二）年三月には同じく帰順「土匪」の大物で、かつて皇帝を僭称した黄国鎮が日本の奇襲部隊に攻撃されて、数名の部下たちとともに無残な射殺体として山中で発見された。

台湾総督府から忠誠を疑われていた「土匪」たちは不安に駆られた。同年五月二十五日、旧鉄国山を含む中部の「土匪」たちは日本側の呼びかけに応じて再度帰順式への出席を決めた。当日斗六庁で行われた帰順式では「土匪」総代として張大猷が帰順証を受け取ったが、式場にいた岩元知警務課長が突然「爾等の誠心甚だ疑ふべし」と、出席者の一斉拘束を命じた。丸腰で帰順式に臨んでいた六十数名の参加者たちからは怒号が飛び交った。ところが、式場裏手で待機していた歩兵部隊と憲兵隊の一斉射撃を受けて彼らの怒号は悲鳴へと変わり、やがて日本人を呪う断末魔となって消えていった。同じ頃、中部の林圮埔や土庫、他里霧や西螺などでも同様の手口で二百六十五名もの帰順「土匪」たちが謀殺された。

それでも、林少猫は動かなかった。日本側との帰順条約を公文書として残していた彼は、それを担保に日本側の挑発にはのらずただひたすら沈黙を貫いていた。

高雄市小港区鳳宮里。現在電力発電所や鉄鋼会社、製油所などが林立するこの臨海工業地帯が林少猫の最大にして最期の根拠地であった。

ぼくは相棒で周囲一帯を見て回ろうと思ったが、エリアのほとんどが工場や輸入コンテナの倉庫となっているために、大型トラックが頻繁に往来する幹線道路以外自由に行き来できる道さえなかった。百二十年前、ここ後壁林の四周には壁が張り巡らされ、さながら城壁のような様相を呈していたらしい。数百人の部下が暮らす市街地には賭博場や遊郭まであったとされる。人間臭い往年のにぎわいを想像すると、現在の無機質な景観がまるで擬死した昆虫のように思えた。

「土匪」討伐の総責任者であった大島九満次《くまじ》警視総長は、斗六での「土匪」騙し討ちを前に、児玉源太郎総督に次のように伝えた。

――中南部はあらかた平らげて、斗六での処分もこれから決行されます。これが成功すれば、ただちに鳳山の林少猫を片付けるべきです。

日本側は林少猫討伐の理由として、いまだ日本に抵抗する「土匪」と連絡を取っていることや度重なる襲撃事件を罪状に挙げたが、それらは帰順前の出来事であって本来犯罪の根拠とするには正当性の乏しいものであった。

明治三五（一九〇二）年五月三十日、伝染病拡大による部隊の配置を装った鳳山の守備隊は、後壁林と渓洲庄に向けて秘かに南下をはじめた。

早朝、まず警察隊が大島警視総長の出迎えを口実に林少猫をおびき出してその場で腕利きの巡査たちによって林少猫を斬殺しようとしたが、その企みは異常を感じ取った林少猫の部下たちに見破られてしまった。暗殺に失敗した警察隊はすぐに後方で控えていた守備隊に合図を送った。

午前十一時、後壁林を完全に包囲した日本軍は壁内に向けて執拗な砲撃を行った。日暮れになって市街地に突入した日本軍は、生き残った残党を掃蕩しながら林少猫の死体を探した。

翌日、後壁林の西門近くに林少猫の死体を発見した。

周囲には男四十一名、女二十五名、子供十名の死体が転がっていた。遺体を調べたところ、全身に五発の銃創が見つかった。腰部に当たった弾丸が致命傷となって、西門近くの水田に崩れ落ちてそのまま出血多量で死亡したのだと推測された。同じ頃、息子の林雄も渓州庄にあった自宅で殺害された。

資料には、「此時少猫身には帰順証一票帰順条件一通を帯び」ていたと記されている。彼は日本側が発行した帰順証と十か条の条件が記された公文書を最期までその身に帯びていたのだ。しかし、「土匪」

殲滅を政治的に正しいと信じる日本人相手に信義に基づいた保険は結局効力を発揮しなかった。

享年三十七歳。

林少猫の死をもって、後藤新平に「水滸伝ノ活劇」と呼ばしめた「土匪」の時代はここにその幕を下ろしたのだった。


高雄市忠烈祠。

辛亥革命や抗日戦争で中華民国に殉じた「烈士」たちを祀ったこの場所には、戦前高雄神社が建立されていた。忠烈祠へと至る乙型の山道を登っていくと、中国風にデザインされ直されたかつての高雄神社の鳥居が目に入ってくる。相棒を展望台横の駐車場に止めて長い階段を上がっていくと、中国北方の宮殿を模した忠烈祠の入り口が見えてきた。「LOVE」の形をしたモニュメントの前では、若いカップルたちが眼下に広がる高雄港を背景に記念写真を撮っていた。

案の定、薄暗い忠烈祠の敷地内には誰もいなかった。ずらりと並ぶ位牌を詳しく見てみたいと思ったが、館内は立ち入り禁止になっていた。清潔だがひどくうらぶれた館内は官営の陰廟といった感じがした。

戦後に国民党がこの島の新たな支配者として君臨すると、日本の支配に抵抗した林少猫は高く評価されて、旧高雄神社を改築した高雄市忠烈祠に「烈士」として祀られることになった。かつての「土匪」が烈士へと様変わりしたのだ。

ところが、民国七三（一九八四）年には、この林少猫をめぐって小さな事件が起こった。高雄市議会上で、ある議員から林少猫を日本に帰順させてその情報を売った陳中和は「漢奸」ではないかといった意見が出されたのだ。この意見に高雄市議会議長・陳田錨が猛反発して訴訟騒ぎにまで発展した。陳田錨は陳中和の孫にあたり、高雄市議会では林少猫が「烈士」か「土匪」で激しい議論が交わされた。最終的に専門家を集めて調査を行った結果、林少猫は「烈士」であると結論付けられた。似たようなケースは近年でも起こっている。民進党の大物議員で行政院長も務めた元屏東県県長の蘇貞昌が民国一〇七(二〇一八)年に新北市長に立候補した際、ネットなどで蘇貞昌の祖父にあたる蘇雲英が林少猫を日本人に売った漢奸であるとの流言が流れたのだ。蘇貞昌はこれを即座に否定して噂はやがて沈静化したが、新北市長に選ばれることはなかった。

忠烈祠をあとにしたぼくは、長い階段を下って相棒の下まで戻ってきた。階段前の巨大な石碑には「大東亜戦争完遂祈願」の文字が残されていた。十年ほど前、高雄を訪れた日本の地方議員の通訳アルバイトをした際、確かこの場所を訪れたことがあった。真っ黒なスーツに身を包んだ議員たちはひどく恭しげにその文字を見上げていた。

——戦前、この場所には北白川宮能久親王や崇徳上皇を祀った高雄神社が建立されていたんですが、戦後には抗日烈士たちを祀る忠烈祠へと改築されました。

中国語のガイド越しにぼくの説明を聞いていたある議員がため息をついた。彼は憤懣やるかたないといった表情で、台湾人はもっと親日だと思っていたのにとこぼした。

——なに、これを建てたのは外省人だよ。台湾人は基本的にみな親日だから。

台湾を何度も訪れたことがあるという議員が言った。高雄を訪れる前日、彼らは台南で八田与一が作った烏山頭ダムを見学したらしく、日本人がかつて植民地台湾の建設にどれほど邁進してきたのかを熱く語りはじめた。

ぼくは黙っていた。経験上、一通訳の政治的意見などは、雇い主にとってはノイズとしてしか認識されないことを知っていたからだ。それよりも、機嫌を損ねた雇い主から報酬をケチられるのはごめんだった。

帰順に応じた際に撮影された林少猫のマグショット。
(『台湾総督府警察沿革誌』)

南国の街中でパリッとしたスーツに身を包んだ議員たちは、さながら『注文の多い料理店』に出てくる紳士のようだった。忠烈祠に続く長い長い階段を上っていく彼らの汗ばんだ背中を見つめながら、ぼくは心の中で小さくつぶやいた。

——祠の中には化け猫ならぬ「肖猫」が一匹隠れています。どうぞお気をつけて!

媽祖VS玄天上帝　下淡水渓法力大合戦

霊峰玉山を濫觴《らんしょう》とし、台湾島内で最大の流域面積を誇る下淡水渓は、古来から氾濫の激しい河川であった。戦後に高雄市と屏東県の境域をなしたことから同渓は高屏渓と改名されて現在に至っているが、そこには様々な奇譚が残されている。

下淡水渓の東岸、現在の屏東県新園郷一帯に住む住人たちは、しばしば河川の氾濫による水害に悩まされてきた。大正一三（一九二四）年、下淡水渓下流を襲った洪水によって、新園郷の住人の多くは住処を失ってしまった。途方に暮れた住人らは、新恵宮におわす媽祖の下を訪れていかにすべきか去就を問うた。霊媒師《タンキー》の口を経て伝えられた神意は次のようなものであった。

——花崗岩から作った三角鍬《ホー》を十二丁用意し、それを鯉山麓にある亭《あずまや》の下に埋めるべし。

住人たちが早速その神意を実行すると、村々を浸していた水は見る見るうちに西に向かって引いてゆき、新園郷は肥沃な耕作地へと変わっていった。人々は海神媽祖の法力を讃え、新恵宮には供えものを携えた信者たちが列をなして並んだ。

実際、ここ下淡水渓において媽祖の法力が発揮された例は枚挙にいとまがない。現在の屏東県万丹郷では、第二次大戦中屏東飛行場に襲来したB-25の爆撃を防いだとも伝えられている。真っ赤な服を着た麗しき乙女が投下した爆弾を次々と蹴り飛ばす様子を見た米軍のパイロットは、呆気に取られてそのまま下淡水渓に墜落したのだとか。

しかし、下淡水渓の氾濫は天上聖母こと媽祖の法力をもってしても根本的な解決には至らなかった。洪水はただその流れを変えただけで、今度は西岸にある九曲堂の住人たちがその被害に遭ってしまったのだ。そこで、九曲堂の人々は北極殿におわす玄天上帝に助けを乞うた。霊媒師の口を経て伝えられた神意は以下のごとくであった。

――新園は鯉山に埋められた十二丁の三角鍬が一切の元凶である。まずは鯉山麓にある亭の屋根瓦の二段目、七段目の瓦を引き抜き、その上で十二丁の三角鍬に黒犬の血を塗って埋め直すべし。

住人らがその神意を実行すると、九曲堂を襲っていた鉄砲水はみるみるうちに東側に向かって引いていった。九曲堂の人々はさすが水神玄武の化身とされる玄天上帝と、五体投地してその法力に感謝した。

ところがこれに憤慨したのが新園郷の媽祖だった。媽祖はすぐさま新園の住人に水神の法力を破る対処方法を教えたが、これを聞いた玄天上帝もまた九曲堂の者に海神の法力を跳ね返す術を授けた。もともと復興を祈る被災者たちの願いが、気付けば下淡水渓を挟んだ神々の法力合戦へと発展してしまったのだ。

最終的に合戦がエスカレートしていくことを恐れた両岸の住人らは、大崗山の超峰寺におわすお釈迦さまに調停を依頼し、二柱の神々は互いに譲歩することで停戦に合意した。新園郷の住民はお釈迦さまの調停に感謝して、新恵宮にもその神体を分祀してもらった。現在でも屏東県新園郷にある新恵宮では、大きな祭典がある度に天上聖母の神像を遠く大崗山の超峰寺まで運ぶのはこのときに調停をしてくれたお釈迦さまに感謝の意を示すためだとされる。

十二丁の三角鍬《ホー》が埋められた鯉山の麓には現在も日本軍が設置したトーチカ跡が残っているが、その薄暗い洞穴の入り口では、土地公の神像が在りし日の調停が破られないようにその目を光らせている。

17

生きべくんば農民と共に、死すべくんば農民のために

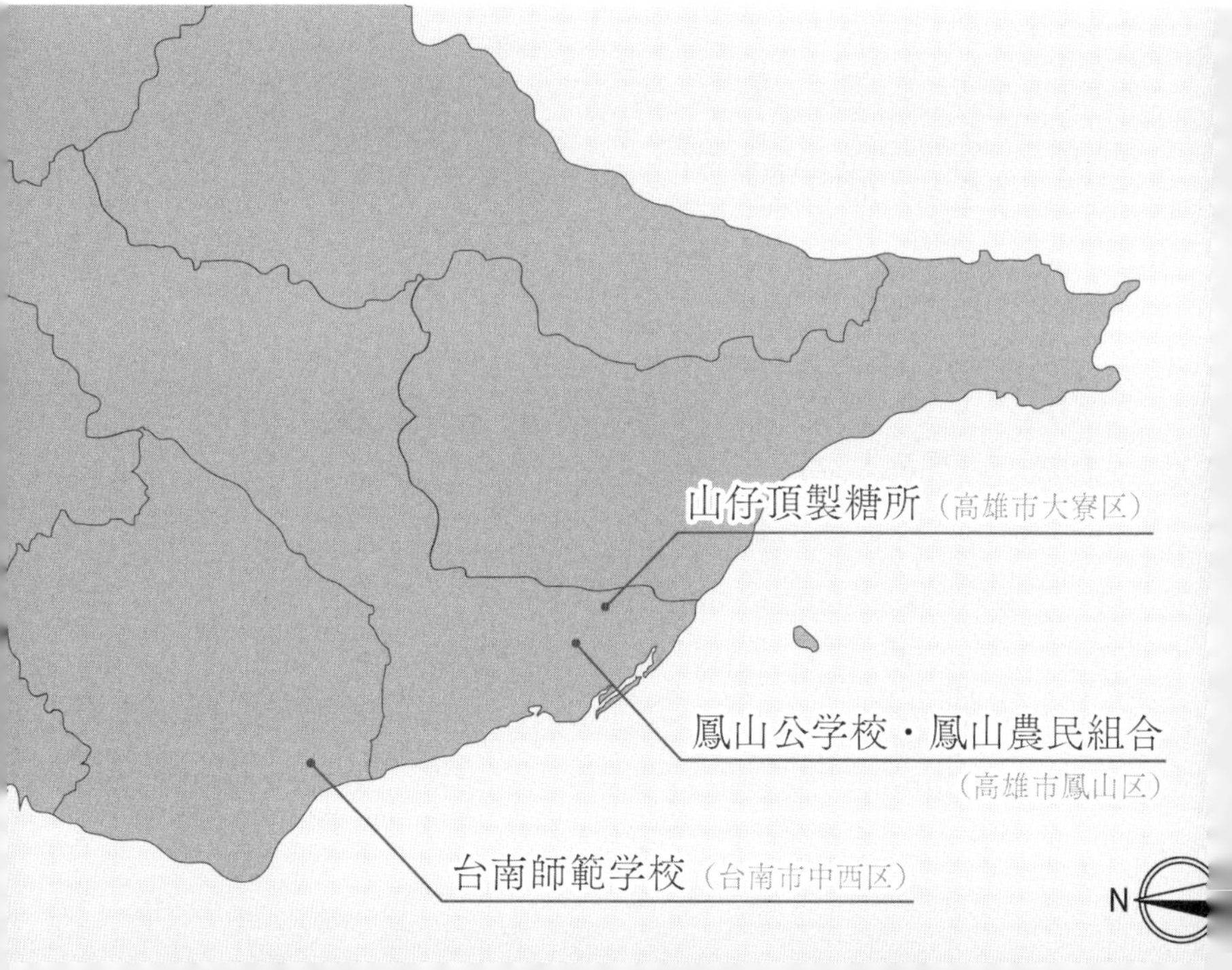

「お疲れですか?」

双龍のタトゥーが彫り込まれた両手で軽くぼくの頭を支える若い理髪師が鏡越しに笑っていた。

「ああ、居眠りしてました」

自分が馴染みの床屋に来て眠ってしまっていたことに気付いたぼくは、野良猫が欠伸をするように大きく背筋を伸ばした。

「よかったらどうぞ」

鏡台の前にはいつの間にか一杯の紙コップが置かれていた。遠慮はいらないとばかりに、背後に立つ理髪師がアメリカ人のように肩をすくめて見せた。黙ってそのまま口をつけると、人工甘味料とは違った甘みが口腔に広がっていくのを感じた。

「天然の甘蔗汁《サトウキビジュース》です。疲れに効きますよ」

ぼくの様子を見た彼は、満足げな笑みを浮かべて再びハサミを手にした。耳元ではチョキチョキと髪を切る音が響きはじめた。メトロノームのように規則正しく鳴るその音に、ぼくは再度真っ黒なバーバーチェアの上で舟を漕ぎはじめていた。

「外国人からすると、南台湾《こ》の食べ物ってやっぱり甘すぎますか?」

理髪師の言葉に、ぼくは再び舟を漕ぐ手を止めて頭をあげた。甘蔗の一大生産地であった南台湾の料理はつとにその甘さで知られていた。特に飲料品に関しては他県から笑いのネタにされるほど、極度の甘党として知られている。

「疲れていたせいか、ちょうどよかったですよ」

理髪師は人懐っこい笑顔を浮かべると、大きく両手を広げながら言った。「昔はこの近所にもこんなに大きな甘蔗畑が広がっていたんですよ。うちのじいちゃんも曾じいちゃんもみんなそこで働いてたって。いまじゃどこもかしこもビルだらけなんですけど」

「それなら君の曾おじいちゃんはどこかで简吉に出逢っていたかもしれないね」

「简吉？」理髪師は自分の目にかかった前髪をかき上げながら答えた。「それって有名人ですか？　オレ、歴史はからっきしでダメで……」

人のよさげな彼のなまなざしに、ぼくは笑って答えた。

「有名人ではないかな。中華民国《このくに》の教科書に掲載されるような人物でもないし」

鏡台の前にあった甘蔗汁に再び口をつけると、連日の徹夜仕事で火照った脳みそがじんわりと蕩けるような心持ちがした。

「教科書には登場しないけど、南台湾の『甘党』の歴史について語るなら、切っても切り離せない人物かもしれないよ」

砂糖、もしくは甘さについて。

人類を魅了した砂糖には、薬品、装飾品、香料、甘味料、保存料といった用法があったが、これらを大量に生み出してきたのが甘蔗であった。砂糖が大規模に作られるようになったのは十六世紀以降で、それ以前の人類は蜂蜜や果物からしか甘味を摂取することができなかった。翻って甘蔗の栽培には膨大な数の命令に忠実な労働者と広大な土地が必要で、欧米の植民地であった中南米において、それは奴隷労働を使った大規模なプランテーションとして十七世紀以降発展していった。さらに、プランテーションでは大量の燃料が使われて周囲の環境を破壊するために、土地の植物を育てる能力である地味を奪う甘蔗産業は常に新しい土地と労働力を求めて広がっていった。トリニダード・トバゴの初代首相で歴史家でもあったエリック・ウィリアムズは、「砂糖のあるところに奴隷あり」との名言を残したが、砂糖を生み出す甘蔗はまさに人類史の輝きと汚泥を象徴する悪魔的な農作物だったわけだ。

かつて南台湾にも広大な甘蔗畑が広がっていた。製糖産業は帝国経済の大動脈であると同時に、植民地台湾の基幹産業でもあったのだ。

台湾で近代的製糖業がはじまる以前、内地における砂糖消費はその七割を海外からの輸入に頼っている状態だったが、明治三五(一九〇二)年に高雄の橋仔頭に近代的製糖所が設立されたことを皮切りに、台湾の中南部各地には次々と大規模な製糖工場とそれらを繋ぐ製糖鉄道が網の目状に建設されていった。その結果、大正七(一九一八)年には、台湾糖が内地需要のおよそ六割を供給できる状態にまで成長した。矢内原忠雄が『帝国主義下の台湾』で述べたように、南台湾における製糖業は「糖業帝国主義」を生み出したわけだが、甘蔗畑で働く農民たちは原料採取区域と呼ばれる制度によって栽培した甘蔗を当該区域の製糖会社にしか甘蔗を売ることができず、しかもその価格についても製糖会社側の言い値で取引をしなければならなかった。台湾で働く甘蔗農民たちは「会社と特別な従属関係」にあって、アフリカ人奴隷たちの強制労働によって発展した中南米のプランテーションと同様、台湾糖業帝国の発展とは常にこうした農民らの犠牲の下で成り立っていたわけだ。

ところが、一九二〇年代に入ると事態は大きく変わる。農民たちの間で、甘蔗の買取価格の値上げ要求の声が上がりはじめたのだ。

これには大正一〇（一九二一）年十月に設立された台湾文化協会による啓蒙活動が影響していた。日本国内で藩閥政治打倒や普通選挙実施が叫ばれていた頃、植民地台湾においてもまた帝国主義下におけるデモクラシーが模索されていた。医師である蔣渭水《しょういすい》や台中霧峰の名望家で実業家でもあった林献堂《りんけんどう》らが中心になって結成された台湾文化協会は、台湾議会設置請願運動や民衆への啓蒙活動など様々な文化活動を通じて社会変革を目指す民間団体で、当時多くの知識人たちが参加していた。彼らの地道な活動は農民たちの間にも浸透し、やがてそれが資本家による土地買収反対や甘蔗の買取価格の値上げ要求など、全島的な農民運動にまで拡大していったのだ。

製糖帝国主義の本丸たる甘蔗は、まさにこうした抗争の震源地でもあったわけだ。


床屋からラーメン屋の三階にある六畳一間の自宅に帰ってきたぼくは、乱杭歯のように不揃いな自宅の書棚から一冊の古本を取り出した。左営海軍基地の近くにある古本屋で購入したその本はカバーが破れていて小口の部分もひどく日焼けしていた。何度も読み返されてきたと思われるページには真っ赤な線がそこかしこに引かれていた。

「送報伕」

作者は植民地台湾を代表する作家・楊逵《ようき》で、元々は「新聞配達夫」という日本語の短編小説として発表された作品だった。かつて台湾の農民運動に参加した楊逵は、この作品で甘蔗栽培のために生命よりも大切な土地を没収される農民たちの悲哀を描き、植民地出身作家として日本の文壇にデビューした。

物語は日本に留学した苦学生の台湾人青年「私」の視点から、資本家に抑圧される労働者の苦悩と団結を描いたプロレタリア文学で、前半は東京、後半は台湾を舞台としている。作品の前半は昭和七（一九三二）年に『台湾新民報』に掲載されたが、後半については台湾島内で発禁処分とされたいわくつきの作品でもある。

　ぼくは、古本屋の片隅に置かれていたこの小説集を何となく購入した。中身はすでに日本語の原文で読んでいたのでただ読み流すようにして中国語の文字を追い、時折ページの端々に書き込まれたメモや赤線などを眺めていた。

　以前の所有者と伴走するように作品を読んでいると、「村の××製糖会社」が農民から合法的に土地を奪うために放った脅し文句に、とりわけ大きな赤ペンで丸印が記されていることに気付いた。

「今、山村さんも話されたように、会社の今度の計画は徹頭徹尾、村の為めに考えたことである。吾人はこの会社の計画に有難く感謝するのが当然であるんである！　考えて見い！　今お前達が会社に土地を売る……而も高い値で売る、そうして会社がこの村に模範的な農場を建設する。そうすると、この村は段々に発展して行く。吾人は会社がこの村を選んだことを光栄とせねばならぬのである……然るに、一部には『陰謀』をして居る様子があると聞く。そんな『非国民』には断じて容シャしない考えである……」

　と呶鳴った。彼の通訳は林巡査であったが、陳訓導と同じく「陰謀」と「非国民」と「容シャしない」に力を入れたので、皆は又も顔を見合せた。

皆の記憶には、陰謀をした余清風、林少猫等に対する征伐の血醒い有様が生々しく残っているからだ。

山口守編『パパイヤのある街：台湾日本語文学アンソロジー』

本の所有者は「決不寛恕《容シャしない》」と書かれた部分にとりわけ太く赤線を引いていた。××製糖会社の「好意」を断った「私」の父親は、警察署でさんざん拷問された挙句に命を落とすが、「非国民」になることを恐れて土地を売った農民らも結局土地を失い、製糖工場専属の苦力《クーリー》として身をやつしていった。最終的に、村は「有力者たちが言った『村の発展』とは反対に、今頃では『村の離散』になって」しまうのであった。

民国68（1979）年に出版された『送報伕』。中国語の訳者は不明とある。

台湾資本による製糖会社が植民地権力と協力して、現地の農民たちを食い物にする事態はさほど珍しいことでもなかった。むしろ日本の資本家たちと競合するために、その労働力は内地企業以上に安く買い叩かれることがままあったのだ。

大正一四（一九二五）年五月、豪商・陳中和が経営する新興製糖株式会社は、鳳山地方の所有地約七十ヘクタールに甘蔗を栽培するために、突然同地の小作人らに土地の引き渡しを要求した。行き場のない農民たちは悲嘆に暮れたが、かといって「非国民」になる勇気もなく、乾いたため息だけを繰り返していた。ところがこの動きに新竹の客家人集落の生まれで、当時鳳山で小作農をしていた黄石順《こうせきじゅん》が抗議の声をあげた。台湾文化協会による啓蒙運動の影響を強く受けていた黄石順は、「団結闘争のみが小作人の生命を確保する唯一の手段」として小作人組合を結成すると、当時鳳山公学校で教師をしていた簡吉に協力を仰ぎ、ともに抗議運動をはじめたのだ。

当時、簡吉は公学校教師としてひと月三十円の高給を得ていた。

公学校とは植民地の子弟が通学する学校で、支配者である日本人の子弟が通学する小学校とはカリキュラムが異なっていた。植民地台湾において、教師とは尊敬と畏敬の対象であり、文官と言えども帯剣が許される身分であった。にも関わらず、彼は黄石順の誘いに一も二もなく応えただけでなく、その生涯を農民運動に投じることに決めたのだった。しかも、相手はあの陳中和とその背後にある台湾総督府である。「陰謀」を企んだとして林少猫のように「容シャ」ない報いを受けても、泣き言ひとつ言えない相手なのだ。

後に出版法規制に違反して逮捕された簡吉は、法廷において自身が教員の職を辞した理由を次のように答えている。

——子供たちは下校してからも田畑で働かないといけませんでした。学校に来た彼らは皆疲れ切っていました。そんな場所で教員をする自身を、わたしは「給料泥棒」だと感じたのです。

自身の人生を燃やし尽くした簡吉の情熱には、ある種の罪悪感があったのかもしれない。

同年十一月十五日、陳中和による土地回収に抵抗するために鳳山農民組合が結成されると、簡吉はわずか二十二歳の若さで組合長に就任した。高雄二十五か所の農村で講演会を開いた簡吉は、農民たちに繰り返し団結の必要性を訴えた。当時は密室での講演が禁止されていたので、簡吉たちは高雄各地の寺廟で演説を行った。ときには演説中に警察に拘束されることもあったが、栄えある教職の身分を捨てた簡吉は自身の名が総督府警察のブラックリストに掲載されることを恐れるどころか、昼夜休みなく高雄から屏東に広がる農地を自転車に跨って東奔西走していた。

深夜、農民組合の事務所に帰ってきた簡吉は疲れ切った身体を奮い立たせるように、台南師範学校（現在の国立台南大学）在学中に学んだバイオリンを奏でた。獣の腸《はらわた》のように暗く湿った鳳山の夜空にはバッハやチャイコフスキーの軽快な音色が響き、曹公圳の水面で羽根を休めていたチュウサギたちは訝しげな表情でこの不可思議な異国の旋律に耳を澄ませていた。

鳳山の農民らはこのバイオリン弾きの革命家をひどく慕った。

台南師範学校でバイオリンを弾く簡吉。「バイオリン弾きの革命家」と渾名された。

農村には不釣り合いな丸眼鏡をかけた簡吉が自転車でやって来ると、農民たちは「眼鏡《めがね》の簡仔《かんぼう》が来たゾ！」とその周囲を囲った。新興製糖株式会社は何度か強制的に土地を没収しようとしたが、その度に簡吉が指導する鳳山農民組合の堅い団結に遭って失敗した。最終的に、鳳山の農民たちは製糖会社側の土地引き渡し要求を撤回させることに成功した。『台湾総督府警察沿革誌』によると「鳳山農民組合の闘争は多大の成功を収め、此の状況は本島各地の農民大衆に多大の影響を及ぼし」たと記されている。

鳳山の農民たちは歓喜した。
それは台湾史上初めて、農民が自らの手で勝ち取った勝利でもあった。

ぼくは民国六八（一九七九）年に出版されたその古本を書棚に戻した。この時期、台湾文壇では「郷土文学論争」と呼ばれる議論が巻き起こっていた。この文学論争を一言で言えば、中華民国が国際的に孤立を深める中で、台湾社会の底辺にいる人々の現実を直視するように呼びかける郷土文学を提唱した作家たちが、国民党政府に近しい立場にいた作家たちによって左翼文学の提唱者として批判されたことに端を発する論争であった。ここでその是非を述べることはしないが、この政治論争によって「新聞配達夫」のような日本時代に書かれた左翼文学が、皮肉にも新たな「国語」となった中国語に翻訳されて再び台湾の読書史上に流通することになったのだった。

「新聞配達夫」のクライマックスにおいて、「私」は仲間たちとともに自分を追い出した新聞舗においてストライキを実施して、「紅顔で、気どり屋の××新聞舗主人」の青ざめた顔を見て溜飲を下げる。そして日本での生活を終えた「私」が、「表こそ美々しく肥満して居るが、一針当てれば、悪臭プンプンたる血膿の迸りを見るであろう台湾の春を見つめた」として物語は締めくくられている。

当時の読者たちが「私」の感じる苦しみを国民党独裁政権下の社会腐敗に重ねて読んでいたことは想像に難くない。この時期、作者の楊逵もまだ存命であった。日本時代に政治犯として十度の投獄経験を持っていた彼は、民国三八（一九四九）年四月に国共内戦の即時停止を求める「和平宣言」を発表して、絶海の孤島である緑島での十二年に及ぶ懲役を強いられた。ちなみに、鳳山公学校で簡吉の同僚でもあった葉陶《ようとう》は当時農民組合の女性幹部として活躍していたが、後に日本から帰国して農民運動に参加した楊逵と結婚して、「十七日間の官費のハネムーン」を日本の刑務所で過ごしたとされる。してみれば、「新聞配達夫」に登場する「××製糖会社」のモデルはまさしく陳中和の新興製糖会社であった可能性もあるわけだ。

そんなことを考えながら、ぼくは熱心に赤線が引かれたその本の所有者が当時どのような思いでこの本を読んでいたのかを想像してみた。白色テロについての話題が口の端に上るのが憚られた時代、無数の「共匪《アカ》」が秘密裏に処刑された左営海軍基地近くの古本屋で眠っていたこの本には、ぼくが想像している以上の熱がこもっているのかもしれなかった。

相異なる反共政府が看板を掛け変えながら政権を握り続けてきたこの島において、左翼であるということは、日本とはまた違った覚悟が必要であったのだ。

一夜にして、鳳山は農民運動の一大拠点となった。

鳳山農民組合の成功体験は、台湾総督府警察が記したように多くの農民たちに希望を与えた。まだ二十代半ばにも満たなかった簡吉の下には、台湾各地から続々と政府や資本家との争議問題を抱えた農民たちが訪れるようになっていた。

こうした農民たちの中に、台中州大甲郡大肚庄（現在の台中市大肚区）出身の趙港《ちょうこう》なる人物がいた。木炭を売って生計を立てていた彼は、簡吉に当時台湾各地で実施されていた「官有地払い下げ」政策反対への協力を求めて訪ねてきたのだ。「お牛の港」と呼ばれるほどの巨軀に狭義心溢れる青年であった趙港は、南部での成功を中部でも実現させたいと考えていた。当時、台湾総督府は本島農民の土地を所有者のいない「陰田」として退職した日本人公務員三百七十人に払い下げることを決定して大きな反発を生んでいたが、とりわけ激しい争議運動が起こったのが、趙港の暮らす大甲郡大肚庄であった。齢の近い両者はすぐに打ち解けて、やがて肝胆相照らす「同志」として共に革命活動に邁進するようになった。

大正一五（一九二六）年六月、運動が全島規模に広がってきたことを感じていた簡吉は、趙港とともに「台湾農民組合」を結成、その本部を鳳山に置いて中央委員長に就任した。翌年二月、簡吉と趙港は官有地払い下げ撤回の陳情書を届けるために、東京の帝国議会に足を運んだ。二人はまず大阪・天王寺で行われていた日本農民組合第六回大会に参加して台湾農民組合の立場を表明すると、台湾議会設置運動にも理解があった清瀬一郎議員を訪問して、官有地払い下げ反対についての請願書を提出した。

最終的にこの請願書が功を奏することはなかったが、この冬の帝都において彼らは長らく探しあぐねていた二林事件の弁護を担当してくれる人物と巡り逢うことができたのだった。

二林事件について。

簡吉らが鳳山で闘争を続けていた時分、台中州北斗郡二林庄（現在の彰化県二林鎮）においても、台湾全土を揺らす大きな事件が起こっていた。

二林の甘蔗農家では、大正一二（一九二三）年頃からサトウキビの買い取り価格を上げるように地元製糖会社に度重なる要求を行っていたが、台湾総督府の御用紳士であった林熊徴《りんゆうちょう》が経営する林本源製糖株式会社はその要求を退け続けてきた。農民らの苦境を知った二林の医師で台湾文化協会の理事でもあった李応章《りおうしょう》は、大正一四（一九二五）年六月二十八日に四百名近い農民たちと二林蔗農組合を結成、その代表として製糖会社と直接交渉を行ったが、議論は平行線を辿っていた。同年十月二十二日、業を煮やした林本源製糖会社が組合との交渉を打ち切って、買取価格が決定する前に甘蔗の強制刈り取りを実行しようとしたことで事件は起こった。

太陽が中天に昇った頃、遠藤巡査部長は六名の巡査を引き連れて、林本源製糖工場の職員と彼らが雇った労働者たちが甘蔗を収穫する援護へと向かった。甘蔗畑に続く道を遮る農民たちの顔は皆焦がしたトウモロコシのように真っ黒に日焼けして、製糖会社職員らの背中は汗で真っ黒に湿っていた。しばらくの間両者は甘蔗畑を背ににらみ合いを続けたが、矢島軍二原料主任が鎌を片手に甘蔗畑に分け入っていくと、付近の村で雇われた労働者たちも次々とそれに続いた。

――買値が決まるまで、甘蔗を刈ってはいけない約束だ！

農民たちが声を上げたが、矢島らは聞こえないふりをして甘蔗を刈り続けた。遠藤巡査部長は万が一に備えて部下たちを畑の周りに展開させた。それを見た農民たちは、足下にあった甘蔗の屑や石ころを矢島たちに向かって投げつけた。

――こらやめんか！　貴様ら、後悔するぞ！

遠藤巡査部長が腰にさしていたサーベルを引き抜くと、他の巡査たちも次々と抜刀した。農民たちは押し込まれるように後退を続けたが、その間も甘蔗はどんどんと刈り取られていった。その様子に農民のひとりが激昂して叫んだ。

――警察はいつから製糖会社の狗になったんだ！

遠藤巡査部長は慌ててサーベルを鞘に納めた。その言葉に得心したというよりもこれ以上彼らを興奮させれば取り返しがつかない事態になると考えたからだ。ところが、興奮した群集を目の前にした巡査二名が抜刀した状態で威嚇を続けた。普段は雨に濡れた野良犬のように大人しい彼らが、「大人《たいじん》」である己に牙を剝く様子に混乱していたのかもしれない。遠藤は群集の中に李応章の姿を探した。この混乱を収められるのはやつしかいない。台湾総督府医学専門学校（現在の台湾大学医学部）を卒業した若き秀才の李応章は齢三十にも満たなかったが、二林の蔗農たちからは深く信頼されていた。ところが折り悪く、事件当日李応章は村の問診に出払っていて現場にはいなかった。

——それいまだ、奪い取ってしまえ！

一瞬の隙をついて、ひとりの農民が警察官のサーベルを奪った。それからは両者の間でもみ合いが続き、結局会社側は刈り入れを行うことが出来なかった。甘蔗でもみくちゃにされた日本人職員らは、全身痣だらけになった警察官らに守られる形で宿舎まで撤退していった。

翌日、二林の農民と李応章ら九十三名が騒乱容疑で検挙された。二林警察署に連れていかれた農民たちは、そこで十二分に先日のお礼参りを受けてから全身痣だらけの状態で北斗警察署に閉じ込められた。組合幹部らは懲役六か月、現場にいなかった李応章にも懲役八か月が宣告された。

二林事件と呼ばれたこの農民争議はまさに「一針当てれば、悪臭プンプンたる血膿の迸りを見る」台湾農村の現実を白日の下にさらけ出したわけだが、台湾農民組合を結成した簡吉は李応章とその仲間たちの無罪を勝ち取るために遠く東京にまで足を運び、台湾総督府のやり方に異議を唱えられるだけの胆力を持った弁護人を探していたのであった。

昭和二（一九二七）年三月十七日、布施辰治は門司港から六十時間の船旅を経て、ようやく基隆《キールン》港に降り立った。

来台の目的は二林事件の控訴公判に主任弁護士として出廷することであったが、台湾文化協会や台湾農民組合の申し出で、わずか二百二十五時間の滞在期間に台湾全土二十一か所、計三十二会場での講演を行う予定となっていた。台北‐高雄間を半日かけて移動する当時の交通事情を考えれば、まさに驚異的な活動量であった。講演会場はどこも聴衆で溢れ、布施は後に友人への手紙に「聴衆の頭の辺を肩から肩へ送られてやっと演壇に立つことができました」と述べている。その文章を読んだぼくは、丸々と太った布施辰治がロック歌手がライブで客席にダイブするように、「屋内とも屋外とも言えぬ構造」をした台湾の寺廟で農民たちに運び込まれていく様子を想像して思わず笑ってしまった。

弁護士布施辰治は当時日本各地で起こった数々の労働争議事件だけではなく、二重橋爆弾事件や朴《パク》烈《ヨル》・金子文子大逆事件など、朝鮮の独立を求めて「犯罪」を犯した人々の弁護活動を積極的に行う人権派弁護士として知られていた。二林事件の公判でも「当日は布施弁護士の弁論があると云ふので開廷二時間前から四百余名の傍聴者が法廷入口に殺到し非常の混乱を呈した」とされるほどその注目度は高かった。

もちろん、簡吉は李応章を無罪と信じていた。そもそも「暴動」時に現場にすらいなかったのだ。いったいこれがどのような「犯罪」となるのか。当日の公判では植民地研究の第一人者であった東京帝国大学教授・矢内原忠雄も傍聴していた。

布施辰治の講演会場のひとつであった鳳山双慈殿に鎮座する媽祖と観音菩薩。
当時多くの政治講演が寺廟内で行われた。

布施辰治来たる。

その報せが伝わると、講演会場となった台湾各地の寺廟は群集ですし詰め状態となった。簡吉は布施の通訳として演壇に立つと、日本語の苦手な農民たちのために布施の言葉を逐一台湾語に翻訳していった。時に抑揚をつけて、時に台湾語にない用語を身振り手振りで補塡しながら、彼は法律と人道主義に裏打ちされた布施の言葉を熱帯に暮らす群集の熱い眼差しの中に溶かしていっては、それを自身の血肉へと変えていった。

故郷鳳山の双慈殿での講演が終わると、すでに夜は更けていた。放心するように夜空を見つめる布施に、簡吉は甘蔗汁の入ったコップを手渡した。内地ではようやくサクラが咲きはじめる季節だったが、この街の夜風はすでに湿っぽい梅雨の匂いを帯びていた。甘蔗汁を一気に飲み干した布施は、親子ほど歳の離れた簡吉の顔をジッと見つめた。月光に照らされた二十四歳の青年革命家の顔にはいまだ幼さが残っていた。

――内地の人にとって、南台湾《ここ》の食べ物は甘すぎますか？

――疲れていたせいか、ちょうどよかったよ。

布施は笑いながら、空になったコップをひっくり返して見せた。

――今になってみて、君が言っていたことの意味が少しだけ理解できたような気がするよ。

――わたしの言っていた意味とは？

簡吉は流暢な日本語で答えた。後に台湾共産党に参加したとして十年間牢獄に入れられることになる簡吉は、同じく堪能な日本語で記された日記を残している。

――君は手紙に「台湾に行くと、たいがいの人は殺されますから、殺されないようにご覚悟を願います」と書いていただろう。「渡台した日本の社会運動家で台湾総督府に闘争精神を殺されてしまわない人はまずいない」と。

――ええ、確かにそのように書きました。

簡吉は素直に頭を下げた。久々に戻ってきた郷里の生暖かい風が、彼を殊の外素直な気持ちにさせていた。帝都で感じた冬の厳しさは彼に自身がどこまでも南国人であるといった感を抱かせていた。

――正直に言えば、ずいぶんと大げさな言い方をするやつだと思った。文学的と言ってもいいかな。しかしこうして台湾を回っていると、君の言いたかったことがよく分かる。この島では台湾人は皆当たり前のように内地人に顎で使われている。自分たちの国で主人になれぬ人たちの苦しさをわたしは朝鮮でいやというほど見てきたが、まったくそれは台湾でも変わらなかったわけだ。

後に帰国して講演会を開いた布施辰治は、「台湾の政治上および経済上のすべての機関は、内地人の手に握られている。……故に台湾にいる内地人は一人として支配階級でないものはない」と述べた。わずか十日の滞在期間において、布施は植民地支配における「血」の問題が、それまで自身が見てきた階級問題をときに凌駕するものであることに気付いていたのかもしれない。そもそも、植民地における階級問題とは必然的に民族問題でもありえるのだ。

――布施先生には、台湾人の期待に答えてもらいたいのです。

――簡吉くん。わたしにはひとつ座右の銘があるんだ。聞きたいかい？

布施は悪戯っぽく両目を輝かせて言った。

――生きべくんば民衆と共に、死すべくんば民衆のために。

やや芝居がかったその言葉を、簡吉は自身の口腔内で噛みしめるように繰り返した。その言葉は己の栄達を捨て、農民運動の中に身を投じた彼自身の人生を示唆しているかのようでもあった。

――わたしはその言葉を胸にこれまで生きてきたし、生きていこうと思っている。同じ信念を持っていれば、耕す畑こそ違っていてもいずれまたどこかで出逢えるはずだ。短い旅だったが、君と出逢えてよかった。

父親ほど歳の離れた布施の激励に、二人は固い握手を交わして別れた。

ところがこの二人が相見える日が来ることは二度となかった。戦後しばらくして、布施は法学者で平和運動家であった平野義太郎に次のように語っている。

そのとき僕たちに通訳してくれた非常にいい青年がいて、彼が台湾の農民運動を発展さしたんですが、去年でしたか、どうなったかと聞いたら蔣介石に虐殺されたということです……。気の毒です。

この島において、「左翼」であるということは日本とはまた違った覚悟が必要なのだ。

台湾農民運動のメンバー写真。
前列中央に布施辰治、その左に李応章。簡吉は後方の左から二番目。

時代は駆け足で巡る。

一九二〇年代、台湾民族運動の柱となった台湾文化協会内部において左翼勢力が急速に勢力を伸ばしてくると、同協会は昭和二（一九二七）年一月に左右に分裂、右派を中心とする旧幹部の多くは協会を離脱して台湾民衆党を結成した。さらに同年四月、上海フランス租界において台湾共産党が結成されると、同党幹部であった女性闘士・謝雪紅《しゃせっこう》らは、左傾化した台湾文化協会や台湾農民組合に大きな影響を与えるようになっていった。

鳳山農民組合を起点に発展した台湾農民組合であったが、その頃にはすでに全島の組合員は二万四千人にまで達していた。左傾化を続けていた台湾農民組合では、日本農民労働党幹部・古屋貞雄弁護士を顧問弁護士に迎え入れるなど、日本の左派運動の影響も受けはじめていた。台湾総督府警察はこれを「本島農民に対し階級的自覚と資本家地主に対する団結と闘争を煽動せり」として警戒を強めていた。

昭和三（一九二八）年十二月末、台湾農民組合は台中市内で第二回全島大会を開催したが、簡吉たち農民組合の幹部はそこでも「全台湾被抑圧民衆団結せよ」、「全世界無産階級解放万歳」、「工農祖国蘇維埃《ソヴィエト》を擁護せよ」といった政治スローガンを前面に打ち出した。同大会に参加した組合員たちは警察から厳重な身体検査を受けて、登壇者の演説はしばしば私服警官たちの怒声によって遮られた。やがて、政治路線の相違から楊逵らと対立した簡吉は彼らを台湾農民組合から除名して、台湾共産党支持を打ち出すようになっていく。

官憲の手はすでに彼らの首元にまで伸びていた。

共産主義勢力の拡大を警戒していた台湾総督府は、昭和四（一九二九）年二月十二日に台湾農民組合の幹部を一斉逮捕、簡吉は懲役一年の判決を受けた。捜査追及の手はその後も止まず、謝雪紅ら台湾共産党幹部も治安維持法によって次々と投獄された。昭和六年（一九三一）年十二月に再び逮捕された簡吉は懲役十年の実刑を言い渡された。

台湾の農民運動はここにおいて事実上崩壊した。革命家として多忙な二十代を送った簡吉は、その三十代の大半を植民政府の牢獄で過ごすことになってしまったのだった。

そして十年の歳月が流れた。

刑期を終えて鳳山の街に戻ってきた簡吉の身辺には、常に特高の監視が付けられていた。真珠湾奇襲攻撃成功に沸く世相を尻目に、彼はすっかりと様変わりしてしまった故郷の街並みを眺めていた。街道には高雄港に打ちつける白波のごとき日の丸の旗がたなびき、郡内各所の学校では毎週のように軍夫や志願兵に願い出た台湾人子弟の出征式が執り行われるようになっていた。台湾の農民運動が徹底的に弾圧されて十年、趙港らかつての同志たちの多くも長らく続いた監獄生活で生命を落とし、生き残った組合員の多くも中国大陸へと亡命した。貧しい農民の子弟たちは日本人に抵抗することで自身の生活と尊厳を守るのではなく、日本人になることで民族差別の壁を、己の身体に流れる血を「浄化」しようと試みていた。アジア太平洋戦争では実に二十万七千百八十三人に及ぶ台湾の若者たちが軍人・軍属として南洋戦線に送られたが、そのうち三万三百六人が帰らぬ人となった。

戦時下の高雄で、簡吉は植物のように静かに暮らした。

当時高雄州知事で、戦後熊本市長も務めた坂口主税《ちから》は、思想犯であった簡吉をひどく買っていて、彼に皇民奉公会高雄支部総務部書記などの名誉職を斡旋した。それを訝しがる周囲の者たちに、坂口は次のように答えたという。

――きみ、簡吉は人物だよ。惜しむらくは、彼が台湾人であるということだ。

中正路から鳳山区に入ったぼくは徐々にバイクのスピードを緩めていった。老街《したまち》が数多く残る鳳山区にはごみごみとした路地や複雑な車線変更も多く、気を緩めるとすぐに歩道を逆走するバイクや方向指示器を出さずに右折左折を繰り返す自動車に衝突されそうになった。

鳳山小学校は、鳳山国語伝習所として明治二九（一八九六）年に設立したときと同じ場所に立っていた。

もちろん、外観など当時の情景を残すものは何も残されてはおらず、簡吉が勤めていた公学校時代の面影もなかった。休日であったために、校内からは教室の補修工事の音以外は聞こえてこなかった。

「すいません、ここで簡吉に関する資料で見られると聞いたんですが」

校門の詰め所にいた中年の警備員は眉間に眉をよせると、よれよれのTシャツに短パンを履いたこのアヤシイ外国人を頭のてっぺんからつま先までジロジロと見つめてきた。

「簡吉の記念館です。ここにあると聞いたんですが」

警備員は胡散臭そうな目つきをぼくに向けたまま、それなら職員室で直接聞けばいいと場所を教えてくれた。職員室で来訪の意を告げると、ひとりの若い教師が校内にある簡吉紀念館まで案内してくれた。

「いまは一般に公開していないんですが、自由に見学していいですよ」

若い教師は汗だくで壁にかけられた写真に見入る外国人のために、記念館の冷房をかけてくれた。

「簡吉のことはどこでお知りになったんですか？」

どのように答えていいか分からなかったぼくは、「ここの子供たちも簡吉《かれ》のことを知っているんでしょうか？」と尋ね返した。すると教師は人のよさそうな笑みを浮かべながら、「ええ。子供たちには母校の偉大な先輩として教えています」

「でも彼は……、あ、写真を撮ってもいいでしょうか」

彼は再び笑顔でぼくの問いに応えてくれた。「彼は共産主義、左翼思想の持ち主でもあったわけですよね？　台湾でこのことを教えることは大丈夫なんでしょうか？」

彼は「よくご存じで」といった表情を浮かべながらぼくの質問に答えてくれた。「別にその部分にフォーカスして何かを教えているわけではありません。あくまで郷土の偉人の足跡を教えているわけです。実際、彼は台湾の農民たちのために偉大な仕事をしてくれたわけですし」

やがて、彼は職員室に戻っていった。教室ひとつぶんほどの小さな記念館は三十分もあれば十分に見て回れた。ぼくは丁寧に展示された写真のほとんどが、戦前農民運動を指導していた輝かしい青春時代に撮られたものであることに気付いた。それがある種の政治的配慮であるのか、あるいは単純にあの時期の写真の多くが失われてしまったせいなのかは分からなかった。とにかくそこには、戦後「中国共産党のスパイ」として処刑された末期の様子はほとんど語られていないように感じた。

日本の植民地統治が終了して六年と経たず、簡吉はその短い人生に幕を下ろした。

昭和から民国へと紀年法が変更されたその年、台湾では権力の空白期における秩序を保つために三民主義青年団が各地に設立され、長らく軟禁状態に置かれていた簡吉は高雄分団副主任に就任した。翌年には台湾農民組合の同志で、大陸に逃亡して抗日戦争に参加していた劉啓光《りゅうけいこう》が彼のためにいくつかの公職を斡旋してくれたが、そこで国民党の腐敗や国共内戦による米価急騰による食料不足などを目撃した簡吉は、徐々にその政治体制に疑念を抱くようになっていった。

当時台湾で発行されていた左派系の新聞『人民導報』によると、民国三五（一九四六）年六月八日、高雄市大港で地元地主による搾取に抗議する農民への傷害事件が発生したが、この事件を新聞社に持ち込んで解決に動いたのが簡吉であった。この事件を検証するために簡吉とともに現地を訪れたのは、『人民導報』で記者をしていた作家・呂赫若《ろかくじゃく》であった。日本語の小説だけでなく、演劇や音楽にも精通していた呂赫若はかつて武蔵野音楽学校で声楽を学び、東宝声楽隊に所属するほど多才な人物で、その甘いマスクから「台湾第一の才子」とも呼ばれていた。

台北から高雄に向かう縦貫鉄道の車両で、事件の関連資料に目を通していた呂赫若が独り言つように口を開いた。

——地主による過剰な搾取、それを拒否した小作に地主が雇ったチンピラたちが暴行を加える。小作は警察に駆けこんだが、地主とグルになった警察は被害者の家で威嚇射撃を行い、抗議に加わった農民たち二十数名を逮捕……

呂赫若の隣で腕組みをしていた簡吉が口を開いた。

——内戦の影響で米価は高騰している。いくら台湾で米を作っても安い値段で大陸に持っていかれてしまうんだ。その上国内の資本家たちは米の買い占めをして、一儲けしようと企んでいる。可哀そうな台湾の農民は自分たちで作った米を食べることもできないんだ。なあ、呂《ろ》サン。このままじゃ餓死者が出るぞ。

——これじゃ、いったい昔と何が変わっているのやら……

呂赫若は吐き出しかけた言葉を慌てて呑み込んだ。

——何も変わっていないさ。地主や資本家たちが政府や警察と結びつくところまで寸分も。台湾総督府も中華民国政府も、結局この島を植民地としてしか見ていないんだ。

呂赫若は声を抑えるように目で合図を送った。

——とにかく、現場で話を聞きましょう。簡《かん》サンは病院で被害者の診断書をもらってきてくれますか。

事件の裏が取れれば、うちの王社長は必ず記事を掲載してくれるはずです。

高雄駅に降り立った二人は、被害者たちのもとを訪ねて入念な取材を行った。やがて記事は無事掲載されて大きな反響を呼んだが、高雄市警察局長・童葆昭は報道は事実無根であると『人民導報』を訴え、事件は法廷まで持ち込まれることになった。ところが事件が予想外に社会的注目を集めた結果、童葆昭は訴えを取り下げることにしたが、『人民導報』は翌年三月に政府から刊行禁止の措置を受けることになった。

簡吉の訴えを記事にした『人民導報』の社長・王添灯《おうてんとう》は、後に二二八事件で逮捕されて過酷な尋問を受けたが、これに屈することなく国民党の腐敗を公然となじったために、ガソリンをかけて焼き殺された上に遺体は淡水河へと投げ込まれた。これと同じ時期、呂赫若は中国共産党に入党して地下に潜ると、台北市東南部にある石碇郷鹿窟を拠点にゲリラ活動に参加したが、民国四〇（一九五一）年頃に死亡したとされている。毒蛇に咬まれたことが原因とも言われているが、詳細は分からない。

当時、多くの知識人たちは長年夢見ていた「祖国」の腐敗と独裁に反発して、もうひとつの「祖国」へ淡い期待をかけていた。元々台湾共産党に関わっていた簡吉が中国共産党に接近しはじめたのもこの頃とされている。

民国三六（一九四七）年二月、本省人と外省人が全面衝突した二二八事件が起こると、簡吉は同じく元農民組合の同志で、大陸に亡命していた張志忠《ちょうしちゅう》らとゲリラ組織・台湾自治聯軍を結成、呂赫若と同様に中部の山岳地帯に籠ってこれに抵抗した。ところが翌月大陸から二一師団の援軍が到着すると、「暴動」に参加した者たちは無差別に虐殺されていった。同じく台中でゲリラ部隊を率いていた謝雪紅ら旧台湾共産党のメンバーは、状況不利と見るや再び大陸へと亡命していった。

多くの同志たちが台湾を逃れる中で島内に残る道を選択をした簡吉は、中国共産党の地下組織・台湾省工作委員会において山地工作を担当した。二二八事件当時、山地原住民を率いて嘉義の民兵たちと国民党軍を駆逐したツォウ族の元警官で教師でもあったウオグ・エ・ヤタウヨガナらと連絡を取って、地形の険しい山地を起点に反撃の機会を窺うことにしたのだ。しかし、折から厳しくなっていた国民党による共産党の一斉摘発の網に掛った簡吉は、民国三九（一九五〇）年四月二十五日に台北郊外にある工場で逮捕された。翌年三月七日、簡吉は「非合法な手法で国憲を変更し、政府を転覆しようとした」罪状によって、台北市馬場町で銃殺刑に処される。享年四十七歳であった。

簡吉記念館の入り口に掲げられた題字には、鳳山公学校の元同僚で、終生の伴侶であった陳何《ちんか》が助産師時代に書いたカルテの文字を組み合わせて作られているらしかった。職業革命家である夫を支えるために助産師として働きながらその仕事を支えた陳何は、夫の処刑を新聞記事で知った。長男簡敬の証言によると、台南の実家から台北まで夫の亡骸を引き取りに行く数時間、陳何は一言も発することなくただジッと車窓を眺めていたらしい。馬場町で冷たくなった簡吉の遺体を引き取って荼毘に付した陳何は、骨壺を胸に台南の実家に戻ると、ひとり声を押し殺して泣いた。数百数千もの人々が「共匪《アカ》」として処刑されていった時代、五人の子どもを抱えた陳何が夫について語ることはなく、簡吉の波乱に満ちた人生は長らく台湾の歴史から消されることになった。

簡吉処刑の三年後には、ウオグ・エ・ヤタウヨガナら日本統治時代に高等教育を受けた原住民指導者たちも共産党のスパイに協力した罪状によって銃殺刑に処された。ウオグ・エ・ヤタウヨガナは、簡吉と同じ台南師範学校に学び、現代音楽の旋律に魅了された人物でもあった。矢多一生の日本名でピアノを学んでいたウオグ・エ・ヤタウヨガナは、日本語にツォウ語、中国語の歌を数多く作詞作曲したが、とりわけ獄中から湯川春子夫人に向けて作られた「春のさほ姫」は現在でも広く人口に膾炙している。戦後高春芳と名前を変えた春子もまた、政治犯として処刑された夫について積極的に語ることはなかった。ウオグ・エ・ヤタウヨガナの次男・高英傑の話によると、晩年は認知症に罹った春子であったが、次女である高貴美が米国から帰国した際その耳元で「春のさほ姫」を歌うと、はっきりとした口調でその歌詞を口ずさんで周囲を驚かせたという。

誰か呼びます深山の森で
静かな夜明けに
銀の鈴のような
麗しい声で誰を呼ぶのだろう
ああさほ姫よ
春のさほ姫よ

布施の隣で通訳をする簡吉の写真を見ながら、ぼくは果たして彼がウオグ・エ・ヤタウヨガナらを巻き込んでしまったことを後悔していたのだろうかと想像した。ウオグ・エ・ヤタウヨガナは、山地の農

呂赫若。日本語作家としてだけでなく、声楽家や劇作家、記者や文芸誌の編集者としても活躍、「台湾第一の才子」と呼ばれた。

ウオグ・エ・ヤタウヨガナ（日本名：矢多一生、中国名：高一生）。ツォウ族の元警官、教師、作曲家。戦後は台湾原住民の自治運動に尽力した。

業指導者としても知られ、監獄から春子に宛てた最後の手紙にも、「畑でも山でも私の魂が何時でもついてゐます　水田売らないように」と書き残している。

ぼくは、台南師範学校の先輩後輩であった簡吉とウオグ・エ・ヤタウヨガナがそれぞれの楽器を手に「春のさほ姫」を合奏している様子を想像した。その傍らでは、かつて東宝声楽隊で活躍した呂赫若の美しいテノールが響いていた。それは左側のページだけが破られ続けてきたこの国の歴史教科書からは決して浮かび上がることのないパラレルワールドなのかもしれない。

生きべくんば農民と共に、死すべくんば農民のために。

東アジアの歴史の間隙に落ち込んでしまったその反骨の人生はいまなお現存する歴史にはまることなく、警察の尋問資料や裁判記録、あるいは農村に響くクラシックの旋律、はたまた一杯の甘蔗汁に浮かぶ泡沫《うたかた》として、時折人々の脳裡をよぎってはまた消えてゆく。

宙に浮く棺桶

高雄市阿蓮区大崗山の麓の山道に廃墟が連なる小さな村がある。

民国四四（一九五五）年に浙江省大陳島から亡命してきた「大陳義胞」と呼ばれる人々の集落があったらしく、最盛期には千人近い人々が肩を寄せ合って暮らしていたそうだが、今では住民もほとんど残っていない。村の入り口に建てられた小さな廟を横切って集落に入ると、大崗山から野犬の遠吠えが聞こえた。鼻歌一曲歌い終わらないうちに、ぼくは崩れかけた煉瓦造りの廃墟が立ち並ぶ集落を駆け抜けてしまった。

廃屋の陰で猫がミャオと鳴いた。

ヘルメットを脱いでエンジンを切ると、扉の外れた廃屋に足を踏み入れてみた。周囲には同じように屋根の崩れかかった廃屋がいくつも並んでいた。廃墟にいた猫は人見知りすることなく、ぼくの向こう脛に遠慮なくお尻を擦り付けてきた。

トントントン。猫のお尻を叩きながら何気なく天井に目を向けると、竹に掛けられた棺桶が一基宙に浮いていた。夜に見たならきっと肝を潰したに違いない。

調べてみると、「升官発財」（役人になって一儲けする）の「官」と「棺」の言葉をかけたもじりとも言われていたが、廃屋の主人が行方知れずになっているために確かなことは分からないらしい。陸地の遠い澎湖諸島などではかつて、いつ入り用になるかもしれぬ棺桶を湿らせないように、屋内に立て掛けておく風習もあったそうだ。台湾本島でも嫁入り道具の一環として棺桶をもたせる家庭もあったようだが、何にせよ棺桶を宙に浮かす理由は謎であった。

足下にいた猫はいつの間にかいなくなっていた。

「壽」と書かれた棺桶をぼんやりと見上げていると、かつて大衆祠と呼ばれていた有応公祠に多くの羅漢脚たちの棺桶が収められていたという話を思い出した。異郷の地で亡くなった彼らは自身の遺体が大陸の故郷で埋葬されることを望んでいたが、ほとんどの場合はこの島で無縁仏として埋葬された。あるいは、中華民国に従ってこの島に根を下ろすことになったこの廃屋の主人もまた、打ちつける波のように押し寄せる郷愁に呑み込まれそうになった夜、祖先の眠る故郷に送還された棺桶を想像しながら独りそうした孤独に耐えていたのかもしれない。

どれだけ激しい郷愁も、最期は誰かの記憶の片隅に残るのが関の山だ。自分が入る棺桶はどのようなもので、いったい誰が自分の死に顔を見下ろしているのだろうか。宙に浮かんだ棺桶を思い出しながら、ぼくは曲がりくねった山道を下っていった。

主要参考文献（年代順）

❖日本語文献

水野遵『台湾征蕃記』（不祥）

臨時台湾土地調査局編『台湾土地慣行一斑第二編』（台湾日日新報社、一九〇五年）

参謀本部『明治二十七八年日清戦史』（東京印刷、一九〇七年）

森丑之助『台湾蕃族図譜』（臨時台湾旧慣調査会、一九一八年）

台湾総督府法務部編纂『台湾匪乱小史』（台南新報支局印刷部、一九二〇年）

佐山融吉、大西吉寿『生蕃伝説集』（杉田重蔵書店、一九二三年）

伊能嘉矩『台湾文化志』（刀江書院、一九二八年）

松崎仁三郎編『嗚呼忠義亭』（盛文社、一九三五年）

曾景来『台湾宗教と迷信陋習』（台湾宗教研究会、一九三九年）

伊藤重郎編『台湾製糖株式会社史』（台湾製糖東京出張所、一九三九年）

北原白秋『華麗島風物誌』（彌生書房、一九六〇年）

中村地平『中村地平全集』（皆美社、一九七一年）

鳥居龍蔵『鳥居龍蔵全集第五巻』（朝日新聞社、一九七六年）

台湾憲兵隊『台湾憲兵隊史』（龍溪書舍、一九七八年）

後藤新平伯関係文書處理委員会編『後藤新平文書』（雄松堂書店、一九七九年）

喜安幸夫『台湾島抗日秘史：日清・日露戦間の隠された動乱』（原書房、一九七九年）

国分直一『壺を祀る村：台湾民俗誌』（法政大学出版局、一九八一年）

台湾総督府警務局編『台湾総督府警察沿革誌』（緑蔭書房、一九八六年）

秋月観暎編『道教と宗教文化』（平河出版社、一九八七年）
矢内原忠雄『帝国主義下の台湾』（岩波書店、一九八八年）
三尾裕子「「有応公」信仰に見る漢人の世界観」、阿部年春編『民族文化の世界〈上〉』（小学館、一九九〇年）
劉枝萬『台湾の道教と民間信仰』（風響社、一九九四年）
ル・ジャンドル著、我部政男、栗原純編『ル・ジャンドル台湾紀行』（緑蔭書房、一九九八年）
前嶋信次『〈華麗島〉台湾からの眺望』（平凡社、二〇〇〇年）
若林正丈『台湾抗日運動史研究　増補版』（研文出版、二〇〇一年）
鍾理和等著、安部悟等訳『客家の女たち』（国書刊行会、二〇〇二年）
森田峰子『中橋和泉町松崎晋二写真場：お雇い写真師、戦争・探偵・博覧会をゆく』（朝日新聞出版、二〇〇二年）
山本春樹、黄智慧、パスヤ＝ポイツォヌ、下村作次郎共編『台湾原住民族の現在』（草風館、二〇〇四年）
大江志乃夫等編『岩波講座　近代日本と植民地2　帝国統治の構造』（岩波書店、二〇〇五年）
鶴見祐輔著、一海知義校訂『〈決定版〉正伝　後藤新平3　台湾時代　1898〜1906年』（藤原書店、二〇〇五年）
楊南郡、笠原政治『幻の人類学者森丑之助：台湾原住民の研究に捧げた生涯』（風響社、二〇〇五年）
五十嵐真子『現代台湾宗教の諸相：台湾漢族に関する文化人類学的研究』（人文書院、二〇〇六年）
山本芳美「パイワン少女オタイからみる「牡丹社事件」：関係者の記録と国立公文書館所蔵の公文書を中心に（小特集「牡丹社事件」をめぐって）」『台湾原住民研究』（風響社、二〇〇七年）
羽根次郎「ローバー号事件の解決過程について」『日本台湾学会報』第10号（二〇〇八年）
許世楷『日本統治下の台湾：抵抗と弾圧』（東京大学出版会、二〇〇八年）
志賀市子『〈神〉と〈鬼〉の間：中国東南部における無縁死者の埋葬と祭祀』（風響社、二〇一二年）
中島利郎、河原功、下村作次郎編『台湾近現代文学史』（研文出版、二〇一四年）
鍾理和、野間信幸訳『台湾郷土文学選集Ⅲ　たばこ小屋・故郷』（研文出版、二〇一四年）
小島信夫『城壁／星　小島信夫戦争小説集』（講談社文芸文庫、二〇一五年）
パタイ著、魚住悦子訳『暗礁』（草風館、二〇一八年）
平野久美子『牡丹社事件　マブイの行方：日本と台湾、そ

れぞれの和解』（集広舎、二〇一九年）
佐藤春夫『女誡扇綺譚：佐藤春夫台湾小説集』（中公文庫、二〇二〇年）
伊能嘉矩、粟野伝之丞著『台湾蕃人事情』（草風館、二〇〇〇年）
シドニー・W・ミンツ著、川北稔、和田光弘訳『甘さと権力：砂糖が語る近代史』（ちくま学芸文庫、二〇二一年）
三尾裕子編著『台湾で日本人を祀る　鬼から神への現代人類学』（慶応義塾大学出版社、二〇二二年）
森正『ある愚直な人道主義者の生涯：弁護士布施辰治の闘い』（旬報社、二〇二三年）
平井健介『日本統治下の台湾：開発・植民地主義・主体性』（名古屋大学出版会、二〇二四年）

❖中国語文献

鍾壬壽編『六堆客家郷土誌』（常青出版社、一九七三年）
張良澤編『鍾理和全集巻2　原郷人』（遠行出版社、一九七六年）
洪敏麟『台灣南部武力抗日人士誘降檔案』（國史館台灣文獻館、一九七八年）
鍾肇政、葉石濤主編『光復前臺灣文學全集6　送報伕』（遠景、一九七九年）
王鼎鈞『海水天涯中國人』（爾雅、一九八二年）
翁佳音『台灣漢人武裝抗日史研究：一八九五～一九〇二』（國立臺灣大學、一九八六年）
呂順安主編『高雄縣郷土史料』（省文獻會、一九九四年）
沈同來編『仁武郷志』（仁武郷公所、一九九四年）
彌陀郷公所編『彌陀郷志』（彌陀郷公所、一九九七年）
康豹『台灣的王爺信仰』（商鼎文化出版社、一九九七年）
高雄縣政府文化局『鳳山市閩南語故事集1』（高雄縣政府文化局、二〇〇〇年）
林瓊瑤『琅嶠史話：恆春半島史觀與人文風物』（屏東縣瓊麻園城郷文教發展協會、二〇〇二年）
王學新訳『風港營所雜記』（臺灣文獻館、二〇〇三年）
簡吉著、簡敬等訳『簡吉獄中日記』（中央研究院臺灣史研究所、二〇〇五年）
周鍾瑄、臺灣史料集成編輯委員會編輯『諸羅縣志』（行政院文化建設委員會、二〇〇五年）
王禮、臺灣史料集成編輯委員會編輯『臺灣縣志』（行政院文化建設委員會、二〇〇五年）
臺灣史料集成編輯委員會編輯『重修鳳山縣志』（文建會、二〇〇六年）

臺灣史料集成編輯委員會編『恆春縣志』（文建會、二〇〇七年）
鳳邑次山文史工作室「曹公圳的故事」『高縣文獻』第二十六期（高縣縣文化局、二〇〇七年）
艾德華・豪士著 Edward H. House、陳政三訳『征臺記事：牡丹社事件始末』（台灣書房、二〇〇八年）
林正慧『六堆客家與清代屏東平原』（遠流、二〇〇八年）
石文誠「荷蘭公主上了岸？一段傳說、歷史與記憶的交錯歷程」『臺灣文獻』第六〇巻第二期（國史館台灣文獻館、二〇〇九年）
楊渡『簡吉：台灣農民運動史詩』（南方家園、二〇〇九年）
必麒麟 W. A. Pickering 著、陳逸君訳『歷險福爾摩沙：回憶在滿大人、海賊與「獵頭番」間的激盪歲月』（前衛、二〇一〇年）
江樹生訳注『熱蘭遮城日誌』（台南市文化局文化資產課、二〇一一年）
周婉窈『海洋與殖民地臺灣論集』（聯經出版公司、二〇一二年）
王御風『高雄雙城記：左營聯鳳山』（玉山社、二〇一二年）
蔡石山『滄桑十年：簡吉與臺灣農民運動1924-1934』（遠流、二〇一二年）
鍾秀雋「厲鬼變神兵：『招軍請火』儀式中的神、鬼、人、兵將」『世界宗教學刊』（巻期：二二期、二〇一三年）
龔李夢哲 David Charles Oakley『臺灣第一領事館：洋人、打狗、英國領事館』（印刻、二〇一三年）
林美容『臺灣民俗的人類學視野』（翰蘆、二〇一四年）
徐如林、楊南郡『浸水營古道：一條走過五百年的路』（農業部林業及自然保育署、二〇一四年）
謝貴文『內門鴨母王朱一貴』（玉山社、二〇一五年）
陳麗華『族群與國家：六堆客家認同的形成（1683-1973）』（國立臺灣大學出版中心、二〇一五年）
楊孟哲等『一八七四年那一役　牡丹社事件：真野蠻與假文明的對決』（五南、二〇一五年）
陳政三『翱翔福爾摩沙：英國外交官郇和晚清台灣紀行』（五南、二〇一五年）
楊渡、簡明仁『帶著小提琴的革命家：簡吉和台灣農民運動』（南方家園、二〇一五年）
李瑞宗『正在壽山上空』（壽山國家自然公園籌備處、二〇一六年）
林義安『羅漢門演藝：羅漢門迎佛祖民俗陣頭』（高雄市立歷史博物館二〇一六年）
龔李夢哲 David Charles Oakley『異鄉・家塚：打狗外國墓園的故事』（我己文創有限公司、二〇一七年）
翁佳音、黃驗『解碼臺灣史1550-1720』（遠流、二〇一七年）

洪瑩發『代天宣化：臺灣王爺信仰與傳說』（博揚、二〇一七年）
三尾裕子著、李季樺、李道道、黃淑芬訳『王爺信仰的歴史民族誌：臺灣漢人的民間信仰動態』（中央研究院民族學研究所二〇一八年）
張金生『大龜文王國的歴史：消失在台灣史上的原住民族王國』（台東縣達仁鄉安朔社區發展協會、二〇一八年）
劉正元、簡文敏、王民亮著『大武壠：人群移動、信仰與歌謠復振』（高雄市立歴史博物館、二〇一八年）
高英傑『拉拉庫斯回憶：我的父親高一生與那段歳月』（玉山社、二〇一八年）
郭吉清、廖德宗『左營二戰祕史：震洋特攻隊駐臺始末』（遠足文化、二〇一八年）
黃清琦、黃驗、黃裕元『臺灣歴史地圖（增訂版）』（遠流、二〇一八年）
謝國興編『台灣史論叢　民間信仰篇：進香・醮・祭與社會文化變遷』（國立臺灣大學出版中心、二〇一九年）
劉還月『琅嶠・卑南道：貫穿東西的歴史大道』（墾丁國家公園出版、二〇一九年）
游永福『尋找湯姆生：1871臺灣文化遺產大發現』（遠足文化、二〇一九年）
方惠閔等『沒有名字的人：平埔原住民族青年生命故事紀實』（游擊文化、二〇一九年）
陳宏銘『水之頌：曹公圳灌漑區與水相關之文學作品之蒐集整理研究』（財團法人曹公農業水利研究發展基金會、二〇二〇年）
高一生著、高英傑、蔡焜霖訳『高一生獄中家書』（國家人權博物館、二〇二〇年）
黃清琦『漫步左營舊城：歴史地圖集』（蔚藍文化、二〇二〇年）
林修澈『牡丹社事件1871-1874』（原住民族委員會、二〇二〇年）
陳延輝『臺灣農民運動史料：簡吉年表』（財團法人大眾教育基金會、二〇二〇年）
林紋沛『行旅致知：李仙得、達飛聲等西方人建構的臺灣知識1860-1905』（南天書局有限公司、二〇二〇年）
劉自仁『亂世中的人神傳說：奇廟高雄故事』（高雄市立歴史博物館、二〇二一年）
田哲益（達西烏拉彎・畢馬）『排灣族神話與傳說』（晨星、二〇二一年）
陸傳傑『舊城尋路：探訪左營舊城，重現近代台灣歴史記憶』（巨流圖書公司、二〇二三年）
葉高華『強制移住：臺灣高山原住民的分與離』（國立臺灣大學出版中心、二〇二三年）
高雄第一社大自然生態社『看見那瑪夏：來自高山的堅韌與

溫柔』（商周出版、二〇二三年）
林大利『斯文豪與福爾摩沙的奇幻動物：臺灣自然探索的驚奇旅程』（親子天下、二〇二三年）
謝肇淛『五雜組』（中華書局、二〇二三年）
羅景文『閩風拂斜灣、青衿覓陰光：高雄陰廟采風錄』（國立中山大學出版社、二〇二三年）
葉神保『南蕃事件調查研究』（國史館台灣文獻館、二〇二三年）
戴心儀『1895六堆茄苳腳保臺戰役』（客家委員會客家文化發展中心、二〇二四年）

❖英語文献

Jordan, David（1972）*Gods, Ghosts and Ancestors: Folk Religion in a Taiwanese Village*, Berkeley: University of California Press.
Arthur Wolf（1974）“When a Ghost Becomes a God.” In *Religion and Ritual in Chinese Society*: Stanford University Press.
Charles W. Le Gendre（2012）*Notes of Travel in Formosa*: 國立台灣歷史博物館

初出：
本書の1章〜16章は、「Web春秋　はるとあき」に2023年4月〜2024年7月に連載され、加筆修正を加えた上で書籍化されました。
17章および各章末のコラムは書き下ろしです。

著者略歴

倉本《くらもと》　知明《ともあき》

1982年、香川県三豊市出身。立命館大学国際関係学部卒業、同大学院先端総合学術研究科修了、学術博士。専門は台湾の現代文学。2010年から台湾在住、現在は高雄の文藻外語大学准教授。

台湾文学翻訳家としても活動している。主な訳書に、蘇偉貞『沈黙の島』（あるむ）、伊格言『グラウンド・ゼロ　台湾第四原発事故』（白水社）、王聡威『ここにいる』（白水社）、古庭維・Croter『台湾鉄道』（白水社）、呉明益『眠りの航路』（白水社）、張渝歌『ブラックノイズ　荒聞』（文藝春秋）、『台湾の少年』（岩波書店）、郭強生『ピアノを尋ねて』（新潮社）など。中国語の翻訳作品に高村光太郎『智恵子抄』（麦田出版）などがある。

フォルモサ南方奇譚

2025年4月20日　初版第1刷発行

著者
倉本　知明

発行者
小林　公二

発行所
株式会社　春秋社
〒101-0021東京都千代田区外神田2-18-6
電話　03-3255-9611
振替　00180-6-24861
https://www.shunjusha.co.jp/

印刷
株式会社　太平印刷社

製本
ナショナル製本　協同組合

装画
Croter

装丁
鎌内　文

Printed in Japan, Shunjusha.
ISBN978-4-393-42463-6
定価はカバー等に表示してあります